心安在家

A Mind at Home with Itself

拜倫凱蒂與《金剛經》的相遇

拜倫凱蒂（Byron Katie）
史蒂夫・米切爾（Stephen Mitchell）／著

張嘉蘭／譯

目次

序言

1

這是一本關於慷慨無私（generosity）的書。我們要怎樣才能不只是偶爾慷慨一下，而是能夠在我們的生命裡的每一天、每一刻都如此呢？這聽起來好像是不太可能達到的理想狀態，但是如果不是這樣呢？如果慷慨無私可以變得跟呼吸一樣自然呢？本書就在告訴你如何做到。其實我們唯一需要的，只是一顆開放的心，一顆願意去質疑內在升起任何有壓力念頭的心。當我們理解到我們真正是誰，那個藏在我們所有困惑想法背後的真實身分，我們將會發現輕鬆不費力的慷慨無私始終都在，而這正是我們與生俱來的權利。

拜倫凱蒂．米切爾（大家都叫她凱蒂）從一個深刻了悟實相的深度裡娓娓道來，她提倡的自我探究方法，她稱之為「探究功課」（The Work）——可以視為一種比一般我們所認識的保持正念，來得更進一步的覺察與觀照。當我們在做探究功課時，我們不僅僅能對造成我們壓力的想法保持敏銳的注意力（那些引起所有世上憤怒、悲傷以及任何挫折的各種想法），我們還會進一步質疑它們，透過質疑的過程，這些想法將失去影響我們的力量。

凱蒂說：「所有偉大的靈修經典中，描述了自由解脫是『什麼』樣的境界，也就是英文裡的『WHAT』；而探究功課告訴你『如何』做到（HOW）。它告訴你如何確切地辨識，並且質疑那些讓你不能夠自由的想法，它給予你直接通往覺醒心靈的入口。」這本書讓你透過一位已經深深了解實相的人的眼睛來觀看這世界，她所看到的每個充滿光亮的時刻，以及沒有分離，內心滿溢著愛的恩典狀態。

2

對於尚未聽過拜倫凱蒂的讀者，以下是她的背景說明。拜倫凱蒂原本過著和一般美國人一樣的生活，經歷兩段婚姻，有三個孩子以及一份成功的事業。但她卻經歷了長達十年，每下愈況的憂鬱症，對公眾場合的恐懼、自我厭惡，甚至陷入自殺傾向的絕望深淵。她酗酒，吃著丈夫買給她的幾品脫的冰淇淋，像吃糖果一樣吃著可待因藥片，最終體重超過九十公斤。而且睡覺時，她的床底下一直擺著一隻點三五七麥格農左輪手槍。每一天她都祈禱自己第二天早上不要醒來。她沒有自殺，純粹只是因為她仍掛心著孩子。在這場磨難的最後兩年，她幾乎足不出戶，甚至經常一連數天待在在自己房間裡，甚至無法梳洗或刷牙。（「有什麼用呢？」她想：「無論如何，這一切都無濟於事。」）

最後，在一九八六年的二月，四十三歲那年，她安排自己住進了「中途之家」，這裡專門收容飲食失調的婦女們，也是她的醫療保險唯一願意給付的機構。那裡的人們對她心生畏懼，所以安排她住在閣樓上的房間，並且晚上還在樓梯上設置陷阱，生怕她會下來，對她們做出什麼可怕的事。

住進中途之家差不多一個星期之後，一天早上，凱蒂有了一次徹底改變生命的經驗。當時她躺在地板上（她那時候認為自己沒資格睡在床上），一隻蟑螂爬過她的腳踝，並一直爬向她的腳背。她張開眼睛，在那一瞬間她所有的憂慮、恐懼，還有折磨她的種種念頭竟消失的無影無蹤。她說：「當我躺在地上時，我理解到，在我睡著的時候，在蟑螂或腳之前，在任何念頭之前，在任何世界之前，過去、現在沒有任何東西存在——什麼都沒有。在那個瞬間，功課裡的四句提問誕生了。」她陶醉在無比的喜悅中，這個喜悅持續了數個小時，又持續了許多天，甚至好幾個月、好多年。

當她回到家，過去活在害怕她情緒爆發的孩子幾乎認不得她了。她的眼神徹底改變。「那個藍色變得好清澈、好美。」她女兒羅珊說：「如果你直視她的眼睛，會看到她像嬰兒一般純真，她整天都快快樂樂，天天如此，而且她整個人似乎洋溢著愛。」大部分的時間她都沒有說話，她會靜靜地坐在窗邊好幾個鐘頭，或是去沙漠裡走走。她小兒子羅斯說：「在這個變化之前，我都不敢注視她的眼睛，改變發生後，我卻無法不直視她的眼睛。」

凱蒂花了好多年的時間才學會如何表達她的存在狀態。關於她的覺知，她沒有外在的參考，她從未讀過任何靈性書籍，或聽過任何有關靈性修行的練習。她只能靠自身的經驗來引導自己，而她唯一需要的就是已經活在她內在的探究功課。

凱蒂的重生，比威廉．詹姆斯（William James）在《宗教經驗之種種》（The Varieties of Religious Experience）一書中記載的那種轉變經驗，有更根本上的改變。事實上，根本到她必須重新學習（或從她自己的角度來說，只是學習）如何作為一個人的所有事情：如何在時間與空間中活動、如何把實相用名詞、動詞分隔出來以便和人們溝通、如何假裝過去和未來是真實存在的等等。而這個的結果跟一般轉化的經驗是完全相反的，她的經驗並沒有引導她接受新的宗教信仰。她的清明覺知並沒有，也無法允許抓取或執著任何信念。所有宗教的概念以及其他所有念頭都像被火燃燒一樣灰飛煙滅了。覺醒之後，她持續感受到，也一直保持她在覺醒時所成為的一個不間斷的愛的存在本身。「我感覺到，如果我的喜悅可以被說出來，」她說：「它將會把整個中途之家的屋頂給吹跑，甚至把整個世界的屋頂給吹跑。我現在仍然有這樣的感覺。」

在頭一年裡，雖然她沉浸在無比喜悅中，各種信念與概念還是會持續出現在她腦子裡。而她面對它們的方式就是透過功課的探究。她住在加州巴斯托小鎮，離她家幾個街口的地方就是沙漠的開端，她常常獨自去沙漠裡一一去探究這些念頭。

每當一種信念出現在我腦海裡（最大的就像是「我媽媽不愛我」），就像一顆原子彈在體內爆炸。我注意到身體的顫動、緊縮，還有表面上的平靜遭到毀滅。伴隨信念而來的有可能是眼淚或身體逐漸僵硬。在旁觀者眼裡，我似乎從頭到腳充滿了沮喪和悲傷，而事實上，我還是一直經驗到同樣的清明、平靜和喜悅，就像我當時在中途之家躺在地板上醒來時的感覺一樣。這當中沒有「我」、沒有世界，而笑聲不斷地從我的口中傾洩而出，這些升起的信念往往就這樣消失或者消融在真理的光芒中。震撼身體的只是殘餘的信念，以一種不舒服的感覺出現。從這種不舒服，我自然知道這個故事不是真的，沒有什麼是真實的，而這樣的覺知被經驗到的是一種極其愉快的幽默，也是歡天喜地的喜悅。

探究的功課持續一年左右，一直到所有的信念和概念燃燒殆盡。這個方法在她自己的經驗實驗室裡接受檢驗，她對清醒的標準，比任何頭腦所能構想得最嚴謹的科學家要來得嚴格。任何讓凱蒂失去平衡的念頭或心理事件，或任何一點點可以引起她內在反應，影響到她原來的平靜或喜悅的事，她都以嚴謹的探究功課來面對，直到每個念頭都被理解為止。凱蒂說：「我是一個只要眼前如實現況的人。把每一個升起的念頭當成朋友來理解，成就了我的自由。那就是所有功課開始和結束的地方——就在我之內。探究功課讓你明白，你可以愛所有的一切，正如它呈現在你面前的樣子，而且它確切讓你知道該怎麼做。」在這段過程之後，也就是在她覺醒後的第二年，留下的只有清明的覺知。

凱蒂從中途之家回來之後，在巴斯托小鎮，人們開始傳說有這麼一位充滿光亮的女士。有些人發現自己不由自主地像磁鐵般，被她和她的自由特質吸引過去。當越來越多的人來拜訪她的時候，凱蒂開始確信，如果他們需要什麼，不會是她個人的在場，而是一種方法，可以讓他們自己去發現她所領悟到的真相。探究功課正是一種可以落實在生活中的方法，把她當年從內在甦醒過來，一個沒有語言文字的質疑過程，具體呈現出來。她已經在實際生活裡活出來，而且不斷地試驗，現在她把它公式化，就好像用慢動作將腦袋裡的過程整理出來，方便人們應用。在過去三十多年裡，這個方法已經幫助世界各地數百萬的人們找到自己心靈的自由，讓他們從自己的挫折、壓力、痛苦、憤怒及悲傷中解放出來。

3

本書是根據《金剛經》的章節編排的。《金剛經》是世界上最偉大的靈性文獻之一，經典本身就是對**無我**（**Selflessness**）寬廣且深入的冥想。無我在一般的使用上與**慷慨大度**（**generous**）是同義詞。意思是說「為利益他人所做的事情，而不是為自己」。雖然它字面上的意義是「沒有自我」，可以同時表示「沒有一個自我」以及「理解到根本沒有自我這種東西的存在」。你可能會認為這第二層意思是一種靈修上的概念，因為試圖去掉自己，就好比要甩開你的影子一樣不可能。但是在你練習探究功課或靜心冥想一段時間之後，你會洞悉，實際上在這裡「自我」只是一個概念，而不是「沒有一個自我」。不管你多麼努力去嘗試，你不可能在現實中找到任何一個東西可以符合這個名詞。對清明的心智來說，沒有自我，也沒有他人，一如這部經典所說的，你一旦了解這個真相，所謂的自私很自然地從根本上消退了。你的自我感在覺知的光亮中消融越多，你自然會變得越來越慷慨無私。這正是這部經典透過種種變化的演繹，試圖讓我們醒悟的核心真理。

4

身為本書的共同作者的工作之一，就是要在以下兩者之間找到平衡：一個是內容對凱蒂來說是正確的；另一個就是內容對廣大的讀者來說是能夠理解的。這個過程的結果必然（無可避免的）是相對失敗的，雖然失敗這個字眼對凱蒂來說非常陌生的。凱蒂發電子郵件給我，此時從她坐的沙發到我的扶手椅不過一公尺遠：「《金剛經》，在於喚起無法用任何語言或事物來描述的覺知。這本經典知道呈現事實真相最簡單的方法，就是去否定任何可以被描述或訴說的東西，這樣的做法是正確的也是慷慨寬厚的。我會說出或寫下我的評論，請你把它們改造整理一番，讓它們盡可能接近我的生活經驗。雖然落入文字免不了成為一種謊言。你有一項很艱難的任務，我最親愛的。我是你必須想辦法搞定的難搞對象。」

我很享受搞定艱難任務的工作。在這本書裡那些我表達不到位的地方，凱蒂的話可能會看起來很嚴肅；那些我成功表達的地方，這些字句就會聽起來像凱蒂自己親身在說的一樣，清晰、充滿愛心、有趣、慷慨、貼心，同時也有助於人們的警醒。

我在這本書裡頭涵蓋了一些凱蒂覺醒後頭一兩年到現在的故事。這樣做的缺點是指向凱蒂稱為的「那個女人」，也就是拜倫凱蒂這個人，她通常覺得沒有理由需要這麼做。這些故事我經常需要以發自內心為之著迷的誠意，用甜言蜜語引誘她說出來。但是，把它們收納在這本書裡也有好處，可以讓《金剛經》裡的真理更加生動活潑，以及更貼近個人。這些故事可能會讓有些讀者感到不安，甚至有些害怕；他們可能會把凱蒂的經驗當成是一種精神崩潰，而忽略不理。但是，即使有些故事聽起來很離奇，本質上它們代表一位婦女如何透過一段在狂喜中反覆摸索，而逐漸安定在一種深刻與全然平衡的清明覺知的過程。

從一個人的內在來描述深度自我了悟經驗的文獻極為希少，我們只能仰賴古代大師的描述與代表性的關鍵話語：「當他看見桃樹開花」傳說是這樣的，或是「當門一甩，猛地將他的腿撞斷的那一瞬間」、「他突然醒悟了」而關於這位震驚的求道者，他的世界如何因此而粉碎並徹底改變，則沒有任何說明，而且這些經驗的後續情況如何，也幾乎沒有隻字片語。此外，沒有任何事先準備就自然醒悟的情況極為少見；據我所知，在二十世紀只有一個案例在深度上可以與凱蒂的例子相提並論，那就是印度聖人拉瑪那．馬哈希（Ramana Maharshi）的經歷。拉瑪那描述了他覺醒之後的情況，但由於他等同於一位僧人，並且生活在認可且敬重這種經驗的文化中，因此他完全沒有融合的問題。有些人會前來供應他食物和衣服，其他時間則不去干擾他，讓他持續停留在三摩地（Samadhi，或稱禪定、三昧）的狀態。他仍住在自己的山區，不需要回歸家庭或開車，或去超市購物。（凱蒂說：「『我』也不需要。」）

透過密集靜心練習而發生的覺醒經驗通常起伏不定：它會由閃電般的瞬間洞見，為你帶來莫大的鼓舞並清理你的生命到某個程度，在那之後，當洞見逐漸沉澱並轉化你時，修行路上你仍需大量的艱苦跋涉。「不是我不喜悅，」成為禪師前的洞山，在內在眼睛打開後對他的導師這麼說：「而是它就好像我在一堆糞便裡撈到一粒珍珠。」然後之後，可能還會有另一個或更多的洞見，以及更大程度的清明，同時由於業力殘餘的碎片，你需要下更多的功夫。這些著實都是特別難得的體驗，每一個洞見都是價值不菲的珍珠，你會非常樂意的為它拋售你擁有的一切，但這些經驗並非那麼不尋常。然而當發生的是完全徹底的突破，會是什麼樣的光景呢？透過凱蒂的故事，我們得以看見。

凱蒂的評論帶來的好處是揭開「開悟」這個詞的神祕面紗。為什麼《金剛經》說沒有開悟這回事？為什麼黃檗禪師說「開悟就是了悟到開悟並不存在？」透過凱蒂清晰的話語，我們可以發現箇中原由。她說：

開悟（Enlightenment），在最簡單的一層意義上來說，代表著以一種更輕鬆自在的方式來經驗表象世界。比如說，如果你相信這個世界是不友善，然後經過探究功課，你發現它事實上是友善的，那你會變得更友善、更自由，不那麼沮喪、不那麼害怕了。我喜歡用開悟這個字眼，不是代表一種心靈上更崇高的層次，而是指一種以能夠做得到，很接地氣地去實際理解有壓力念頭的經驗。

比如說我以前相信「我母親不愛我」這個想法，質疑它之後，我明白它並不真實。一步步追溯相信這個念頭的結果（這個信念對我情緒及行動造成影響），看到我自己在沒有這個念頭時，我又會是如何，接著把這個念頭反轉到不同的相反面，找到活生生的例子來讓我看到每個反轉如何也可能是真實的，我就在這個念頭上開悟，它再也不造成我的困擾了。

了解這一點太重要了！人們認為開悟一定是某種充滿神祕性或者超越世俗的經驗，但事實上，它不是，它和讓你自己最困擾的念頭一樣地接近你。當你相信一個與事實爭辯的念頭時，你會感到困惑。當你去質疑這個念頭，然後發現它其實並不真實，你就在這個念頭上開悟，你不再執著它而解脫了。在那個當下，你跟佛陀一樣的自由。而當下一個令你感到壓力的念頭來臨時，你只能是去相信它或質疑它。它是讓你開悟的下一個機會，生命就是如此的簡單。

這些故事說的是一個沒有任何準備便體驗到覺醒於事實真相的人，她不曾嚮往這樣的經驗，沒有為覺醒去練習，甚至不知道這是什麼樣的經驗。她對發生的事情無法歸類，身邊也沒有人知道到底是怎麼一回事。她唯一知道的是，她的生命徹底改變了，從原來偏執、有著廣場恐懼症和自殺傾向的婦女，突然變得喜悅和安詳，而且還獲得一種方法，讓她能夠持續紮根在這樣的狀態裡，而不再回到那個妄想的世界。「我發現，當我相信我的想法，我就會感到很痛苦，」凱蒂說：「但是當我不相信它們的時候呢，我完全沒有痛苦。這對每個人來說也是如此，自由就是這麼的簡單。我發現受苦與否是可以選擇的。我找到內在喜悅，它從來沒有消失過，一刻都不曾。那份喜悅也永遠存在每個人的內在。」

她對自己的前半生毫無記憶，同時她以一種令人驚歎的勇氣走進家人的故事裡。她的先生跟孩子們，不知從哪裡冒出來的，突然出現在中途之家。「這位高大的陌生人是我先生嗎？這三個我從來沒有見過的年輕人是我的孩子嗎？好吧。」一切重新來過，重新開始。當時，對於所發生的事，沒有任何老師或傳統可以幫助她或提供任何參考資訊，她必須獨自為自己釐清這一切，重新適應。她不知道我們社會的規範是什麼，所以當她在街上看到一名陌生人，她會走上前去注視著對方的眼睛，沉浸在愛裡；或隨意走進別人的房子，因為她明白所有的東西都屬於她，而她根本沒想到，人們有可能把她看成是瘋子。在最初的經驗之後，她並沒因此有任何的退縮，但是度過了一段逐漸調整的過程，她學會調節她對所有事物的熱情。她學會如何說「我」和「你」、「桌子」、「椅子」，即便她知道這些名詞都是謊言。

這些故事也顯示了《金剛經》的洞見是如何地徹底而深刻，且近乎激進。當經典的作者說無我、無他人時，他不是在瞎說胡扯。他也不僅僅只是說所有的事物都是互相連結的，他在說的是真的沒有「自我」（self）這樣的實體，「自我」只不過是概念上的建構，如同一切存在於我們外在的表象現實（或說在我們之內，就這個情況而言）。凱蒂的故事告訴我們，當有一個人從自己生命存在的核心，深刻了解到真相時，生命是什麼樣貌，是什麼樣的感覺。不管這份覺知展現出來的形相，從外在來看有多麼的古怪，從它的內在來看，它以完美的和諧行動著。這艘船持續輕輕地划行，和緩地順著溪流而下，愉快地、愉快地、愉快地、愉快地——沒有做夢的人，只有夢（甚至連那個也沒有）。

史蒂夫・米切爾

關於探究

在接下來的章節裡，當凱蒂用這個字「探究」（Inquiry）一詞，指的就是「（探究）功課」（The Work）。功課包含四個提問和凱蒂稱之為反轉（Turnaround）的過程，反轉是一種能讓我們體驗到和我們所相信的相反念頭的途徑。這四個提問是：

一、那是真的嗎？或這是真的嗎？
二、你能完全知道那是真的嗎？
三、當你相信那個念頭時，你是怎樣反應的？發生了些什麼？
四、沒有那個念頭，你會是誰或是什麼樣子？

當你第一次接觸到這四個提問跟反轉，這些提問可能看起來僅僅是智力上的問答。但唯有你親自去體驗，才能真正了解它們如何發揮作用。不過觀看別人實際運用，也許可以讓你有一些概念，甚至可以體驗它們的威力。你可以在凱蒂的網站上找到許多她協導人們做功課的影片。當人們真誠地回答這些提問，它們就有了生命力，它們像鏡子一樣返照給我們看，照見我們向外看時

拜倫凱蒂官網

無法看見的真相。*

探究功課一直被人們稱為是自助性的方法，但是它遠遠不止於此，它是自我領悟（selfrealization，我和作者史蒂夫討論過，他指的是去理解，去發現自己究竟是誰或自己到底是什麼）。當我們質疑一個帶來壓力的念頭，我們為自己親自見證「它不是真實的」，並且得以檢視它的根源以及影響；也能鉅細靡遺地觀察到，相信這些念頭為我們帶來了什麼痛苦模式和困惑；然後我們得以瞥見一面空無一物的鏡子（empty mirror），那個超越我們自身故事的世界，去經驗沒有念頭時，我們那一刻當下的生命會是什麼樣子。最後我們得以體會，那個和我們向來堅信不移信念完全相反的經驗，並且找到特定的事例，去感受這些相反的經驗也可能是真實的。一旦我們能夠深入地質疑想法，它就失去了讓我們痛苦的力量，最終甚至不再升起。「我不放下我的念頭，」凱蒂說：「我以理解面對它們，然後，它們放下了我。」

* 本書的附錄備有如何進行探究功課的說明，也可以從凱蒂的網站和著作《一念之轉》（Loving What Is）找到更詳細的解說。

關於《金剛經》

……聆聽者，於雪中聆聽的人
忘卻自身，看見那不在此處的空，與存在眼前的無。
——華萊士．史蒂文斯（Wallace Stevens），〈雪中人〉（The Snow Man）

這部經典的梵文原名是《Vajracchedika Prajnaparamita Sutra》意思是「能斷金剛般若波羅蜜多經」（能斷金剛，是因為這是一部高度濃縮，具有精闢智慧的經典，能像鑽石切割玻璃一樣斷除疑惑）。學者們認為《金剛經》是撰寫於西元後三百五十年左右。雖然根據大乘經典的傳統慣例，它採取佛陀跟他弟子之間對話的形式，而這個傳統實行的時間為西元前五六三年到四八三年。它在西元四〇一年翻譯成中文後傳遍東亞，盛行於佛教眾多派別之間，尤其是禪宗。目前收藏在大英博物館，出版於西元八六八年的一部中文木刻版印刷本《金剛經》，是世界上最早的印刷書籍，比《古騰堡聖經》要早五百八十六年。

雖然《金剛經》本身是一部對話錄，而不是一種文學性的文本，而且，它也沒有像柏拉圖對話那樣充滿了吸引人的魅力，並具有極高的重複性，但是當有個重點值得被揭示出來，它就值得被一再重複。作者的用意不是要我們對他留下深刻的印象或娛樂我們，他也不是要試著要讓內容變得有趣或耍小聰明，他是希望能夠喚醒我們去看到事實的真相。如果我們第一次沒能理解聽到的內容，那他會再說第二遍、第三遍乃至第四遍。

這部經典之所以在禪宗圈子裡聞名，主要是源自禪宗六祖惠能的故事。六祖年輕時只是個不識字的樵夫，有一天，他送完一捆木材，站在店家外面，聽到一位僧人正在誦經，當他聽到「應無所住而生其心」這句話，在那一瞬間，他的心智打開了。成為禪宗大師之後，他或者說傳說中的他，曾經如此推崇《金剛經》：「佛陀講這本經典是為特別聰慧的學生而說的，所謂利根上器的學生，它讓你能夠了解心智最精髓重要的部分。當你知道所有的智慧都在你自己的自性裡，你不需要仰賴任何經書上面的權威，因為透過持續靜心冥想的練習，你將可以充分發揮自己的智慧。」

這部經典內容觸及事物的根本且具有顛覆性，不斷地在自身論述上推翻自己的陳述，不讓讀者輕易在任何靈性概念上感到自在，甚至在這麼微細的「無我」觀念上也是如此。就像凱蒂所提倡的探究功課，它一直把我們指向那個無所住心。

關於《金剛經》，還有另外一則著名的故事：

德山禪師是一位熟讀《金剛經》的博學學者，他聽說有一派狂妄的學說稱為「禪」。教導人們一種「經典外的特殊傳法方式」（教外別傳）。他忿忿不平地動身前往南方，想要剿滅異端。當他抵達通往澧州路上時，他停下來向路邊茶水攤賣餃子的一位老婦人買點心。老婦人問他說：

「客官，您擔子上背的都是什麼書啊？」德山說：「是我對《金剛經》筆記和評注。」老婦人說：「我聽聞《金剛經》裡說，過去心不可得，未來心不可得，現在心不可得。您是哪個心想要買點心呢？」德山一時啞口無言，答不出話。過了一會兒，他問：「附近有禪師嗎？」老婦人回答：「龍潭大師就住在離這裡半哩路的地方。」

於是，德山起身前往龍潭禪師的寺院，請教龍潭禪師直到深夜。夜更深時，龍潭禪師說：「你該回去就寢了。」德山向禪師鞠躬行禮，拉開簾子準備離去，但外面一片漆黑。「外面很黑。」他說。龍潭禪師點亮一根蠟燭要交給他，正當德山要接下時，龍潭禪師卻將燭火吹滅。這個動作讓德山瞬間頓悟了。

隔天他帶著自己的《金剛經》筆記與評注來到禪堂大廳前，舉著火把說：「即使你精通最深奧的教導，它就像將一根頭髮放在浩瀚無垠的虛空裡。即使你學會世上一切真理，它依然有如將一滴水滴入深谷。」然後他一把火燒毀自己所有的筆記著述，向龍潭禪師鞠躬告辭，揚身離去。

在這本書裡，凱蒂的作用同時是那位提出最根本問題的老婦人，也是吹滅燭火的禪師，吹熄了試圖以微弱火光照亮無邊黑暗的蠟燭。如果你認為你掌握了這本書裡的一些真理，之後可能會欣然發現，凱蒂話語背後的氣息像吹滅生日蛋糕的蠟燭那樣，將它們吹熄了。凱蒂經常說：「不要相信我說的任何話。請自己去檢驗它。重要的是去發現什麼對『你』而言是真的，而不是對『我』。」

關於本書的《金剛經》版本

我不會閱讀梵文，本書的英文版本也不是直接翻譯，而是經過詮釋的改編本。我在準備《金剛經》章節時，是根據既有的英文翻譯版本，特別是愛德華・孔茲（Edward Conze）、一行禪師、比爾・波特（Bill Porter，又名 Red Pine）、A・F・普萊斯（A. FPrice）及穆松恩（Musoeng）的譯本。

許多當代的讀者都覺得《金剛經》難以理解（我有一位朋友是很虔誠的求道者，他曾四度嘗試，分別讀了四種不同的譯本，還是無法讀超過前六章），有鑑於此，我想值得花工夫，去將經文裡的對話用簡單而不流於術語的文字表達出來，剝落深奧難解的外貌，讓它鮮活的生命力直接展現出來，所以每個人都能從它的智慧中獲益。原始經文有更多重複的部分，因此我修剪了一些複雜的措辭，同時盡可能在合適的地方，將重點從形而上轉移到此時此地。我的首要用意是去創造一份文本，讓來自佛圓滿智慧的自性清澈的亮光，可以透過它彰顯無遺，穿過它而光輝四射。

譯者的話

兩個浩瀚無垠的心靈，在《金剛經》甚深真實義裡相遇。超越時空，一場東方底蘊和西方剔透的優雅共舞。宇宙沒有偶然，諸法無我，那說出來的正是說的本體，是你也是我，從深深的內在，顯化出來帶領迷惑的心，瞥見始終如如不動的真相，和愛。

書中的甚深智慧，留給讀者們自行慢慢品味。

我要分享的，是作為極少數在凱蒂身邊深入學習的華人之一，在她書中故事之外，我親身體驗到她和史蒂夫在日常中的慷慨無私，和不以大師自居的真實樣貌。他們真正在生活中演繹了《金剛經》裡「受持」和「為他人演說」。

凱蒂身邊從無學員簇擁，她以七十多歲高齡，自己開車往返上課場地。在工作坊內，她全神專注回答每位學員的問題，從不逗留閒談。她從早到晚精神奕奕，步伐輕快迅速。她主持工作人員會議，明快、精準、有效率。我也曾參與和目睹凱蒂在學員們完全不知附近山區起火的情況下，如何從容處理數百人的疏散運輸，並安頓這群人的身心，絕妙、細膩、清晰而全面。

我無意中發現，許多人是拿她提供的獎學金來參加工作坊的。更鮮為人知的是她長期默默教導受刑人這套直指人心的妙法，並建立支援團體，扶持這些受過囹圄痛苦的人們持續練習。親身參與其中的伙伴分享個中的震撼，目睹一個個深陷悔恨心靈的驟然醒悟，那種絕地逢生的寧靜力量，千金不換，《金剛經》裡的不可思議功德。

六年多前，我只是數萬名學員之一，凱蒂發郵件詢問大家對這本書名的建議。那時我寫信給史蒂夫，好奇他是怎麼翻譯《金剛經》的。他認真回答我的問題，並且分享他的翻譯稿。當我看到譯文裡只有無我、無他人，而沒有無眾生相和壽者相時，我自以為是地向他提出來。他迅速回應，並且仔細地把他參考過的所有譯本，包括從梵文的直接英譯，連同本書前三章的文稿，全部都分享給我，然後輕輕地帶一句，中文的《金剛經》也是翻譯的。

我如夢初醒，為自己的自以為是和本位主義感到羞愧，再看到凱蒂的詮釋自然地包涵了破四相，沒有時間和空間，我啞然失笑。通透的心靈所見一致，何須文字呢！而自古以來，詮釋《金剛經》的大聖不計其數，豈有最準確一說呢！

他們的謙卑教導了我，他們無為而為的身教為成千上萬的人樹立了榜樣，而功課更成為全世界數百萬人離苦得樂的安心之道。然而，功課不止於此，它正是佛陀直指人心，不立文字的最佳實踐，透過一次次地參悟，照見實相的本來面目，得大自在！

1 宇宙的大玩笑

我是這麼聽到的：一時佛在舍衛國的祇樹給孤獨園，與一千兩百五十位比丘同在一起。清晨早餐時間來到時，他穿上長袍，帶著缽，走入舍衛城挨家挨戶乞食。乞食完畢，回到園區用餐。接著他將衣缽收好，洗淨雙足，安坐下來。

我來自南加州一座沙漠小鎮。那裡的人認為佛陀就是在中餐館經常看到的塑像，一位很開心的胖傢伙，一直到遇見我的先生史蒂夫，我才知道原來那位胖傢伙是布袋和尚，中國的財神。他告訴我，佛陀身材消瘦，臉上帶著一抹沉靜的微笑。我敬重史蒂夫所說的，但對我來說，那位有著大圓肚子的胖傢伙同樣也是佛，是那個理解宇宙玩笑的人。這個大玩笑就是一切都是夢——生命所有的一切，每一件事物。沒有任何東西存在，也沒有任何東西可以存在，即便在它看起來似乎存在的那一瞬間，它就已經消失了。這真是非常滑稽，任何一位能領悟這個玩笑的人都有權利開懷大笑，笑出那種渾身亂顫、連肚皮都抖動的美妙笑聲。

還有另外一種說法。對我而言，「佛」這個詞代表純粹的慷慨無私：精準周密、充滿喜悅的慷慨，沒有上下左右之分，沒有可能或不可能——這是當你覺醒於什麼是真實時，自然流露出的慷慨無私。在你了悟到沒有自我這樣的東西後，留在你生命裡的就是慷慨無私，沒有什麼要知道的，也沒有人要去知道它，那我怎麼知道呢？這還挺有趣的！

《金剛經》從簡單的乞食開始，當我聽到佛陀自己去乞食時，深受感動。由於他理解宇宙是如何運作的，他知道他總是被好好地照顧著，但他並不把自己視為高高在上、超越世俗的存在，或甚至自認為是一位精神導師。他拒絕被當成特別的人來看待，也拒絕做一位應該被學生伺候的人。在他眼裡，自己只是一名簡單的僧人，每天早上外出乞食是他分內的工作，一天一餐也就足夠了。他的智慧足以讓他去往任何一棟房子，站在門前，而不去猜想這戶人家是否會供養他。他了解宇宙永遠是友善的，他了解地如此透徹，以致於可以在靜默中，將缽伸向任何一戶的主人，平靜地等待被接受（是）或被拒絕（不）。如果這家主人說「不」，這個「不」是懷著感激接受的，因為佛陀了解，供養他的榮幸屬於另外一個人，而不是這一位。食物不是重點，他並不需要，他不需要讓自己活著，他只是給人們一個慷慨的機會。

史蒂夫還告訴我，「僧人」這個詞代表一個單獨的人。我喜歡這樣的說法，因為在現實中我們都是獨自一人，我們每一個人都是唯一的存在，沒有他人。所以對我來說，僧人不是在描述進入寺院修行的人，它是對每個人誠實的描述，包括我，也包括你。在我的心裡，一名真正的僧人，指的是那個能夠理解沒有一個自我需要保護或防衛的人，他也是那個明白自己不需要特定的家，所以處處為家的人。

當我在一九八六年覺醒於真相時，我了悟到，我所有的痛苦全來自和眼前如實一切的抗辯。我深陷重度憂鬱許多年，把所有的問題都怪罪於這個世界。現在我明白自己的憂鬱與周遭的世界毫不相關，而是來自我對這個世界所「相信」的一切想法。我了解到，當我相信自己的想法，我感到痛苦；但是，當我不相信它們的時候，我就不會感到痛苦，而這對每一個人來說都是真實的，自由就是如此的簡單。

一旦我在那個清晨睜開眼睛之後，我不再擁有一個家，或一個家庭，或一個自我，那些沒有一樣是真實的。我什麼都不知道，雖然我有凱蒂的記憶庫，可以挖掘她的故事作為參考。人們會告訴我「這是一張桌子」、「這是一棵樹」、「這位是你先生」、「他們是你的孩子」、「這是你的房子」、「這是我的房子」，他們也會告訴我：「你並不擁有所有的房子。」（從我的立場來看，這很荒謬）。剛開始，有人必須把凱蒂的名字、住址和電話號碼寫在一張紙上，然後我會把它放在她的（我的）口袋裡。我會注意到一些地標，並且像撒麵包屑一樣，將它們留在腦海裡，所以我可以找到路，回到人們稱之為我的房子。一切都是嶄新的，因此對我來說要找到返回的路途並不容易，即使是在我從小生長的小鎮五個街口的地方，所以有時候，保羅，這個人們稱之為我先生的人，或是其中的一個孩子會陪我一起散步。

我一直處在持續的狂喜中，沒有「我的」或「你的」，也沒有任何我可以執著的東西，因為所有的事情對我而言，都沒有名字。我走丟時，我經常會走上前問人們：「你知道她住在哪裡嗎？」（在最初的那段日子，我根本不可能說出「我」這個字，那似乎違背我內在的真實，是一個我無法讓自己說出來的謊言）每個人都無比的仁慈，人們認得出真誠的純真。如果有人把小嬰兒放在路邊，大家都會抱起他並照顧，然後想辦法送他回家。我會走進任何一間屋子，明白那是我的，我會把門打開直接走進去，我總是很驚訝，他們居然不明白我們全都擁有一切，但是人們對我非常和善，他們會笑一笑，並不覺得被冒犯，有時候他們會大笑，彷彿我說了什麼可笑的事情，有些人會跟我說：「不是，這是『我們的』房子。」然後很溫柔地牽著我手，領我出門。

每天早上，我一醒來就起身穿戴整齊，立刻往街上走。人們強烈地吸引我。這是非常奇怪的事，當你考慮到在不久前，「我」曾經如此的偏執，對公共場合感到恐懼，而且像憎恨自己一樣地憎恨別人。

有時我會走到陌生人面前，心裡完全明白他就是我自己，只是我自己。然後我會用手臂摟著他，或拉他的手，這對我來說很自然。當我在別人的眼裡看到恐懼或不安，我就會走開。如果沒有，我會和他們交談。剛開始幾次，我會告訴人們我知道的：「只有一個！只有一個！」但我立即察覺這當中的失衡，感覺像是強加於人，這些言語感覺不自然，它們無法被聽見。有些人似乎很喜歡他們在我身上看到的，他們會笑，覺得很安全，也不在乎我說的到底有沒有道理。但也有些人把我當瘋子看待。我同樣注意到，不說出完整的真相讓我感到不舒服，所以我會說：「什麼都沒有！什麼都沒有！」然後用手指頭比劃出一個零。可是當我這麼說的時候，感覺和我之前說「只有一個」是一樣地失衡，於是我停止這麼做。這反而是一種仁慈。

真相是，不是什麼都沒有，即便這句「什麼都沒有」也是關於某些東西的故事。實相在那之前。「我是」在那之前，在「空無」（nothing）之前。一切不可言說，即便只是說起它，就遠離它了。我很快意識到，我理解到的任何事物都無法透過語言文字表達。然而它們對我來說，似乎是如此簡單和明顯。它們聽起來像是這樣：**時間和空間並不真的存在，未知是所有的一切，只有愛存在。**但這些真相卻無法被聽見。

有好幾個月的時間，我行走於我所住巴斯托小城的大街小巷，我持續處於歡天喜地的狀態，完全沉醉在無比喜悅裡，感覺自己像一顆會走路的燈泡。有時會聽到人們稱呼我為發光的女士（the lit lady），我覺得這把我和其他人區分出來。最終，儘管這亮光持續著（至今依然），它轉往內在，我開始看起來比較正常了。直到它回歸平凡和平衡之前，它對人們並沒有太大的價值。

史蒂夫告訴我，藝術家經常想像佛陀頭頂上圍繞著光圈。但是，任何來自佛陀或其他像他一樣的人，其光芒是發自內心的，那是一種源自於可以完全自在地生活在人世間的光芒，因為你了解這個世界誕生於自己的心。佛陀已經看透了那些會藐視感恩經驗的念頭。當他出外乞食，他所感受到的接納是如此深刻，它本身成了一種給予，它是一種超越食物的食物。他回到祇樹給孤獨園，坐下來享用被賜予的食物，繼而清洗那可以盛載所有可能性的飯缽。洗淨雙腳，安靜地坐下來，隨時處在準備好的狀態，不知道他是不是會開口說話，不知道人們是否會傾聽，安詳寧靜，懷著感恩，沒有任何跡象顯示在此刻之前或之後有個世界存在。他坐在那裡，作為一位被滿足、被支持的人，作為一位所受滋養已超越任何食物所能提供的人。就在那寧靜的安坐中，心智正準備透過外在表象的其他人，來質疑它自己，並通過理解與自身相會，沒有過去或未來，安住在那無法被命名的自我，那不可能存在的自我，那光芒四射的無我。

你說，人生是一場大夢，如果其他人只是你夢裡的角色，是什麼激發你能夠對別人仁慈呢？

我愛我所想的一切，因此順理成章地愛我遇見的每一個人，這是很自然的事。我喜愛我夢裡的所有角色，他們只是在那裡作為我自己而存在。身為作夢的人，我的工作是去覺察在我的夢境裡，什麼會讓我感到受傷害，而什麼不會。缺乏仁慈永遠造成傷害。在這樣子的狀態裡，我聽到了佛陀的聲音，那是對治的方法、祝福，也是一道入口和來自內在永遠歷久不衰的意識覺知。

你說你覺醒之後，人們必須告訴你，「這是你先生」、「那些是你的孩子」，你對他們沒有印象，那些記憶後來恢復了嗎？

突然之間，我發現自己和保羅有婚姻關係，與保羅在一九七九年結婚的女人已經死了，有個不同的生命活在這個身體裡。我甚至認不出他是誰，我實實在在不知道他是誰。中途之家的女士帶他進來，一位很高大的男子，她說：「這位是你先生。」對我而言，他是全然的陌生人。我看著他，然後對自己說：「這也是，上帝？這是我先生？好吧！」我完全臣服於眼前的一切，與它結合，成為眼前一切的本身。所以你可以這麼說，醒來的那天早上，無論浮現在凱蒂身上的是什麼，是從未和任何人結過婚的。當他們告訴我，我的孩子即將到來時，我還以為是幾位小娃娃，根本沒料到「我的」孩子已經是十幾歲和二十歲出頭了。我原以為人們會帶著兩、三歲的小娃娃過來。當孩子們進來時，我端詳他們，然後讓夢境自然開展。那時我看待他們和其他人沒有任何不同，但我也不知道有什麼理由讓我不該接受他們是「我的」，我只是活出這個故事。愛會順從，它會以任何形式與自己相會，沒有任何條件。

我總是讓每一個人自行定義他們與我的關係——他們認為他們是誰，他們認為我是誰。關於保羅與孩子們的記憶從未恢復，也不需要，因為他們會帶給我他們的故事，然後我看到四個不同的女人全部揉合成一個「我」。在那段時間裡，當他們開始分享他們所認識的我，就好像有一種回音，有著影子一樣的記憶。如果我曾經認識他們的話，它就像是一種本質，像在背景深處播放的音樂一樣，聽得到卻無法觸及。他們填滿了這個故事，並且「喜愛」他們關於我的故事。他們會說：「記得那時候？記得當我們……」然後你這麼說：「我做了那個？」然後所有的東西就開始填補進來，即使這些從來沒有真的發生過。我便如此住進了他們的故事，對我來說那是沒有問題的。

最初七個月左右，身旁的人們持續界定我是誰。對於這個我們稱之為凱蒂的人所僅存的東西，對我而言是完全陌生的，然而我卻有著她的影子、她的記憶——無論如何，多少有一點，就好像我有她的指紋，同時我知道那不是我的，那全都是她的故事。我只是自我領悟了自身，或更正確的說，是那了悟到「無我」的「自我」。

在你的經歷之後，你說你已經沒有「我的」、「你的」分別心，那與嬰兒對世界的感知有什麼差別嗎？成年人不就是要能夠建立人我之間適當的分際，並且能夠區分「我的」與「你的」嗎？

沒有沉重的身分認同背在身上，我在床上醒來，一切都很好，因為那就是該有的樣子。旁邊顯然有一個人躺在我身邊，那也很好。我有兩條腿，看起來似乎是這樣，它們把我帶到門外，這也沒問題。我向十六歲的女兒羅珊學習有關這時代和當地的一些習俗，我會穿上一隻紅襪子和一隻藍襪子，這時羅珊就會取笑我。我還會穿著睡衣走出前門，她會追出來，把我拉回家。「噢，好的，」我會這麼想：「不能穿睡衣到公共場所，這裡不做那樣的事。」她會牽著我的手（祝福她的愛心），引導我學習這一切，她會不厭其煩地一而再，再而三地向我解釋每一件事情。她如何能夠知道在我的淚光中，我正在和生命談一場美妙的戀愛？我怎麼可能在乎那些是什麼名字？

但是在超市裡，比如說，她會耐心地停下來，指著物品，對我說：「這是罐頭湯、這是番茄醬。」她會像媽媽教小孩子一樣地教導我。

所以，就某種意義來說，是的，我就像個嬰孩，但是從另一個角度來說，我非常實際和有效率。我能清晰看到人們被自己困在哪些有壓力的念頭裡，如果他們想要，並且他們的心也願意對探究開放，我可以帶領他們如何去質疑這些念頭，繼而化解他們的痛苦。我和人們的溝通剛開始時有點古怪，我逐漸學會以更清晰地方式來表達。

我有時會說，有界限是一種自私的行為，當你清醒的時候，你不需要任何的界限，比如說有關於你會同意或不同意做的事。早期有幾位男士想要和我發生關係，他們確信和我睡在一起會讓他們開悟。雖然我喜歡這些可愛的、深陷迷惑男人們的誠實，以及他們對自由的渴望，但是我說：「謝謝你問我，我的答案是不，那樣做無法給你你在尋找的東西。」

但是說「不」不就是一種界限嗎？例如「我不會和你發生性關係」？

我說的每一個「不」都是對我自己一個肯定的「是」，那對我而言，感覺是對的。人們不需要去揣測我想要什麼或不想要什麼，同時我也不需要去假裝。當你可以誠實表達自己的「是」或「不」，就比較容易過著仁慈的生活。當我說實話，人們在我的生命中來來去去，如果我不說實話，人們依然一樣來來去去，其中一種情況是我一無所得；而另一種方式卻能讓我得到一切，我不會把自己置身於猜測或愧疚的狀態。

比如有男人想和我發生性關係，我完全無需考慮如何決定我的答案，我已婚，而且奉行一夫一妻制，我的「不」是帶著微笑脫口而出的。事實上，我給了這個男人我所能給予的最大禮物，我的真實。你可以把它看成是一個界限，但是如果界限成為一種限制、一種緊縮，那並不是我對它的感受。我認為它是一種正直的操守，那並不是我刻意建立的，而是已經為我建立好的東西。說「不」並不是一種自私的行為，它其實是一種慷慨的行為，無論是對我，還是對表象的其他人。

你說當你最初發現無我、無他人的真相後，整個人一直陶醉在無比的喜悅之中。你現在依然沉浸在那種喜悅裡嗎？

喜悅終歸平衡，但它依然保持不變。

你如何看待佛陀乞討食物？和你的經驗有什麼關係嗎？你能想像自己有如一名僧人，身無分文、無家可歸，完全仰賴其他人提供食物？

但我確實是完全仰賴其他人的！如果人們不種植蔬菜，店裡就沒有蔬菜賣。如果人們不支付我或我先生薪水，我也無法購買食物。

佛陀只求取原已屬於他的東西，他從來不被飢餓所苦，然而他夠慷慨去請求食物。他知道何時去請求以及請求些什麼。他知道要吃什麼，吃的正恰恰是你供養他的，不需更多。食物沒出現之前，我從來不覺得飢餓。我總是完美地被餵養著，在最理想的時刻，享用對我最合適的食物，這是來自恩典的賜予。如果你給予我食物，我不是透過語言文字感謝你，而是來自你內在的自我。如果你不給我食物，我也感謝你，同時，就像愛會做的事，也許在另外一個時刻和意識，你會準備好享用那唯一值得享用的食物，那我們全體所共同渴望的東西，也是我真正可以提供的：就是去服務，那提供服務的人。

☆ 在你領悟到沒有一個所謂自我的東西之後，留在你生命裡的就是慷慨無私。

2 向一粒沙致敬

當時須菩提從大眾中站起，袒露右肩，右膝著地，合掌恭敬地對佛說：「您真是體貼入微，世尊！您總是關心學生的福祉，並且慷慨無私的教導。世尊，當懷著真心誠意的男女尋求開悟時，他們應該做些什麼，他們該如何控制自己的心？」

佛說：「很好的問題，須菩提。如果有虔誠的男女尋求開悟，對他們而言，降伏自心是最重要的。聽著，我現在就解釋。」

須菩提說：「請說，世尊，我們洗耳恭聽。」

須菩提站起來，以他最美好的姿態表達他對佛陀的敬意。從佛陀的視角，每一個人都已經覺醒，所以「佛」（Budda，原意為「覺者」）只是一個代表他，也代表須菩提，同時也代表每一位在場僧人的詞語。接下來的對話是佛與佛之間的對話，它是內在的自我與自身的相會。更正確地說，自我並不存在，是以這個「無我」（no-self）與自己相會，他人也不存在，是以「無他」（no other）與「無我」（no-self）的相會。

人們有時候向我表達類似的尊敬，而我知道這與我個人無關，他們會在公開活動結束後來到我面前，當時他們深受感動，因為他們透過探究功課，理解了某些對他們深具意義的領悟。他們帶著發亮的眼神，前來找我，雙手合掌，有時甚至會跪下或向我鞠躬。我知道那種恭敬的感覺，也歡喜他們正在經驗這樣的感受。他們認可拜倫凱蒂這個女人，即是對他們真實自性的認可。在這個等式裡不可能有「我」，這是他們對自己的認可，它屬於他們，而作為他們認可的標誌，也讓我感到非常興奮。我的內在始終臣服於每一個人和每一個事物的腳邊，我了解，任何少於如此恭敬的心態，即是一種分離的狀態。當有人向我鞠躬，我是那鞠躬的人，也是那接受鞠躬的人，兩邊地位平等，這當中不存在任何針對個人的成分。

這與我向一粒沙鞠躬致敬，沒有任何差別。它是一種「陷入」與「融合」，那就是我體驗到的恭敬。它是自我和……親密，我甚至不能說它是「自我與它自己的親密」，它就僅僅是自己——親密*。這是真正的親密，不可分割，在它之外無有一物，在它之內也空無一物。

謙卑（Humility）意味著向沙粒、灰塵，以及此刻聽見的任何聲音表達如此的恭敬。如果我們腦筋清楚，我們會向世上的萬事萬物表達如此的敬意。因為一切都是佛。這就是真正覺悟所代表的意義，你甚至無法掌握是什麼在覺悟，認為你正在了悟任何事情的這個想法並不真實，它至少離真相，還有一個念頭世代（one thought-generation）的距離。這已是恩典中的美好時刻，然而你仍然持有自己是那覺悟者的身分認同。一旦你能夠超越臣服的痛苦——最終，穿越臣服的喜悅，

* 譯註：自己就是親密的本身。

你會認出那遠遠超越你能力所能辨識的東西，然後陷入一種全然感恩的狀態。

須菩提說佛陀很關心學生的福祉，那也是我的體會，不過我沒把任何人看成是學生，對我來說，只有朋友。而且只有他們關心時，我才關心，他們所關心的是我內在剩餘的唯一關注重點。當他們問我一個問題：「我應該如何練習探究功課？」、「如果質疑之後，這個有壓力的念頭對我來說還是感覺很真實，該怎麼辦？」我看待他們宛如曾經困惑的自己，我將他們視為那個我曾經相信我是的凱蒂，深陷痛苦卻找不到出路。我會給這些人我擁有的一切。提問是需要的，如同那乞食的缽，開悟的心智需要它，它正是開悟的心智，點燃它自己。如果他們不向我提問，我從不擔心他們的幸福，因為我知道每一個人都安好無恙，不管表面上他們正在經歷任何痛苦。

所以須菩提問了佛陀一個問題，那是個好問題。有一些男人和女人真實誠懇地想要超越自己，有一些真心誠意的男女則是希望能從痛苦中解脫。我曾經是其中的一位，只是當時毫不自知。我曾經檢測過，如果我不再回應「我想要」、「我需要」、「我不應該」、「我應該」這些念頭時會發生什麼。結果我親身見證了超越這些表象需求的世界，發現這些念頭沒有一個是真實的，沒有任何一個念頭能夠經得起探究的檢驗。

如果你願意試著在二十四小時內只吃一餐來實驗，你可能也會發現同樣的真相。有人可以給你一小碗飯，作為這二十四小時內的僅有的食物，那個「自以為我知道」的心（I-know mind）可能會說：「這樣營養不夠，我還是餓，我太虛弱，我會生病，我會死。」但是，當你允許每一個念頭都和「這是真的嗎？」這個提問相遇，生命自然會向你展現自身，最終你會發現自己的每個念頭都會以問號來結尾，而不是句點，你將能夠安住在一個未知心靈（don't know mind）那永無止境的開悟狀態中。

當我覺醒於事實的真相，身邊有需要我的孩子、需要我處理的財產、需要我的先生，乃至於身旁有各種需要的人，結果沒有一樣是真的。就連飢餓也不是真的。我檢驗過，我發現我並不需要食物，而且也沒有人需要我，從來就不需要。失去所有這一切，帶來的是更進一步的自我消融。它讓自己在這個世上逐漸退出。房子消失了，孩子消失了，先生也消失了，也沒有一個「我」在失去他們。每件事，毫無例外，在沒有凱蒂的情況下反而得到更好的照顧，一切有了更好的安排，一個更仁慈的方式。家中每個人都變成我的老師，在那過程中漸漸刪除了我。

須菩提問了一個好問題，但問題措辭的方式有一點讓人困惑，因為他問到如何「控制」心。這是個很自然的問題。在如夢的世界、充滿痛苦的世界裡，不管是頭腦或內心似乎都是一片混亂，人們難免認為它需要被控制，有些人會願意付出任何代價去了解如何控制它。但是**心永遠不可能被控制：它只能被詢問、關愛，以及通過理解來面對**。

心智就像一個任性的孩子。念頭來了，一個接一個，就像不被愛的小孩來煩我們，惹我們注意。我們的任務就是去分辨清楚，並且去了解，陷於內在爭執狀態與敞開心扉去聆聽和接納，這兩者之間的差別。當我們試圖控制眼前的現實，當我們認為自己是一切的源頭，而不是鏡中的影像，或當我們認為自己比鏡中的任何其他事物來得更多或更少，痛苦就隨之而來。但世上一切事物都是平等的，全部只是心智的反映而已。

我們只能控制心到這樣的程度：就是當一個念頭出現時，我們可以只是去注意到它，而不去相信它。我們可以帶著一顆質疑的心去留意它。那個自信滿滿，想要人相信它的念頭來自於那個「我自認為知道」的心，那個誤以為是的老師。質疑則是純粹來自於學生。在一個願意質疑的心智中，我們感受到的是一種流動，這其中沒有干擾，沒有限制。所謂的「控制」只是去「留意」，它不意味著在心智上強加指令。如果你是一名真正的學生，念頭會永遠結束在一個問號上。

你說這是場佛與佛之間的對話，你能多說一點嗎？

佛陀總是慷慨無私的，他從無任何的保留，因為對他而言，給予就是接受，他永遠只是在與自己對話。整部經典是自我（更正確的稱呼是「無我」的那份覺知）與自身的討論。在外在表象世界的「他人」，也就是我們正在講話的對象，只是一個自我的影像。沒有在我們感知範圍之外的任何東西，我們只能感知它，或者我們想像它的存在。如果我能聽到一個問題，它必定在我之內，它來自我的內在，而不是來自一個想像出來的「外在」。它是立即發生的，這當中沒有距離，而回答自己的問題，就好像佛陀在這裡回答須菩提的問題，他知道那是他自己的，就是愛會做的事，永遠是在為自己服務。

「他人」會很自然地感恩，因為他人永遠是自我的反映，我不會對自己提出任何超出自身的要求。它永遠是一場心曠神怡的經驗。清醒的心智，被深愛著的，作為美麗、美好和無限創意的本身，它總是盡情地擴張、伸展、飛揚。不去回答，就限制了它的雄偉莊嚴。當問題現身時，答案是毫不費力地出現，但是答案的品質取決於提問的學生。

如果我與一位自認為知道些什麼的人坐在一起，他已經局限了自己，我的答案也會像鏡子一樣反映出這樣的局限。但是如果有學生是以完全開放的心提問，答案將會完全自由，它來自一個沒有底的源頭。這也是為什麼三十多年來，我從來沒有對別人一遍又一遍地問我相同的問題感到不耐煩，這些問題永遠是嶄新的。

為什麼你會像你說的那樣，對一粒沙鞠躬致敬呢？

一粒沙完完全全地奉獻它自己，雖然我可能全然不知道它的存在，它始終等待機會為我展現自己，展現它如何透過我而存在。它耐心而堅定地守住自己的目標，如如不動地處於它此刻的身分。它不假裝，也不在乎我是否會踩在它上面，是否讚美它或藐視它，它仍然維持它的本色，不偽裝也不欺騙，它全然允許一切，不抗拒我對它的命名，就讓自己成為我稱呼它的任何名字。任何腦筋清楚的人，怎麼可能不對這樣的意識鞠躬致敬呢？

我敬它為師，我見證的每一個事物裡，都可以遇見如它的本性。如果你把我丟開，踩在我上面，評判我沒用、忽視我，我還能像這粒沙一樣，依然保有一貫慷慨無私的本性嗎？這就是如佛的自性，也是我覺醒到的一切。我同時也向一粒沙學習到，形體上的鞠躬是不需要的。

如今我的鞠躬是一種內在永不停息的經驗，就像當初我覺醒後，花了數月的時間在沙漠裡清空一樣，清空讓我對遇見的一切，只存留深深的敬意，它讓我成為一名學生，一如須菩提在佛陀面前，佛陀在須菩提面前。

當你在沙漠中，你學到了什麼？

在沙漠中，我只聽到一大堆的「我要」、「我需要」、「我媽媽應該愛我」、「保羅不該看這麼多電視」、「孩子不該把髒衣服留在地板上」、「他們應該尊重我」、「他們應該是健健康康的，這對他們是有好處的」。無論這每一則故事有多麼痛苦，沒有一則經得起探究。能夠去看到它本有的真實樣貌，似乎是給予世界的一份禮物。「這附近有響尾蛇」——我真的能夠知道是那樣嗎？我會坐在沙漠裡，閉上雙眼去體驗這些的故事，同時我知道，我寧可被一百條響尾蛇咬，也不願意睜開雙眼，不從我的內在解決這些困惑。

謙卑（humility）跟羞辱（humilitation）之間有什麼樣的區別？

謙卑看起來很平凡，就是哈囉與再見。有時，一開始它看起來像流淚，有時像是正在死去的感覺，它是完全地臣服。那些你曾引以為傲的事，現在看來像是一種自私，你曾如此珍愛它，而今它徹底瓦解，同時你的內在有一種改變正在發生。如果你感到任何一絲羞辱，那表示你的小我還沒有完全臣服；如果你感到謙卑，那代表你的小我已然臣服，那是一種最柔軟、最美好的感受，在那樣的經驗裡，你會把每個人看成是你的老師。你站在你所剩無幾的狀態裡，如同經歷死亡，持續在逐漸死去的狀態裡，就像那棵放任葉子飄落的樹，美麗的衣裳已然掉落，依然屹立在寒冬裡，完全沒有遮掩。

你說，對你而言，你沒有學生，他們都只是朋友，你難道不認為自己是老師嗎？

我永遠是個學生，我熱愛那樣的立場，在我遇見的每個人事物的腳邊，恭敬俯身、聆聽。那樣不需要一顆開放的心靈——它即是開放心靈的本身。它從來不需要承擔起知道或不知道的責任，它毫無防衛地接納一切，沒有批判，因為批判會讓它失去自身本有的一切。當你認為自己是某人，或認為你有什麼可以教導別人，你內在的世界就會凍結成為一座虛幻的世界，那就是當你認同自己是那個知道的人所要付出的代價。那是心智捏造出來的故事，你將縮小為一名老師：有局限的、分離的、停滯不前的。

但是，不是也有一些具有開放心靈的靈性導師嗎？

當然是的，但是那個認為自己是老師，或想成為老師，已經投注許多精力在上面的人，他試圖教導學生的正是他自己需要學習的。如果我認同自己是老師，並且認定學生比不上老師，我只是在強化我自認為知道的東西。永遠把自己當成是學生的老師，活在一顆開放的心靈裡，自由地持續擴展他的意識，對一位真正的老師而言（也就是真正的學生），老師與學生永遠是平等的。

你說，心永遠不可能被控制，不過有時你又說心是一切，是不是前者指的是小我的心智，後者指的是覺知？

是的，「覺知」就是小我完全被理解的一種說法。覺知從來不會被小我的想法所戲弄，它始終知道什麼是真相與什麼不是真相之間的差別。

如果有人問你須菩提的問題，人們應該如何控制他們的心智，你會怎麼回答呢？

首先，我會邀請他們去覺察有壓力的感受。感受宛如所現念頭的同伴，它們就像同步出現在左右兩邊，如果你有一個念頭升起，同時會有相應的感受升起。而不舒服的感受就像一個鬧鐘，提醒你：「你被困在夢境裡了」，這正是你可以探究念頭的時刻，如此而已。但如果我們不尊重鬧鐘帶來的警訊，我們會試圖藉由接觸外在的表象世界，來改變或操縱這種感受。我們通常首先覺知到感受，所以那是為什麼我會說它像一個鬧鐘，讓你知道你正困在一個或許你會想要探究的念頭上，如果它讓你感覺任何不舒服。你也許會想要質疑這個想法，進行探究功課。

接著，我會邀請人們質疑那些出現在他們腦海裡有壓力的念頭。這就是探究功課，它按部就班明確地帶領你如何去質疑這些想法。

接下來是一個我喜歡分享的例子，多年前我在紐約主持公開活動的場合裡，有位儀表出眾，稍微有點年紀的企業家站起來，表示他想針對自己的合夥人，和我做一次功課。「我對我的合夥人感到非常的生氣，」他開始說，「因為他在員工面前說我是一個製造麻煩的人，他沒有權利這樣做，他破壞了我的名譽，我的合夥人應該道歉。」我問他：「那是真的嗎？」他回答：「是的，那是真的，他侮辱我，當然應該道歉。」他非常確定就是這樣。

但他是個聰明人，也真心想要化解情緒上的痛苦，所以當我問他功課的第二個提問：「你能完全知道那是真的嗎？你的合夥人應該道歉這件事？」他走進自己的內心，很認真地檢視自己所做的陳述，沉默了一會後，他說：「不能。」

「你是怎麼找到你的不能？」我問他。

「我不能夠確切知道他的出發點是什麼，我不可能知道另外一個人的心。他多半認為自己是對的，所以我沒有辦法完全確定他應該道歉。」這個答案似乎鬆動了他內在的某些東西，一個他原以為是真實的想法，現在看起來已經不那麼明顯確定是真實的了。

然後我問他第三個問題：「當你相信你的合夥人應該向你道歉，你是如何反應的，發生了什麼事？」

「我很生氣，」他說，「當他提出一個好主意時，就會被我否決，我會在他背後批評他，看到他時就想避開。當我回家，心裡仍然帶著怨氣，也和太太抱怨他。」所以他開始看到這個想法的因果，以及來自相信這個想法的種種壓力，而這個想法也許根本與事實真相一點關係也沒有。

我問他，「你會如何形容一個老是否定合夥人提的好主意，並且在背後批評他的人呢？」他一臉驚訝地說：「我的天，我**真的是**一個製造麻煩的人，他說得對！」。

接下來，我問他第四個提問：「沒有這個想法，你會是誰？和你的合夥人共事時，如果你不相信他應該道歉，你又會是什麼樣子呢？」

這位男士，語氣柔和地說：「我會是他的朋友，我會重新跟他一起做事，同時我們公司會因此而受益，我也能為每個人豎立更好的榜樣。在家時也會更開心。」

提問之後，我請他把這個想法反轉過來。來體驗這個想法的相反面，並且看看它們是否跟他原來的想法一樣的真實。

「我應該向他道歉。」這位男士說：「是的，我可以看到這點，或許他是當眾羞辱我，雖然我現在也不敢十分確定真的是這樣，但是我可以看到自己私底下對他其實是很不友善的。」另外一個反轉是「我應該向自己道歉」。這位先生說：「我應該向自己道歉，當我因為相信自己的想法而感到憤怒，我不僅損失了金錢，還讓自己失去了個朋友，所以我欠自己一個道歉。」他找到的第三個反轉是：「我的合夥人不應該向我道歉」。「即使我的合夥人說的那些話確實不恰當或離譜，我現在覺得要他道歉似乎挺傲慢的。也許他不是故意要侮辱我，也許他只是誠實表達自己的想法，也許他真的只是向他的好朋友指出可能損害公司的問題。」

這一切發生在一場差不多四十分鐘的對話。將近尾聲時，這位男士看起來明顯放鬆了，他的態度從原本的憤怒與煩躁，轉變為更能理解他的合夥人，也更加謙卑，對自己是正確的立場，也有了更多的存疑。當我們改變自己的認知，我們將會改變我們所感知的世界。

如果你認為別人是你問題的起因，那你是錯亂的。你只要針對自己的想法做功課，清理自己的混亂，然後問題就消失了。當我們質疑那些有壓力的想法，生命總會變得更簡單和仁慈。這些想法不是針對任何個人，每個人一生當中在不同的時刻都可能有這樣的想法，它們已經很古老。世界上每種語言裡，都沒有新鮮的有壓力的念頭，它們全都是一再回收，循環不已的。但是當我們質疑這些想法，心智將開始從根本上轉變，最後這些想法會得到全然的理解。下一次出現相同的想法時，那些曾讓我們絕望的念頭，如今卻可能帶來笑聲。就像前面例子裡的男士：「他應該向我道歉。」因為他了解到屬於自己的真相，原來造成他憤怒、怨恨或絕望的相同念頭，反而帶來了很多意想不到的笑聲。

☆心永遠不可能被控制，它只能被詢問、關愛以及通過理解來面對。

3

光芒四射的時刻

佛說：「所有虔誠追求真理的菩薩應經由專注此念來控制自己的心：當我獲得開悟，我將讓宇宙各國度的有情眾生得到解脫，並且讓他們進入涅槃的永恆寧靜。然而，當不可計量、不可思議廣大眾生俱得到解脫，實際上並無任何一位眾生得到解脫。為何如此？因為沒有一位真正的菩薩持有『自我』與『他人』的概念。因此，實際上沒有一個自我開悟，也沒有任何有情眾生等待解脫。」

在這一品，佛陀談到「菩薩」，一位為了眾生利益而尋求開悟的人。根據傳說，有人如此告訴我，有菩薩發願要等到所有眾生先入涅槃後，自己才入涅槃，這毋寧是一個仁慈的想法，但它令人困惑。

如果你認為你必須推遲自由，或認為你「能夠」推遲它，那你並不了解自由是什麼。推遲並不是你出於慷慨無私會做的行為，它假定，你內心的平安不是你能提供給眾生最大的幫助；它也假定，由於你的慷慨和慈悲，你需要繼續受苦。那沒有任何意義，你的受苦如何能夠幫助任何人呢？唯一有助益的事是你終止自己的受苦。

這個觀念也假設眾生要一直等到一個更有智慧、更高層次的存在來拯救，才能免除痛苦，這同樣也沒有道理。事實的真相是，有些深具善意但困惑的人，想像出世上所有在表象發生的可怕事物，以及所有表象的眾生正在受苦，如果他執著在任何這些幻相是真實存在，那麼在他的想像中，這些眾生的自由都被推遲了，他們會持續跟著他一起受苦。但是一旦他了解事實的真相，所有這些他想像中的眾生就自由了，菩薩也因此而開悟了。有情眾生是來成就菩薩開悟的，而不是反過來的。所有眾生都在菩薩之內，只是看似在菩薩之外。他們持續不斷地在這裡成就菩薩開悟。

佛陀談到有關開悟的事，但他明白開悟本是空無，沒有開悟這回事。當你從夢中醒來，你理解它從來不是真實的，你只是沉沉入睡。你沉睡其中，因為你一直相信這些故事，這些故事是如此叫人信服，它們甚至創造了說故事的人。

所有眾生存在於心智之內，他們都是以念頭的形式存在，不管它們是否被允許，它們都會進入涅槃，回到它們來自的地方——本無來處（nowhere）。而且既然時間並不真實，它們早已進入涅槃，沒有所謂的「以後」，甚至連進入涅槃也不需要。所有的眾生將透過那創造它們的人的開悟而獲得自由。而這一位和那似乎進入涅槃的眾生也是無二無別的，它包括了佛與眾生，做夢者與夢中的一切。

佛陀建議菩薩應該專注在一個念頭上：「當我開悟，我將使所有的眾生解脫。」但是他緊接著又用下一句，來反駁這個說法。他確切地說道：「當一切塵埃落定，事實上並沒有一個眾生得到解脫。」那個「當我開悟時……」的誓願，是小我使的高尚妙計，它是高尚的，因為它指向慷慨無私與慈悲，然而它假設有一個未來，而任何未來都是妄想。沒有任何事情會在未來發生，所有會發生的事情都只能在此刻發生。

人們常問我是否已經開悟，我會說：「我不知道任何有關開悟的事，我只是懂得什麼讓我感到受傷，以及什麼不會。」區分會帶來傷痛。任何的身分認同，不管它多麼迷人，菩薩也好，佛也好，都不能充分表達真相的完整性，因為它在已然圓滿的存在上添加了一個名字。所有的名相都是謊言，它們假定有個別獨立存在的眾生，因此與真相背道而馳。而「開悟」一詞讓你以為有個可以達到的境界，所以它是個充滿努力的字眼，它讓你成為那個尋找真實身分的人。而在它的另一端，「我是那已經找到的人」其實和「我是那個正在尋求的人」一樣有限。

你不需要知道任何有關開悟的事，而且你**不可能**知道。唯一需要知道重要的事是：如果有一個想法讓你感到受傷，就質疑它。「開悟」只是一個靈修概念。它只是另一個你想在未來追求的東西，而未來永遠不會在此刻來到。即使是最高的真理也只是另一個概念。對我來說，經驗代表所有的一切，而這正是探究功課所揭露出來的。每一件痛苦的事都在此刻被化解了，就在此刻……現在……現在……如果你認為自己開悟了，你將會愛上車子被拖走這件事，那才是活生生的驗證！當孩子生病時，你是怎麼反應的？當你先生要求離婚，你又是怎麼反應的？你會對他想過自己選擇的生活而感到興奮嗎？當你幫他打包出門，你仍然能全心全意地愛著他嗎？如果不能，那是什麼樣的念頭擋在你和純然的慷慨無私之間呢？無論是哪些念頭，把它們寫下來，並且質疑。沒有任何有壓力的念頭，也沒有任何的分離，可以抵擋得住探究功課的力量，所有你需要的開悟，現在正等著你自己去啟動它。

為什麼你說菩薩的誓願，也就是菩薩發願要等到所有眾生入涅槃後，才入涅槃是令人困惑的，把別人放在自己之前難道不是慷慨無私嗎？

菩薩就是涅槃的本身，涅槃不是一個地方，眾生不需要進去，所有「其他」眾生都是尚未了悟的菩薩。他們已經是自由的，但他們並沒有完全意識到，有時他們開始有所覺察，並向外尋求協助。沒有這些表象痛苦的呼喚，菩薩無事可做，也沒有目標。菩薩的本性是回應，他不覺得把別人擺在自己之前，和慷慨的概念有任何的關係，因為對他來說，不存在他人，他永遠只是在為自己服務。相信任何人需要拯救是一件痛苦的事，我和人們做探究功課是基於他們的請求，他們認為他們需要它，而那正是我給自己的，所以我當然會把它給他們。他們是我內在的生命，因此他們的請求就是我自己的請求。回應他們是一種愛自己的行為，它是完全貪心的。

這就是一個菩薩在行動中的例子，如果有人向她說哈囉，她回答說：「哈囉，今天是個美好的一天，不是嗎？」

你說開悟是空無，但很明顯的，大多數人都不開心，然而那些有深刻開悟經驗的人總是很快樂，不是嗎？

「空無」是開悟的狀態，痛苦則是表象事物的吶喊。回應求助的吶喊就是愛會做的事，沒有痛苦：沒有起因；沒有因：沒有果。受苦缺席之後，留下的就只有快樂。

你說所有的眾生都是在心智之內，你是指在你個人的心裡嗎？

更正確來說，並沒有「內在」這樣的一個東西。心智不在你之內，它創造出你，而正因為它開始將自己認同為「你」這個身分，混亂與痛苦就在世上隨之而生，史蒂夫告訴我，釋迦牟尼佛說，人生的特質就是不滿足或苦，但那僅僅是因為生命是一場被誤解的幻相。超越生死之外存在一份覺知。如佛的自性，也就是經過質疑的心智，覺醒於自身，了悟它自身的空性，因而能自由活出它無限，不可阻擋、充滿創意、仁慈備至，超乎想像的生命。

☆ 唯一需要知道的重要事是：如果有一個想法讓你感到受傷，就質疑它。

4 給予就是接受

佛說：「此外，須菩提，菩薩慷慨行事時，不應執著於自己正在慷慨布施的概念。這就叫『不執著於任何形相而慷慨布施』，以及『不執著於任何視覺、聲音、氣味，味道，觸覺或概念而慷慨布施』。如果菩薩能慷慨行事，而不帶著絲毫慷慨的念想，他們的福德是不可估量的。

「我問你，須菩提。東方虛空是無法計量的，不是嗎？」

「是的，世尊，確實如此。」

「很好，須菩提，宇宙間的任何方向不也一樣嗎？任何一方的虛空都是無法計量的，不是嗎？」

「世尊，沒錯。」

佛說：「須菩提，菩薩慷慨行事，而不帶著自己正在慷慨布施的念想，他們所獲得的福德同樣不可估量。如果菩薩一心一意專注於這個教導，便能領會最根本的要義。」

佛陀在這一品談到**慷慨無私，他的話語直接點出它的要義，真正的慷慨發生在沒有意識到自己是慷慨的時候。**你只是給予，如此而已，沒有任何概念附著在這一行為上。給予的行為本身也相當於接受的行為，給予即是接受。它並不是說菩薩不應該執著自己慷慨布施這樣的概念，而是他們根本不會執著。這不是一件他們必須要監督或賣力去做的事。當你慷慨無私，全心全意地去給予，你根本不會覺得自己在做一件慷慨的事，你不會自覺如此。事實上，如果有人說你很慷慨，你會大笑，因為它聽起來很荒謬。當一個母親給自己的嬰兒餵奶，她會去想：「哇！我好慷慨！」嗎？她根本不會想到那裡去，給她的嬰兒，就是給她自己。

我五歲時，我最珍貴的財產是一個娃娃形狀的銅鈴。它有一個木雕的把柄，上面用手繪製了一個褪色的女人臉孔。鈴鐺的部分就是她的裙子。我非常喜歡這個銅鈴，幾乎不肯讓它離開我的視線。記得有天我帶著它去爬一座小山丘，父親說：「如果你碰到麻煩，只要搖一搖鈴鐺，我就會來找你。」後來，在幼稚園耶誕活動裡，我把它給了我最好的朋友，一個叫貝蒂．喬的小女孩。我看到她很想要，就送給她了。這就是在我們被教導其他做法之前，我們出於天性自然會做的事。這個小銅鈴是第一個我認定是屬於「我的」東西，但是「我的」在當時還不是一個牢固不動的概念，它是自然流動的，所以這個銅鈴就立刻變成她的。

當我回到家，母親問我銅鈴在哪裡，我告訴她後，她很惱怒。「拜倫．凱薩琳！」（她平常叫我凱蒂或是凱特，但往往她一生氣，我就成了拜倫．凱薩琳，後面還跟著一個驚歎號）「你去找貝蒂．喬，叫她還給你！」所以第二天它又變成我的了。我從來沒明白為什麼母親會如此惱怒，她知道我有多喜歡這個玩具，也許她投射一種失去的感受在我身上；又或者可能她想教導我擁有財物的價值。不管她出於什麼理由，我深感窘迫，也不理解，我只知道自己肯定做錯了什麼，並且感到萬分羞愧，自己竟然做了一件在我母親眼裡極其愚蠢的事。

在我一九八六年的那次覺醒經驗之後，我再也沒有擁有任何東西的意識。人們為了表達他們的感謝經常會送我禮物。然後只要有人表示對其中任何一樣的喜愛，我會立刻把它轉送出去。我甚至把史蒂夫買給我的結婚金戒指送人。我把它送給我們共同的一位年輕朋友，但幾分鐘後，他又還給我。幾年之後，在一次公開活動中，我又把戒指送給一位患有硬化症疾病的男士，他收下了。史蒂夫覺得有趣，因為他了解這種傾向來自何處。那時我們在紐約，他帶我走到蒂芙尼精品店，又買了一枚戒指給我，他說只要他還有錢，他會像《天方夜譚》的精靈那樣永遠創造出一枚新婚戒指。他很在意我們的結婚戒指，而他的這份看重，是我稱之為「我的」唯一僅存的部分。

如果我不能給你一切，了悟對我來說就沒有任何的價值。同時我不會刻意去給，那樣的慷慨，純粹是沒有任何故事時，我們所有人的真實身分。想要知道你對任何故事的執著有多深，就是去看你保留的程度。當你有所保留，你會感覺得到，那是種不舒服的感受。

過去三十多年我一直生活在服務中，全心致力於結束這個表象世界的痛苦，但這並不是因為我相信有人真正在受苦，我這麼做完全出於為自己服務。這就是我對慈悲的看法：一種純粹的自私。我熱愛我遇見的每個人與每件事物，因為全部都是我自己。我有時會說它是完全的虛榮。史蒂夫告訴我，虛榮（vanity）這個字眼古老的意思，就是空無（emptiness），我喜歡這樣的說法。

它就像想像中的菩薩回來拯救所有受苦的眾生。當有人告訴我：「凱蒂，我很絕望，我需要你。」我理解，我經歷過那樣的處境。我會給他們我曾被給予的，不存在任何選擇。如果有人受苦，換句話說，如果有人相信一個苦難的世界是真實的存在，那就是我仍然遺留的部分，那是我舊有的自己，我的細胞之一，我身上其中一個尚未感受它應得自由的細胞。同時我知道這個細胞已然完美，只是它宣稱自己不完美，所以我處在完全清晰覺知中，如如不動，我知道我只是為自己而現身於此。我是那個處於驚嚇中的人，我是那個身陷絕望中的人，我也是那個我以四個提問與反轉功課服務的對象。我是你想像中乘願再來的菩薩，我同時是對立兩極的兩端，時時刻刻為自己服務，沒有什麼可以比那樣來的更慷慨無私。

你之前說過，你對保羅與孩子們的記憶從來沒恢復，但在這一章裡，你很生動地描述有關銅鈴娃娃的回憶，你能解釋這當中的差異嗎？

我不知道，我腦子裡有時候會出現一些畫面，有時候沒有。我不會去問為什麼它們出現或不出現。在我的經驗裡，人們稱之為記憶的東西，僅僅是帶有無聲語言的影像。我可以看見它們，而它們一旦被注意到，就消失了，我只看到那無法真正被看見的，所以我可以誠實地說，我沒有記憶。

如果你不相信任何人真的是在受苦，你怎麼可能對他們產生同理心，或是認真對待他們的問題？

人們向我描述的痛苦必得來自一個想像的過去，或是一個想像中的未來，因為一個已有身分認同的心智，總是在回想或是在預期那些不是在現實中正在發生的事。我很清楚每一個人永遠是安好的，無論他們是否意識到，他們總是處在一種恩寵的狀態裡。同理心（empathy），字典的說明是一種能夠了解別人感受的能力。對我來說，這很有道理。我意識到當人們受苦的時候，他們即是我受困在一個痛苦的過去，或者預期一個危險的未來。我尊重他們正在經歷的，一如我尊重一個在噩夢中的孩子一樣。對做夢的人而言，那並不是夢。我的工作從來不是去喚醒這些受苦的人，而是去理解我所看到的，而從來不是去推翻或藐視他們的痛苦，因為對他們來說，那是十分真實的。我的工作只是去理解。

有些人認為同理心意味著去感受他人的痛苦，但是感受到他人的痛苦是不可能的。真正發生的是，人們自己想像別人的痛苦是什麼樣的感受，然後對自己的投射做出反應。不需要這種的同理心才能做出具有同情心的行動，實際上它會造成阻礙。在我的經驗裡，同理心和去想像痛苦是完全無關的，它是一種毫無畏懼的連結，撼動不了的愛，它是完全活在當下的一種方式。

我認真對待人們的問題，但只是從他們的視角著眼，並且我與他們比接近還要更貼近。在我的世界裡，除非相信了一個之前的想法，否則問題是不可能存在的。但是我不會和人們這麼說，因為告訴他們我所看到的，其實並不仁慈。我會傾聽他們，然後等著看自己能做些什麼。我也曾受困在頭腦的折磨中。我聽到人們的妄想，他們的悲傷或絕望，而我全然在場，沒有恐懼，沒有悲傷，活在當下現實的恩典裡。然後，最終一如「愛」會做的事，如果他們的心智願意對探究功課開放，他們的問題會開始消失。在一個不認為有任何問題的人面前，問題自然消失。這向你展示，問題本來就不存在。

☆ 我一直以來致力於結束這個表象世界的痛苦，但這並不是因為我相信有人真正在受苦，我這麼做完全出於為自己服務。

＊功課案例：大衛沒和我打招呼

這一篇以及本書其他篇章的對話，是在現場有一百五十到一千兩百位聽眾不等的活動中進行的。每一位在台上與凱蒂面對面做功課的男士或女士，都已填寫好一份「批評鄰人作業單」。作業單填寫指示如下：「填寫以下的空白處，寫一個你還沒有百分之百原諒的人。不要針對你自己，使用簡短的句子。請不要審查自己寫出來的，允許自己一如你真實感覺的那樣去評判和小心眼。不要試圖表現出很『靈性』或仁慈的樣子。」

作為一名讀者或旁觀者，第一次體驗功課可能會感到不安。凱蒂深刻的慈悲完全不帶有任何的憐憫，因為她理解每個人都是自由的，這樣的慈悲對於已習慣同情他人或自己的人而言，可能會顯得嚴厲。「我是你的心，」凱蒂這麼說，「如果你邀請我進來，我是你那未曾聽過的深度。它必須越來越大聲，最後以我的樣子出現在你的面前，因為你的信念阻擋它出來。我是在探究功課另外一邊的你，我就是你內在被種種信念掩蓋，而無法被你聽見的聲音。因此我出現在外，在你的面前，但其實是在你的裡面。」記住以下這一點會很有幫助：所有這場對話的參與者，包括凱蒂、與凱蒂做功課的人，以及所有的聽眾，在此都站在同一邊，他們全都在尋求真相。如果凱蒂有時看似對他人的感受不夠敏感，你將會在進一步查看後明白，她其實是在取笑造成痛苦的念頭，從來不是針對正在受苦的人。

你會注意到，凱蒂非常隨意地使用對人的親暱稱呼，這造成一些人的反感（他們不全都是紐約客）。有一位《一念之轉》的讀者就曾抱怨說，她如果想聽一個女人叫每個人「甜心」或「蜜糖」，她會去奧克拉荷馬州的卡車休息站。對她來說，這些暱稱聽起來很陳腐且缺乏誠意，但是對凱蒂而言，這些稱呼代表一如表面字義的真相，她遇見的每一位都是心愛的人。

瓊安娜：（讀她「批評鄰人作業單」的句子）「我對大衛感到很懊惱，因為他沒有抱我或跟我打招呼就離開了。」

凱蒂：好的。那是什麼樣的情況？你在哪裡？請給我當時你和大衛在哪裡的一個畫面。

瓊安娜：我們在屋子裡，然後他走出家門，朝他的車子走去。

凱蒂：他沒有抱你或打招呼就走開了，那是真的嗎？

瓊安娜：是的。他一轉身就走出家門，往車子走去，我追他到車子那裡，舉起手一直揮。他看看我，我說：「怎麼回事？」他說「幹嘛？」我說：「你就這樣離開了嗎？」我感到完全被忽視。

凱蒂：甜心，前兩個提問的答案都只有一句話：是或不是。當我們做功課時，我們在靜心冥想過去一個有壓力的時刻。請注意，你的腦袋會想要去證明自己的立場是正確的，為它辯護，然後談論它，只要去注意這一點就好。然後，再回來繼續靜心冥想這個提問：「那是真的嗎？」直到一個堅定的是或不是出現，好嗎？「他沒有抱你或打招呼就走開了」你能完全知道那是真的嗎？你不需要去猜想，你腦子裡的影像會給你答案，這需要內心的寂靜。當一位偵探吧！如果你相信那是真的，請當一名偵探，試著證明自己是錯的，但要真實可信的，你不可能愚弄自己，讓內在的畫面展示給你看，這需要一些勇氣去好好留意，所以，你能完全知道那是真的嗎？

瓊安娜：（停頓了一會兒）不能。

凱蒂：去感受那個答案，給它一點時間去滲入內在。如果你找到的答案是「不」，很好；如果你找到的答案是「是」，那也很好。接下來，給你的答案一些空間，好好去理解吸收。一個「不」的答案有時候會感覺難以接受。我們可能甚至會覺得，讓他變成對是一件不公平的事，我們才不想讓他對。（停頓）好，那我們現在進行第三個提問。請閉上眼睛，繼續冥想那個時刻。留意一下，當你相信「他沒有抱我或打招呼」這個想法時，你是怎麼反應的？你的情緒發生了什麼變化？你的胸口發緊嗎？你的胃在翻攪嗎？你全身發熱了嗎？你有沒有感到焦慮？你用言語或臉色攻擊他？或強烈要求？一種羞辱或某種形式的懲罰？注意，當你相信「他沒有抱我或打招呼就走開了」這個想法，你是如何反應的？

瓊安娜：我變得十分焦慮和依賴，極度的依賴。我懷疑自己，不敢確定自己的價值。我的自我價值感一落千丈，覺得自己必須乞求他關注我。然後我開始想：「喔，我太依賴了。」然後我質疑所有的事情。幾乎感到絕望。有如伸手想要抓住一些並不真實的東西。

凱蒂：只要去體驗它就好，眼睛保持閉著。在那個情況下，當你看著你所愛的男人走向他的車子，沒有那個想法，你會是誰或是什麼樣子？如果沒有「他沒抱我或打招呼就走開了」這個念頭，你又會怎麼樣呢？

瓊安娜：我就只是注意到，他走向車子而已。（聽眾發出笑聲）

凱蒂：繼續不帶念頭地觀察那個時刻。

瓊安娜：我可能也會注意到他是個英俊的傢伙。（更多笑聲）所以，這是不是表示以後當他走開的時候，我應該明白……

凱蒂：探究的過程只是和當下的此時、此地有關，在你見證那一刻的發生，也就是只聚焦在你當下正在沉思的這個時刻。

瓊安娜：我是否永遠不應該期待他給我一個擁抱？我就應該接受那就是他做的事？

凱蒂：現在，我們變成在討論了，而討論永遠解決不了你的問題。讓我們回到功課吧。

瓊安娜：好。

凱蒂：探究功課是去留意真正發生了些什麼，而不是你對正在發生的事情的想法，它也不是一個訂定未來步驟的計畫。現在，我們只是在觀察同樣的情況下，沒有這樣的一個念頭，也沒有你加諸於他身上的要求，你會是什麼樣子。有時候對我們來說，回答這個問題有點困難。

小我想要自己是對的，它不想讓對方在沒能讀懂你的心思後，還能全身而退。我們以為，如果我們看清自己在沒有念頭時的狀態，那等於承認他是對的，我們是錯的，於是值得抓住自己的憤怒不放，因為他是錯的，而我們是對的。

瓊安娜：我想，也不是那麼憤怒，只是一種被拒絕的感覺。你要怎麼……

凱蒂：是的，它令人難受。

瓊安娜：我不想再感受這些。

凱蒂：你愛他嗎？

瓊安娜：是的。

凱蒂：好的，請閉上你的眼睛，放下你的故事，只要一下就好。看著他走向車子，看他多麼的自在，他如此愛你，以至於他不必擁抱你。（笑聲）這是一個很有安全感的傢伙。如果你放掉你的故事，你將能敞開胸懷學習；但只要你還相信自己的故事，你就只是對痛苦敞開胸懷。事實上，你就成為自己受苦的起因——而且是全部的原因。我怎麼知道呢？因為它讓你感到受傷。他是自由的，他不需要跟你說再見。

瓊安娜：是的，他是自由的。他不明白。

凱蒂：他完全是無辜的，你看見這一點了嗎？

瓊安娜：是的，我是很清楚地看到。

凱蒂：很好。「他沒有抱我或打招呼就走開了」，你要怎麼反轉它？相反的會是什麼？

瓊安娜：他……

凱蒂：「他沒有抱我或打招呼」——請把它反轉。

瓊安娜：他有抱我，而且和我打招呼。

凱蒂：好的，那請告訴我，當你回去觀照這個情況，他在什麼地方抱你，跟你打招呼了？

瓊安娜：嗯，他進去車子的時候，當我很明白地告訴他，他還沒和我打聲招呼，或我覺得他沒有時，他確實向我打了招呼。他看著我說：「你想要我做什麼？」

凱蒂：你有說「你好帥！甜心，我很想你抱我一下」嗎？

瓊安娜：我說了。

凱蒂：你說了？

瓊安娜：是的，但我不是像你那樣說的。（大聲笑）

凱蒂：喔，那時候，抱你一定很有趣。

瓊安娜：對，我可以感覺到那不是很……我說：「嗯，你就這樣不抱我一下或打聲招呼就離開嗎？」就是這樣子。當他正要離開的時候。

凱蒂：所以你沒有請他抱你。

瓊安娜：你是對的，我並沒有說。

凱蒂：你只是問了一個你已經知道答案的問題。
瓊安娜：是。
凱蒂：然後呢，他抱你了嗎？
瓊安娜：他抱我了。
凱蒂：你甚至沒問他。
瓊安娜：那是……一個擁抱。它不完全是我想要的那種擁抱，但是抱了一下。
凱蒂：那不是你想要的擁抱。你有告訴他該怎麼做嗎？
瓊安娜：感覺上是因為我請求他，他才這麼做的。
凱蒂：因為你威脅他。（笑聲）你並沒有請求他。
瓊安娜：的確如此。
凱蒂：這對你來說開始有些道理了嗎？
瓊安娜：是的。
凱蒂：我喜歡這個功課。我喜歡你可以透過探究過程，開始明白他是跟誰一起生活。（笑聲）
凱蒂：所以，「他沒有抱我或打招呼」。把它反轉過來：「我沒有……」
瓊安娜：我沒有抱他或跟他打招呼。那可是真的。我大可跑去攔住他，給他一個擁抱。
凱蒂：是的，除了你那時候所相信的想法，你和他一樣的自由，那是一件很美好的事。好，讓我們看作業單第二道題，在那個情況下，你要他做什麼？
瓊安娜：我想要大衛在離開前抱著我，看著我，就這樣看著我就好。
凱蒂：你要他在他離開前抱著你，然後看著你嗎？
瓊安娜：是，有時候我覺得他對我視而不見。
凱蒂：好的，現在請你觀察那個場景，閉上你的眼睛。「你要他離開前抱你，並且看著你」，那是真的嗎？你清楚了解那些你認為真正想要的東西嗎？或許你並不了解。你甚至沒有停下來問自己，你只是一味地相信。所以在那個情況下，「你要他離開前抱你，然後看著你」，那是真的嗎？
瓊安娜：在那當下，是的。
凱蒂：那麼此刻，根據你到目前為止所經驗到的，那是真的嗎？
瓊安娜：沒有那麼……不是，不真的是那樣。
凱蒂：不是。現在去留意，當你相信那個想法的時候，發生了些什麼，你是如何反應的？同時再一次，我們並不是在猜測，對嗎？（面向聽眾）你們是不是都看到了他們兩個人的畫面？你們有多少人瞬間成為自己念頭的受害者？或一名烈士？（面向瓊安娜）在你的情況，除了一個男人走向他的車子以外，其他什麼事也沒發生！（笑聲）你卻備受煎熬，你是受害者，而那全部都是他的錯！所以誰是痛苦的根源？是他嗎？還是你？

瓊安娜：是我。

凱蒂：那去留意當你相信這個念頭時，你怎麼對待他的呢？他很自由，他往車子走去，「我要他離開之前抱我，看著我。」

瓊安娜：我開始相信各式各樣的故事：他根本不在乎我、他不愛我等等。

凱蒂：所以，看著他走向車子，沒有「我要他抱我，看著我」的這個念頭，你會是什麼樣子呢？

瓊安娜：我會高興地面對眼前發生的事。我會感到開心並感謝他正在做的事，感恩在那個當下他完全做他自己，他自然的狀態。我就只是愛他。

凱蒂：好的，現在我們來反轉——「我要他離開前抱我，看著我」。

瓊安娜：我不要他離開前抱我，看著我。

凱蒂：這對你來說是什麼意思？

瓊安娜：我不要他這麼做，因為他沒想要這麼做，他沒必要想要這麼做，這並沒有什麼意義。

凱蒂：他可能根本不知道你站在那裡，我的意思是，只有你自己可以判斷，當你衡量當時的情況，這句話對你來說還有什麼其他的含義嗎？「我不要他在離開前抱我，看著我」，我有個例子，你想聽嗎？

瓊安娜：請說。是的，當然想。

凱蒂：你當時有問他：「你可以在離開前抱抱我，看看我嗎？」

瓊安娜：沒有，我沒問。我只是假設。

凱蒂：他有他心通的超能力嗎？（笑聲）

瓊安娜：沒有，我想我只是希望他主動想要。

凱蒂：你希望他怎樣……

瓊安娜：就是很自然的，就是要他自自然然地想要這麼做。

凱蒂：他已經是自然的了。他向車子走去，很自然地走去，那就是他的自然。（笑聲）這裡有兩個男人：一個在你腦子裡，一個就是他。（笑聲）當他不符合你想像中的男人時，你懲罰他。你變得冷漠，或不管你使用了什麼伎倆，譬如說：「你不抱我一下就要離開了嗎？」那種口氣，對嗎？你變成了一個他不會愛上的人。

瓊安娜：是的。很真實。

凱蒂：「我要他離開前抱我和看著我」——那是真的嗎？我知道那不是真的，因為你並沒有請求他（面向聽眾）如果你請他這麼做，而他沒這麼做，那麼你又有機會好好認識這位和你在一起的男人，（面向瓊安娜）好，我們現在來演練一下，好嗎？你當那個不肯抱你的男人。你是這麼認為的，對嗎？好，現在我是你，你扮演大衛。「你離開前可以抱抱我和看著我嗎？」

瓊安娜：「我不行，我對你太生氣了，我做不到。」

凱蒂：「因為你對我太生氣？喔，我完全了解。雖然你很生氣，你還是願意抱抱我、看看我嗎？你能那樣做嗎？這對我真的很重要。我實際上不在乎你現在的感受。」（笑聲）

瓊安娜：「嗯，那糟糕了，因為我也不在乎你的感受。那就祝你有美好的一天。」

凱蒂：「哇，那真是很好的建議：『祝你有美好的一天。』謝謝你，甜心。我會努力做到。」

瓊安娜：所以，你的要點是，不要把事情當作是針對我個人，而且沒有人……

凱蒂：不是，我的觀點是，我無法改變他。當你不想抱一個人或看著對方的眼睛時，你還會這麼做嗎？

瓊安娜：不，當然做不到，但我們不就是要從自己生命中所愛的人身上得到這樣的關注嗎？

凱蒂：嗯，當我想要的時候，我會問史蒂夫：「親愛的，你可以看著我的眼睛，然後抱抱我嗎？」如果他很忙，我有全世界的人，我可以去問。（笑聲）我可以走出門，然後問我第一個遇見的人。（笑聲）在我的經驗裡，史蒂夫從不會太忙，但是如果他真的太忙，而我真的想要被抱，為什麼要讓他的忙碌阻止我呢？我是說真的，你了解我在說什麼嗎？

瓊安娜：但我只要從他一個人那裡得到，而不是其他人。

凱蒂：喔，這一切只是跟「我自己」有關。我是那個想要被抱的人，我是那個想要某人看我眼睛的人，那跟他有什麼關係呢？他只不過就近在旁邊而已。（笑聲）

瓊安娜：好，那……

凱蒂：你想要他解決你的問題，所有的發生不就是跟這個有關嗎？「你給我安全感所需的一切，要不然我們之間就有問題了，我的意思是，這一切都是跟我有關的。」你如果這麼說還來得誠實點：「我實在感覺不太好，我知道你現在不想抱我，也明白你真的很生氣，但是我需要你幫我，因為我不知道別的方法，請你幫助我、幫幫我、幫幫我。」

瓊安娜：而這個人很可能無能為力。

凱蒂：他說不。

瓊安娜：可能因為不管怎樣，他都無能為力。

凱蒂：嗯，他只是說了不，好嗎？那麼，就只剩下我和自己在一起，其實本來這整件事都是關於我自己的。就剩下我來照顧自己。你可以找到另外一個「反轉」嗎？把你自己擺在這個句子裡所有的位置上，「我要我……」

瓊安娜：喔，我要我離開前抱我，看著我。

凱蒂：是的，在我完全離開事實真相之前。我一團混亂，我需要被人抱。所以在你看著他離開的時候，你可以坐下來，甜蜜的抱著自己，輕輕搖晃，因為你遇到一個大問題，而那不是因為他。所以，用手臂環繞自己，把自己抱住，然後安靜下來。如果我有問題，我不指望我先生去解決它，那不是他的職責，那是我自己要面對的，這才是一條捷徑。它是為趕時間的人提供的。結果是，我更加親近我的先生——比親近更親近。而這種親近感是我自己的。

它是內心深處的親密，我處在連結的狀態。好，那我們繼續這個旅程，你做的很好，反轉「我要我抱我自己……」

瓊安娜：我要我抱著自己，看著自己……

凱蒂：是的。如果連你自己都沒有這樣的興趣，那他為什麼會有興趣呢？（笑聲）

瓊安娜：沒錯。

凱蒂：而且你真的可以抱著自己，這有很多不同的方式。你可以到鏡子前，注視自己的眼睛。如果你放下你的故事，實實在在去看，你會遇見你生命的摯愛。在我們從自己身上找到這份愛之前、或在我們終於發現自己不可能被拒絕之前，我們無法從另一個人身上接受這份愛。

我們來看看作業單上的第三道題。

瓊安娜：（咯咯笑）「大衛應該表達對我更多的喜愛，應該更主動表現出肢體上的親密，應該言行一致」。

凱蒂：好，現在注意到你正對之前你認為很嚴肅的事情感到好笑。

瓊安娜：他不應該做上述任何一件事。

凱蒂：「他應該表達對我更多的喜愛」。

瓊安娜：他會修理東西，這是他喜歡做的事。他確實常常說「我愛你」，還有他喜歡修理所有的東西。他總是在房子四處修理東西，老是想要修理東西。

凱蒂：所以什麼是他應該做的事？

瓊安娜：喔，他總是想要修理東西，但肢體上的親密和關愛都表現不夠，就是我剛才說的意思。他應該對我表現出……

凱蒂：是的，甜心，當你回家，表現給他看你想要如何的親密，你會擁有最美妙的時光。

瓊安娜：好。

凱蒂：他也許真的喜歡那樣。（笑聲）

瓊安娜：好。

凱蒂：「他應該表達對我更多的喜愛」，我們來反轉整個句子：「我應該……」

瓊安娜：我應該表達對他更多的喜愛，我應該更主動表現出肢體上的親密，我應該言行一致。是的。

凱蒂：所以，你可以看到，這些反轉對你自己來說是很好的建議，這就是我們如何和自己、和他一起快樂生活的方式，好，我們現在來看第四道題。

瓊安娜：「我需要大衛多花些時間在我身上，而且和我在一起時更活在當下。」

凱蒂：好，那是真的嗎？你需要如此才會快樂嗎？你注意到你多麼地依賴嗎？

瓊安娜：不是。我不需要，我只是想要。

凱蒂：問題是，在那樣的情況下，他多花些時間在你身上，或是和你在一起時更活在當下，真的會讓你感到快樂，而不是煩躁或生氣嗎？

瓊安娜：不會。

凱蒂：那麼，去留意當你相信這個想法時，你是怎麼反應的，留意當你相信那個念頭時，你是怎麼對待大衛的，然後你自己感覺如何？

瓊安娜：我經常質疑他，然後他變得煩躁，因為他說我在懷疑他的感受，他不明白是什麼原因，他總是說：「我不懂為什麼你要說這些。」

凱蒂：因為你過著一個有隱私的生活，一個完全私密的生活，你在那裡獨自上演一齣不曾與他分享的戲碼。你假設他能讀懂你的心思。而他只不過走到車子，突然之間他就變成了敵人，一個不再愛你的人，而他所做的不過是走向車子罷了。（笑聲）說不定他正要去買工具來幫你修東西呢！

瓊安娜：是的！他就是這樣！他那時確實是！（笑聲）。

凱蒂：（面向聽眾）好的，女士們。你們寧願要更多關愛，還是把抽水馬桶修理好？（笑聲）一點點這個，一點點那個，平衡。（面向瓊安娜）好，閉上你的眼睛，甜心，看看他，而不再相信那個「我需要大衛多花些時間在我身上，而且和我在一起時更活在當下」的念頭。放下你的故事，好好看著大衛，你看到什麼？

瓊安娜：（哭泣）我生命裡一份美好的禮物、一個美好的男人、一份純粹的禮物。一個好男人。

凱蒂：是的。

瓊安娜：非常有愛心和慷慨。

凱蒂：現在，不帶任何故事地觀看你自己，仔細觀察自己看著他走向車子。除了你腦子裡正在想的和你所相信的那些，一切都好嗎？

瓊安娜：除了我正在想的和相信的那些事，這裡即是天堂，感覺棒極了。

凱蒂：是的，看看你自己！你站在那裡，健康、快樂、完整、被愛。現在再看看你自己相信那個故事時的樣子。簡直是天壤之別。

瓊安娜：相信那個故事時，是匱乏、要求、被遺棄，還有孤單。從來沒有人真的在那裡，那是場噩夢，一場十足的噩夢。

凱蒂：那就是有故事時的樣子。現在，不帶著故事檢視整個情況。

瓊安娜：沒有故事，就只有平安和感恩。

凱蒂：還有健康、美好與愛，全都在那裡。「我需要大衛多花些時間在我身上，而且和我在一起時更「活在當下」——把它反轉過來：「我需要我多花……」

瓊安娜：我需要我多花些時間在我身上？

凱蒂：多花些時間針對那些未經質疑的、關於你自己和他的念頭做探究功課。

瓊安娜：而且和自己在一起時更活在當下。

凱蒂：在那個時刻。

瓊安娜：那就是我需要去做的。就只是專注在當下，然後……

凱蒂：「我需要多花些時間在自己身上，在那個時刻，然後和自己在一起時更活在當下，因為我當時很瘋狂」。

瓊安娜：真的，我當時就像個瘋子。在那種時候，我真的感覺很瘋狂，真是不可理喻。我覺得自己很無理。

凱蒂：是的，所以在你跑去追大衛之前，你需要給自己多一點時間。（笑聲）

瓊安娜：對的，他只不過正走向車子。

凱蒂：為了你們兩個著想，你和自己在一起時也要更活在當下。

瓊安娜：喔，天啊！確實如此。是的，所以當你能夠在那個時刻，清醒地和自己在一起，在已經歷那個痛苦片刻之後，你是否可以安坐其中，就只是……

凱蒂：嗯，你知道你在那個時候很瘋狂，你也知道大衛不可能滿足你的需要。那就是寫「批評鄰人作業單」的時機。你把在那個時刻所相信的填寫在作業單上，然後質疑它。換句話說，就像你剛剛在這裡做的過程一樣，只是多花一些時間。功課是靜心冥想，它主要是讓自己能夠靜心到一定程度，可以去經驗內在升起的答案，來回答功課的提問。

瓊安娜：好的。

凱蒂：功課的資料可以從官網（thework.com）免費取得。作業單、指導說明等，網站上都有，YouTube上也有很多。我們開發了一款手機應用程式，讓你隨時隨地都能做功課。我們也有一款專門給平板電腦的程式，可以填寫「批評鄰人作業單」，還有一個手機應用程式讓你一次質疑一個信念。所以，在學校等待孩子放學、在超市排隊，或無論你在哪裡，每當你感到困惑、受傷或壓力過大的時候，都可以填寫這張作業單。當大衛開車離開之後，坐下來，找出困擾你的念頭，把它們寫下來，然後做功課。那麼，當他開車離去時，你就能誠實地說：「我愛你。」他是否聽見你並不重要。當你愛一個人時，你心裡是什麼樣的感覺？那種感覺屬於誰？他的還是你的？她的還是你的？當然是你的。當我說「史蒂夫，我愛你」的時候，他知道我真正的意思是「我愛」，同時他為我感到高興。我為何要把功勞算在他頭上呢？（笑聲）而且這如此美好，我當然會想要分享出去。「史蒂夫，我愛你。」我的意思是，無論如何，他即是我，我這麼說是什麼意思？比如說，大衛只能是、也永遠是你相信他是如何的那個人——不多也不少。你能理解嗎？你把他相信進你的世界，你不相信時，他即從你的世界消失*。他將永遠只能是你相信他的那個樣子，你永遠無法真正認識他，認識你自己才是最重要的事。了解自己其實就是真正了解我們所有人。好，我們

Youtube

官網

＊譯註：你把你認為的他「相信」進了你的世界，你的世界就有了「他」；當你不再相信他是如此的人時，這樣的「他」就在你的世界消失了。

來看看作業單第五道題。

瓊安娜：「大衛毫無自覺，疏遠，不是真的愛我」。喔，我的天啊。

凱蒂：好的。「那個當下，我……」

瓊安娜：我毫無自覺，疏遠，不是真的愛我自己。

凱蒂：一點都不愛。

瓊安娜：是不愛。

凱蒂：你那時候滿腦子都在想有關自己各種糟糕的事情。還有另一個反轉。「我毫無自覺，疏遠，而且我不是真的愛大衛」。

瓊安娜：我不是真的愛大衛？

凱蒂：你走到他面前，並向他提出要求的那個男人。他不是你想像裡的大衛，那個冷酷無情的大衛。他就只是那個走向車子的大衛。所以，你把他錯當一個他不是的人來攻擊。

瓊安娜：啊，是這樣的。

凱蒂：有一個如他本色，真實的大衛，那個活生生的人，然後有一個你想像出來的大衛。一個是大衛，一個不是。可能你從來沒有遇見過大衛。我是認真的。我經常說：「沒有兩個人真的曾經相遇過。」

瓊安娜：那是真的，因為有時候，那同一個人也會按照你的要求去做每一件事情，同時不可能有兩個不同的人存在，他不會突然改變。這是在你的腦子裡才會發生這樣的事。

凱蒂：只要知道他永遠是完美的就好。他永遠是可愛的，除了你在腦子裡怎麼看待和相信有關他的事情。（笑聲）

瓊安娜：好的。

凱蒂：而當你面臨那樣的問題，就是寫作業單的時候。

瓊安娜：好。

凱蒂：很好。現在來看第六道題。

瓊安娜：「我再也不要大衛讓我感到納悶，並且懷疑他對我的感情。」

凱蒂：好。「我願意……」

瓊安娜：我願意大衛讓我感到納悶，並且懷疑他對我的感情。

凱蒂：「我期待……」

瓊安娜：我期待大衛讓我感到納悶，並且懷疑他對我的感情。

凱蒂：這代表著另一張作業單了。

瓊安娜：喔，老天。那麼，我想……如果我功課做的夠多，會不會有一天，我能在他離開時覺得一切都沒問題，內心安寧平靜？

凱蒂：這叫做幸福快樂的生活。

瓊安娜：那就是我要的。

凱蒂：是的，如果史蒂夫開車離開，沒說再見，從此再也不和我聯絡，我會認為他正過著一個美好的生活。當你愛一個人的時候，這不就是你希望他能擁有的嗎？所以，如果他留下來，很好；如果他離開了，很好。我愛他，就是這樣而已。這是一致不變的。

瓊安娜：謝謝你。太感謝你了，凱蒂。

凱蒂：不客氣。

5 日常生活中的佛

佛說：「須菩提，我問你一件事，有任何人能透過一些明顯的身體特徵識別出佛嗎？」

須菩提說：「不能，世尊。佛無法以任何明顯的身體特徵辨認出來，因為，如同佛曾說的，佛的身體特徵實際上並不是身體特徵。」

佛說：「一切有形相的東西都是幻相。一旦你理解一切事物的虛妄本質，你就能辨認出佛。」

人們曾如此認為，由於佛陀發現了有關心智極其特殊的洞見，他肯定擁有超凡的身體，身上帶有不可思議的特徵，像是金色的皮膚，頭頂隆起的髮髻，以及腳底有輪子的標誌等。雖然如此尊崇出自於真心誠意，卻是管窺之見，它製造疏離。如果你相信頭上必須隆起髮髻才是佛，那你怎麼可能看出任何一個覺醒於實相的人也是佛呢？無論他或她的長相如何，乃至於任何尚未覺醒的人也是佛呢？認為佛等同於他的身體，或甚至他「有」一副身體，會讓事情變得困難，它會局限住你。真相是，佛並沒有身體，也沒有人有。

身體完全是想像出來的。我坐在此處的沙發上，閉上眼睛，看到身體的影像，感受到與它相關的各種感覺，這些全都發生在我的覺知裡，沒有任何外在的東西。我張開雙眼，看著我的手腳，這些所謂我身體的部位，仍然是在我覺知內的影像與感受。我可以把它們和我視覺世界的其他事物分開，稱呼它們為我的身體，但這樣的分開仍然是一種心念的行為。而這些影像永遠來自過去，即使這個過去僅僅發生在十億分之一秒前。它們是現實電影的一部分，而不是現實的本身。為什麼我要去相信心智螢幕上放映的電影是真實的呢？每當我想聚焦在身體真實的部分，它就消失了，連帶要去聚焦的「我」也不復存在，沒有一樣是有實質的。不單單夢境本身，連帶做夢的人也永遠消失了。而這夢中的形體，我坐於其上，我與之並立，我隨它行走，我餵養它，我為它刷牙，為它穿衣，入夜帶它就寢，清晨則拉它起床。任何上述的事，卻無一是真實的，全都是心智的投射。想像有任何東西存在於心智之外，是純粹的妄想。

甚至身體的疼痛也是想像出來的。當你睡覺時，身體會痛嗎？而當你感覺疼痛時，電話響起，是你等待許久的一通電話，然後當你全心全意與對方交談時，疼痛是不存在的。如果你的想法改變，疼痛也跟著轉變了。

有一次我把手伸入果汁機裡太深，突然聽到嘎吱嘎吱的聲音，把手拉出來時，鮮血直流，血是亮紅色的，我從來沒有看過如此美麗的東西。站在我身旁的羅姍嚇壞了，她必定受到驚嚇，因為她的心仍聚焦在過去和未來，腦子裡有我手卡在果汁機的畫面，已然消失的聲音，以及她投射在我身上的疼痛，與她將有一位缺少手指的母親這樣的未來。但是在現實當中，整個經驗是很美的。手指尖的鮮血是健康的，可愛且自由。我沒有投射一個過去或是未來，所以我感覺不到任何疼痛，沒有任何東西可以遮掩這光芒四射的時刻，受傷變形的手指是佛，鮮血是佛，心愛的，被嚇壞的女兒也是佛。我等待疼痛發生，而且我對可能造成疼痛的錯覺保持開放。但就像愛會做的事，沒有任何疼痛發生。有幾片指甲不見了，一根指尖被割破了。我們用雙氧水清理，然後用紗布包紮，但是不需要照顧我，因為沒有什麼要照顧的。手指、鮮血、果汁機、女兒、觀察者，他們全都是佛的特徵。

另外一次在九零年代初期，保羅和我駕車行駛在一條忙碌的高速公路上，前面那輛車突然煞車，保羅緊跟後面撞了上去。一時整條線道前前後後發生類似的事故，一大堆車擠在一起。我身子往前飛衝，頭撞向前方的擋風玻璃。我清楚意識到內在升起的微笑，它來自飛向的那種喜悅，接著我感受到撞擊的喜悅，它比較像是一種合一，而不是有一個「我」撞上另外一個物體。最後我倒在地板上，臉上還帶著微笑。當員警來到車旁，他說我受到驚嚇，他們必須用救護車送我去醫院，我說：「你知道嗎，甜心，我沒事的，如果有變化，我們再來處理，我完全願意配合，只是現在我真的沒事。」我哪裡可能受傷呢？什麼能會傷害到我呢？當然這不是我對他說的話，因為我那時已經知道，這樣的話是不可能被聽見的。

這些經驗並不尋常，也不意味著好像我從來沒有感覺過痛。八年前，我的神經病變發作，它沒來由地突然出現。當時我走過廚房的地板，一陣劇烈刺痛從我的腳底衝上來，有時疼痛強烈到我無法走路。在出席公開活動期間，包括一整個功課學校（School for The Work。凱蒂最主要和受歡迎的九天工作坊），我坐輪椅，或騎兩輪的賽格威電動車（segway），穿梭於會場之間。但這並沒有改變疼痛是心智投射的這個事實。如果你仔細觀察，你會發現它從來不曾抵達，它總是在離開的路上，而且它永遠發生在我們覺知的表層，而在那底下是一個充滿喜悅的汪洋大海。

一個覺醒的心智所覺知的任何東西都是美麗的，它是心智自身的鏡中影像，是心智照見自己所見。明白這點等於鬆綁對心智的概念。有什麼樣的美麗事物不會想在鏡子裡看到它自己呢？如果你不愛在鏡子裡所看到的，那你的視野一定是扭曲的。這些包括受苦、貧窮、瘋狂、殘酷、憤怒、絕望等任何人類的經驗。所有的事物，如果它們真的存在，它們只存在如佛的心智中，而這個心智看每一樣東西都是美麗的。對它來說，沒有什麼是醜陋的，也沒有任何事是無法接受的。這並不表示佛是消極的，或者說他縱容不仁慈。他即是仁慈的化身，盡其所能地結束世界表象的痛苦。但是他的仁慈來自於他能以最深邃的寧靜面對他所感知的一切。如果你看到任何世間事是無法接受的，那你可以確定你的心智是困惑的。如果你認為有任何事物存在於你的心智之外，那即是妄想。終究，內與外兩者皆不真實，一是喜悅，一是受苦；一是沉睡，一是覺醒，到最後它們歸於平等。

當你尋找佛，不要著眼於任何特殊的人物，就在離家近一點的地方去留意，甚至比家更近的地方。當你理解自己的心智，你會開始遇見一位智慧遠超你預期的人。在你所占據的空間裡，有人必須是佛，有人必得洗碗或不洗碗，去觀察這尊佛如何過日子。你不可能做錯任何事，儘管你的頭腦多半會想像你會犯錯。若沒有你的故事，你會是誰呢？如果不把自己和想像中開悟的人相比，你又會是誰呢？大多數的佛過著隱密的生活，極少會在新聞上看到。當你拿自己與概念中的佛相比，而讓自己覺得渺小，你正在給自己製造壓力。沒有這些觀念，開悟是很容易的，你送孩子上學、遛狗、掃地，毫不費力，沒有任何的概念附著在這些行動上。而這就是佛會做的事，當下你就是活生生的典範，而且沒有人需要知道。

我以前經常告訴孩子們：「與平凡為友。」即使你在洗碗，都可能找到完美的開悟。沒有什麼比它更崇高的精神追求。有人花三年的時間在山洞裡打坐，和你每天在家踐行洗碗是均等無別的。你能夠喜愛掃地時的平衡與和諧嗎？那樣的和諧就是最終的成功，無論你是窮人還是國王，你都可以在任何角落達成這樣的和諧。沒有號角吹頌，只有寧靜平安。

寧靜常住於平凡中，它不離於日常。

你說「身體完全是想像出來的」。那你為什麼要想像一個「失明，接受移植兩個角膜，甚至發展出神經病變」這樣的身體？為何不乾脆想像一副青春常駐而且不死的身體？

如果我曾經有這樣的需要，我會很樂意想像一副更年輕、更健康的身體，但是此刻這副就是為我打造的身體，為什麼我要一個不一樣的呢？我全心全意的愛它，它永遠是年輕的，因為在每個瞬間它都是嶄新的，它從來不死，因為它本來就是純粹的想像。

你怎麼可以說痛是想像出來的，那是什麼意思呢？

我理解痛來自何處，也明白它確切在什麼地方結束。一旦你領會它在何處終結，它便終止，它已經結束了。如果你仔細去注意腦子裡發生的種種，就能體驗到這點。當你領悟到疼痛的成因，你會了解所有的疼痛都屬於過去，你不可能在當下感覺到痛，因為從來沒有一個當下。自由，就是徹底了悟，甚至連「當下」都是一個幻覺，它只是另一個概念而已。

在身體極度疼痛的狀態下，我們如何保持我們的覺知？

當疼痛超過你可以忍受的程度，你會轉換到另一個實相。通常當你以為這個疼痛是無法忍受時，它是個謊言。這時的疼痛是可以忍受的，因為你正在承受它。真正讓你感到痛苦的，是你投射的未來。你正在相信類似這樣的想法，像是「它會一直痛下去」、「這個疼痛只會更糟糕」、「我快要死了」。唯一會讓你感到害怕的是關於未來的故事，當你正忙著投射將來會發生什麼時，你其實錯過了當下正在發生的事。

我們可以更密切地觀察這一點，當疼痛果真超過你所能忍受的程度，心智會移轉到另外一個實相，因為它無法掌控。心智無法想像一個它不曾經驗過的未來。由於你從來沒有經歷過這樣的處境，因而不知如何去投射下一步會出現的變化。心智沒有關於它的參考座標，因此會從身體原有的認知跳脫，這解釋了為什麼有人提到他們遭受強暴或折磨時曾離開身體，轉而從天花板往下看。心智會轉移身分認同，因為它無法投射下一步身體會發生什麼事，它會從自己缺乏參考依據的狀態跳脫。

你說沒有什麼事物是不能接受的，那麼種族滅絕、恐怖主義、強暴或虐待兒童和動物呢？你可以接受這些嗎？

所有種族滅絕、恐怖主義、強暴或虐待兒童和動物都已成過去，它們在此刻並不存在，那是純粹的恩典，我以深深的感激接受那樣的恩典。

當你相信如此明顯可怕的事情不應該發生，即便它們「的確」發生，你就會受苦，於是你在世界的苦難上，多增添一個人的痛苦，為的是什麼呢？你的痛苦能幫助任何正在受傷害的人嗎？不能。它會激勵你去採取有利於大眾的行動嗎？如果你密切觀察，你會發現，也不一定會。透過質疑這些事不該發生的信念，你可以停止讓自己為別人的苦難而受苦。你一旦這樣做，你將能注意到，這反而讓你成為一個更仁慈的人，一個能基於愛而行動的人，而不是被憤怒或憂傷所驅使。終止世界的痛苦，始於結束自己的痛苦。

☆

如果你看到任何世間事是無法接受的，那可以確定你的心智是困惑的。

6 心是一切，心是良善的

須菩提說：「世尊，是否永遠會有成熟的人們聽聞這些經句之後，能夠清楚洞見真相？」

佛說：「當然會有，須菩提！即使數千年後，仍會有許多人在聽聞這些經句並深思後，能夠看透真相。像這樣的人，雖然他們可能沒有意識到，並不單單曾在一位佛的門下修習清明的覺知，而是曾作為千千萬萬位佛的弟子修養心性。他們一聽聞這些經句並深思，會在一瞬間清楚看見實相，如實的樣貌。在這些人覺悟到真實自性時，佛完全知悉，並且讚賞他們。

「他們是怎麼做到的呢？他們一旦清楚看見實相，便永遠不會再執著於『自我』與『他人』的概念，也不會執著於『真相』與『非真相』的概念。如果他們的心智執著於個別存在的事物，他們就會執著於『自我』與『他人』的概念。如果他們否定事物的存在，他們依然是執著於『自我』與『他人』的概念。因此，你不該執著於有個別存在的事物這一概念，也不該執著於否定個別存在事物這一概念。

「那是我之所以告訴人們：『我的教導有如一片竹筏。』竹筏意在載你過河，一旦你過了河，即可將竹筏留在岸上。如果連正確的教導都必須捨棄，那不正確的教導不更是如此嗎！」

佛陀說：「成熟的人們會在一瞬間清楚看見實相，如實的樣貌。」當他們看見實相如實的樣貌，他們會立刻了悟過去與未來並不存在。所以他們曾經師從的千千萬萬位佛，全部存在此刻。這些佛就是他們在腦海中已然留意到，以及正在注意到的千千萬萬個未經質疑的念頭。每個念頭就是它自身；每個念頭都是佛，指引你不要往何處去。愛遇見這些幻相，這些想像出來的虛構事物，吟唱著「不是這，不是那」的歌謠。這是為何一位成熟的學生，在每個念頭回歸它虛無的來處時，會對每一個念頭俯身致敬的緣由。

當我第一次體認到過去和未來並不存在，我持續處在驚喜的狀態，我以全新的眼光看待一切事物，我的心智就像一張白紙，一切重新來過。有一天中途之家的主任要我開車去另外一個城市，買一些她要的書，我說：「它不行，它任何地方都不知道怎麼去。」主任說：「我知道你做得到，我會給你方向。」我說：「它需要有人陪它一起去。」她回答：「不用，你自己一個人去就好。」透過她的話，我可以聽到一些可能性，於是她遞給我廂型車的鑰匙，接著交代我去的方向。這是個非常奇怪的經驗，我沒有未來，因此沒有「即將去買」某些東西的概念。書不存在跟前，除了我眼前可見的以外——如果我看得見什麼的話，沒有其他任何存在。就好似被告知要開車衝下斷崖，我無法投射自己會受傷，但我知道我正往深淵直奔而下。

當時的經驗是像這樣的：你不知道那個廂型車在哪裡，你也不知道什麼是廂型車，你也不明白如何走出這棟建築物，或到底有沒有一個外面，但是你站起來，開始走，繼續走，接着不知怎地那台廂型車赫然出現在那裡。然後你上車，念頭升起：「鑰匙！」然後你從口袋拿出鑰匙，找到地方把它插進去，方向盤是新奇的，擋風玻璃是新奇的，後視鏡是新奇的，每樣事物都是新奇且陌生的。你往下看，不知道哪一個是油門，哪一個是煞車，不知道要開在路的哪一邊，你也不知道綠燈和紅燈代表什麼，但是不知怎的，每一件事情毫不費力地發生了。「它」知道要做什麼和前往何處，而且是完全不費力地自然流動，你感到極度驚喜，一種熱切的興奮和敬畏之情。每一件事居然是自動發生，不需要你介入，也不需要你做任何決定。然後當你下車，開始走路時，你感覺好像每一步，你都可能永遠掉落宇宙的板塊之間，宛若你會掉入人行道原子之間的空隙。而在這整個過程中，我一直看到「我」不是那個做這些的人。在當時我並沒有任何語言可以為此做適當的表達，但那是我意識到的：有個超越我的某種東西在做這些事，而那不是我，但也可以說是我，於是一步又一步，你似乎走到宇宙的邊緣，查看一下，卻看見其實那裡什麼都沒有，然後下一步出現，再下一步，這一切全都自行發生。但是，每踏出一步，你甚至不是從邊緣上觀望，而是每一步從邊緣「跌落」，然而你永遠不會跌倒，你持續認識到跌落是不可能的，太神奇了！所以未知與這份驚奇完全交織在一起。

那就是這種經驗最初幾個星期的狀態，有著掉落宇宙邊緣的驚奇，對每一件事無需「做者」就自動完成的敬佩和讚歎。心中溢滿了我所見每一事物，以及一切萬有中的佛性與如是的本質的美麗，連同安住在一切表象背後的寧靜平安。我始終有意識地從這樣的立足點出發，表面的前景是一些不斷地掉落與失去，相對於完全寧靜平安的背景。那總是會分崩離析的，反正原本就不存在。世界始終不停地在消退，除了寧靜平安，沒有任何東西留存，那樣的寧靜是從來沒有改變過的。

佛陀在這部經裡的表達是完美無缺的，它表達如此精準和到位，添加任何其他字句都是多餘的。當我聆聽史蒂夫為我讀這一章節時，我發現自己就坐在佛陀腳邊。我也坐在每位來到我面前的人腳邊，我坐在一葉小草、一隻螞蟻、一粒塵埃的腳邊。當你了悟自己是坐在佛陀腳邊的佛，你會找到從一切解脫的自由。清晰的心智是精細絕妙的，沒有什麼可添加或減少。

確實不存在有「自我」與「他人」；也不存在所謂的真相或非真相。沒有分開獨立存在的事物，也沒有「不分開獨立存在」的事物。在你之外，沒有世界，在你之內也沒有世界，因為在你沒有相信有一個「你」之前，你尚未創造出世界。如果你相信有一個世界存在，那你就一分為二：你和世界；同樣的，如果你相信在你之外沒有世界存在，你依然一分為二。但是沒有「二」，二是由困惑的心智創造出來的，從來就只有一，甚至連那也沒有。沒有世界，沒有自我，沒有實質，只有無可命名的覺知。

沒有任何的真理，只有當下對你而言是真實的事，同時如果你去探究它，你連那個也會失去。不過敬重當下對你來說是真實的事，純粹事關於保持你正直操守的完整性。

所謂普世真理（universal truths）也消失了，也沒有任何那樣的東西存在。最後的真理——我稱它為最後的故事——就是「神是一切，神是良善的」（在此我把「神」這個字，作為「現實」的同義詞，因為現實掌管一切）你也可以說：「心是一切，心是良善的。」如果你喜歡，就保留這樣的說法，然後享受快樂的生活。任何抗拒它的，都會感到受傷。它如同一個永遠指向正北方的指南針。

佛陀比喻他的教導如同一艘竹筏，帶領人們從受苦的岸邊穿越到自由的彼岸。他表示那是它唯一的目的，當你到達對岸，你就要把竹筏留在身後。若是把它綁在背上走動是件可笑的事。他說，靈性的教導也是一樣的，即使是它們當中最清晰的，即使是《金剛經》也是如此。我喜歡佛陀在提出一個說法後，又自挖牆腳的作法，不留下任何讓我們可以抓取執著的立足點。

功課一如一艘竹筏。四個提問加「反轉」是為了幫助你從困惑轉為清明。最終，透過練習，你再也不會把自己的想法加諸於現實之上，於是你可以經驗一切如是的真實樣貌：純粹的恩典。屆時這些提問本身已變得不必要了，取而代之的是無言的質疑，在每一個有壓力的念頭升起之際，立刻將它瓦解，這就是心智以理解面對它自己的方法。竹筏已被留在身後，你已成為提問的本身，它們變得和呼吸一樣自然，因此不再需要了。

當我們到達「彼岸」，我們會領悟到，我們其實從未離開出發的那個岸邊。只有一個岸邊，而我們早已在那裡了，雖然我們當中有些人尚未明白這一點，我們以為自己需要從這裡前往那裡，但是「那裡」原來就是「這裡」，一直就只有這裡。

當你靜坐沉思，看見真正存在的是什麼，摒除回想起的或期待的，如佛的自性自然顯現，於是你以未出生的狀態，甦醒過來。如果你真的想要寧靜平安，如果你理解自我探究足以超越生死，你的練習會讓你到達彼岸，而其實它並非彼岸，而是「唯一」的岸邊。認為有不同岸邊的想法只是純然的想像，當你了悟這一點，你明白你始終就在佛陀所指的那個岸邊，無需竹筏。

如果你沒有過去或未來這樣子的概念，你如何能夠完成任何事情呢？

不需要一個過去或未來才能讓事情完成。我只是做眼前的事，無論當下出現的是什麼。我觀看與見證，我保持那份覺知，不帶著過去或未來，無處可去，超越速度的限制，以此狀態，我持續擴展。但是，如果我真的需要一個過去或未來，我會毫不遲疑地找一個來。

佛陀說，那些否定事物存在的人，依然執著於「自我」與「他人」的概念，當你說生命是一場夢，你不也在否定個別事物的存在嗎？

「任何事物都不存在」可能聽起來像是一個真理，因為它確實是比「認為有一個實質的個人向外看著一個實質的世界」指向一個更正確的描述。但是事物不存在，必須透過很深層的體悟，才不會又僅僅成為一個概念。如果你相信沒有任何事物存在，你仍然認同有一個相信沒有任何事物存在的「你」。如果你了悟這世界只是以一種想像的方式存在，你便自由了。沒有你，一切就結束了。你無法認同於任何事物，這是信念的結束，即使是最深奧的概念也失去了意義。無物或空或無（Nothing）是留給那個自以為知道的心智（the I-know mind）來處理。

你說「心是一切，心是良善的」，你指的是覺知嗎？你為什麼要用心智（Mind）這個字呢？為什麼你從來不用像靈魂（soul），或精神體（spirit）這些字眼呢？

除了心以外，你還有什麼可以覺知的嗎？所以，心覺察到自己就是覺知。而當心智覺知自己時，它會領悟到，不但它與個人無關，它甚至根本不存在，它只是一個幻相。在「我」概念之前，什麼都不存在。「我」位居第二，來自於那無法命名的最初狀態。表象明顯的心智在質疑自己之後，會開始明白它來自何方，那就是純粹的愛，沒有比愛更適合的語詞了，所以如果它不是一首以愛譜成的歌曲，那便是對它出自的本性的一種扭曲。

至於靈魂或精神體的這些字眼，我不用它們，因為我不明白它們是什麼意思。

你說，當人們開始把功課當做一種練習，最後所有的話語會被無言的質疑所取代，你可以描

述一下那是什麼樣子嗎？

探究功課的練習需要細心的傾聽，並且觀照與這些提問相遇的一切回答。最終，心智會自動質疑每一個從內在升起的批判，繼而從自己的念頭中找到自由。人們開始明白他們並沒有主動做任何事，一切僅是通過他們而完成；他們甚至並未主動思考任何事情，他們是被思考的。當功課活在你之內，任何可能會讓你感到困擾的念頭一浮現，會立刻遇見無言的質疑，「那是真的嗎？」隨之而生。當念頭面臨如此的質疑，便失去了引發負面情緒的力量。它立即消散、瓦解，甚至蒸發了，而留下的就是你本然的自性。在每一個醒悟的時刻裡，所有事物的美好變得顯而易見的，一切雖為幻相，卻是個仁慈的幻相，而不是我從母親子宮誕生後所面對的可怕幻相。

所以當練習到某種程度，質疑就不再需要了嗎？

我經常說，當你真的明白一切事物的本質是良善的，而良善就是一切，你便不需要探究功課了。從三十幾年前，我體驗到最初洞見的那刻起，這一直是再清楚不過的事。我的先生史蒂夫曾告訴我，網路上流傳的一個故事——傳言愛因斯坦曾說，唯一重要的問題是：「宇宙是友善的嗎？」（當他後來再去查證，發現這是假消息，根本不是來自愛因斯坦，不過這無關緊要。）「宇宙是友善的嗎？」一九八六年我覺醒於一個不折不扣的「是的」，而我甚至不知道有如此的問題存在，我只是瞬間立即明白。我理解整個宇宙，包括在它之內發生的一切，都是友善仁慈的。而功課的四個提問與反轉即是邁向這層理解的內在途徑。

☆

最終，透過練習，你再也不會把自己的想法加諸於現實之上，而能體驗一切如是的真實樣貌：純粹的恩典。

7 安住在平凡裡

佛說：「須菩提，我問你。佛是否已經開悟？他有任何教導可以提供給大眾嗎？」

須菩提說：「世尊，就我所了解，沒有所謂開悟這回事。佛也沒有提供任何的教導。原因是：佛沒有任何東西可以教導。真理是無法抓取、不可言說的，它既不是真理，也不是非真理。每一位成熟的智者都知道，沒有什麼可以知道的。」

如果你了解世界並沒有分離出自我與他人的個別存在，你將清楚地意識到，沒有開悟這回事，它不可能存在。畢竟到底是誰在那裡開悟呢？你必須先「是」某人，你才能體驗開悟，也必須有一個想要獲得自由的小我，但是小我不可能獲得自由。

當你從人間幻夢的昏睡中醒來，你確實不再受苦。但這樣的說法仍然指向有一個人，有一個所謂已經「覺醒」的生命存在。只有當你看待佛陀是一個分開獨立的自我時，你才能構成他已開悟的概念。所有靈性的概念僅僅是心智的創造，對於這個你稱之為「我」的想像幻化的形相，「我」又知道些什麼呢？

許多僧人在場聆聽佛陀開示時必然已經知道他是誰：誰都不是（no one），但是他們當中有些人可能原本希望能對待他像大師一樣，將他歸入一個不同的類別，認為他比他們更優越，是一個更進化或崇高的存在。他們很可能早已滿眼崇拜地仰望他。佛陀的回應就是去愛護他們，持續幫助他們去質疑自己的想法，好讓他們找到自己的自由。佛陀怎麼可能會迎合他們的投射呢？他一再表示自己並沒擁有任何「他們」所沒有的，他不斷地引導他們回歸自身，回歸那唯一可能的途徑。探究功課的美妙之處在於這種崇拜不可能持久，雖然對崇拜者而言，這樣做感覺很愉悅。探究功課把一切事物拉回到同一個水平線，讓我們全體一律平等。擁有一位開悟大師這樣的故事，雖然感覺上很窩心，仍然在講述一個屬於分離的故事。

人們認為自我覺悟是件很特別的事，但是，除非我們能安住在日常平凡中，否則我們便不能像在自家中一樣真正自在，那是讓我們覺得舒服自在的地方。有人會問，「你好嗎？」我可能回答：「很好。」它已連結，並穿透彼此。因此，我不會被別人看出有何不同。我在人群中，站在街角吃著熱狗，看著樂隊從面前經過，我既不比你多，也不比你少，如果我們僅僅是比別人多一口或少一口氣息，我們也不會心安自在。

須菩提問佛陀一個問題，或者佛陀問須菩提一個問題，無論是哪一個，都是佛問、佛答。那是個能引導出真相的提問。在我能夠回答之前，我必須自己先了悟什麼是真實的，因為我不想要在我的世界裡製造任何的不真實，「我有一些教導可以提供」——那是真的嗎？我能完全知道那是真的嗎？當然不能，這「正是」那個教導。教導永遠是給我自己的，我沒有給任何其他人的教導。當你提出問題，我回答，我啟發的只有我自己，是你的智慧啟迪了我——那提出問題的智慧，那就是我覺悟的來源，這就是它運作的方式。有人問我，「你要去哪裡呀？」然後這個問題喚醒我，這個表象的我、我、我——全不真實，也全都真實，一如感知者自身擁有的體驗，相信與否；覺悟與否。

問你自己：「是誰在想？」這問題沒有答案，它只會讓頭腦短路，你永遠不可能有答案，你可以等上一百萬年，回應你的仍然只有沉默。而說真的，任何事都沒有答案，我們無法解釋我們生命中**任何**重要的事。不過，你為什麼想要解釋呢？那會讓你更快樂嗎？我經常說：「你寧願對，還是寧願自由？」我沒有任何解釋，而在過去三十幾年，我不曾有過任何的問題。

我的工作是把每一件事當中的神祕拿走。它真的很簡單，因為什麼都不存在。在此刻只有出現在你腦海裡的故事：有關於是佛、不是佛的故事；有關於有些人已經開悟，有些人沒開悟的故事；有關你需要比你此刻擁有更多的故事，或是你必須達到一個精神更高的境界，你才能完整的故事。你可以看著這些故事升起，然後消失，並且覺察到此刻只有故事存在。

我們每一個人都是源頭的鏡中像，那是我現況的全部：坐在沙發上的女人，聆聽男人讀《金剛經》的女人。而當我探究這句話時，那是真的嗎？不，我理解到我存在於鏡中像之前，我是在那之前的覺知，我什麼人都不是，也是某人，我同時是一切萬有與空無。我是開始（心智未投射前）也是結束（心智未投射前）。同時，我如此自負，而渴望在鏡子裡看見自己。聆聽男人的女人，回答問題的女人。

須菩提了解到，不但沒有開悟這件事，也沒有教導存在。佛陀不可能提供任何的教導，因為所有的教導都消融了，一如你現下正在閱讀書中的字句，腦海中正在形成的構想，全都是想像，沒有東西可以教導。在一個靜止無風的日子裡，風到哪兒去了呢？你剛剛呼吸的氣息，對現在來說，不就只是純然的想像嗎？你注意到氣息進入鼻孔，同時當你沒有任何有關過去的概念，這就是你生平第一次呼吸的氣息，現在它消失了，你如何能夠知道它真的發生過？

真相是如此的簡單，每一句說過的話，每一個給予的教導，無論多麼富有價值，只留下在現實中不存在的虛構想像。它假設有人聆聽、有人演說，有可以知曉的東西，在試圖說出真相的過程，它製造出一些多餘的東西，它在如實的現實上添加了不必要的東西，因此成了謊言。

如佛的自性本自具足，它不需要開悟，不需去教導，也不需要了悟任何事情，它在當下已經是它曾經想要成為的一切，每一件事都毫不費力地為它完成了。它不帶抗拒的行動，像一首美好的歌曲，每一件它曾經想要擁有或做的事，它都已經具備而且完成，它作為覺知，流動自如。那些認為問題存在的故事，當被探究後，變得可笑，而即便這樣的故事也是自性的一部分。

努力追求開悟是白費力氣嗎？

如果開悟的定義是「從痛苦中解脫」，答案當然不是。探索如何結束痛苦的幻覺，怎麼可能是白費力氣呢？小我其實也和結束痛苦有關，雖然它是透過一種完全自欺的方式：「如果我有更多的錢（或成功，或性愛），那我會更快樂。」所以去質疑那些造成我們不快樂的念頭是完全有道理的，然後當「外在」被認出只是心智的投射，那它就更有道理了。

如果語言文字總是在如實的一切上添加不必要的東西，而成了謊言，那為什麼佛陀還要這麼麻煩去教導呢？你為什麼要寫這本書呢？

即便像《金剛經》這麼深奧的文獻，到最終是無關緊要的，沒有它的世界等同於一個有它的世界，因為這兩個世界都不真的存在。無論寫這部經典的人是誰，他會寫是因為這是愛會做的事。當有人問，愛就會回答，這也是我寫這本書的原因。人們一直要一本凱蒂的新書，於是史蒂夫希望我談一談《金剛經》，我當然很樂意。我很開心地提供素材給他，並且歡喜我的話語可以由「史蒂夫模式」表達出來。如果你覺得這本書有幫助，我很開心。如果你認為它浪費時間，我也一樣開心。「我」將這份喜悅投射給每個人。我是這麼看的，人們盡最大的努力去相信他們所想的，然而在深層的內在，他們不能，也沒有真正的相信。我曾經檢驗過這一點。當心智對來自內在清晰的答案開放時，人們發現，不管他們多努力嘗試，他們不再相信他們原來以為自己相信的那些有壓力的念頭了。

佛陀明白，不管是他或任何人，都無法為這個世界帶進那些永遠不可能被帶入的東西，但是，意識看似存在也沒什麼傷害，沒有人真正相信，而那正是探究功課所彰顯的：如佛的心智，沒有心智存在（no mind），空無（nothing at all）。

☆ 如果我們僅僅是比別人多一口或少一口氣息，我們就不會心安自在。

8 最終的慷慨無私

佛說：「我問你，須菩提，如果有人積聚了不可思議的財富，然後全部捐贈支持慈善事業，此人所得的福德豈不是很多嗎？」

須菩提說：「非常多，世尊，但是，儘管所得的福德很多，卻沒有實質的內容。它僅僅是『被稱為』『多』。」

佛說：「是的，須菩提。儘管如此，如果一個心胸開放的人，聽聞這部經典，能夠真正明瞭其中的教導，然後去體現它、活出它，那麼這個人的福德甚至更多。一切諸佛，以及他們有關開悟的教學，全是出自這部經典的教導。然而，須菩提，教導是不存在的。」

佛陀在此指出的重點是，當你了悟沒有自我，也沒有他人，你即是在給予一份無與倫比的大禮，那就是對他人與自己最終極的慷慨無私（無論是他人或自己，無一存在）。一切如佛的覺知——也就是任何如實看見實相的心智——都源自於這份領悟。

一切不離於心，全都是一趟想像的旅程。作為源頭的心智，從不移動，它不是真的「回到」自己身上，因為它從未離開。天地誕生於我出生的那一刻，而唯一誕生的是「我」。整個世界源自於未經質疑的「我」，隨它而來的是一整個命名的世界，以及心智的巧妙詭計來配合這些名相。從那個故事裡演繹出成千上萬各種形式的受苦。「我是這」「我是那」「我是一個人」「我是女人」「我是一個有三個孩子，而媽媽不愛的女人」。

你是你相信你是的那個人。其他人對你而言，也是你所相信他們是如何的那個人，他們只能如此。如果你了解到心智是一個整體，而且每個人、每件事都是你自己的投射（包括你在內），你會明白你從頭到尾只是在和自己交涉。你最後會愛上自己，愛上每一個你想的念頭。當你愛每一個念頭，你會愛上念頭創造的一切，你會愛上你所創造出的世界。一開始的時候，從你內在滿盈的愛好似關乎與其他人的連結，能夠和每一個遇見的人感到親密的聯繫，是一種很美妙的感覺。然而，它會逐漸轉變成心智與它自己的連結，而且只有如此而已。最終極的愛是心智對自身的愛。心智與心智相連，一切唯心（all of mind），沒有分別，沒有疏離，一切被深深地愛著。最終，我是我唯一可以知悉的，而我最終明白的是，其實沒有所謂的「我」存在。

所以你會發現，即使是心智也是想像出來的，探究功課會喚醒你去理解到這一點。當人們質疑表象的過往，他們連帶失去了未來。當下即是我們誕生的時刻，我們未生，我們在此刻誕生，此刻……此刻……沒有任何故事經得起探究，「我」是「我自己」想像出來的，一旦你瞥見那一點，你就再也不會把自己看得那麼重了。你學習愛上那個什麼都不是／空性無我的自己。心智與自己的愛情故事是絕妙的舞蹈，也是唯一的舞蹈。

當你明白沒有自我，你同時也了解到沒有死亡。死亡只是一個身分認同的死亡，那是一件美妙的事。因為進行探究後，每一個心智創建的身分認同將逐一消失，於是沒有任何身分留下，因此你回歸未生（unborn）。過去與未來的「我」兩者不復存在，存留的只是想像，當心智停歇，不存在一個心智能夠去知道心智不存在，完美！死亡惡名昭彰，但那只是一個謠言。

真相是，無與有是平等的，它們只是實相的不同面向，「有」代表如是一切的一個字眼，而「無」也是代表如是一切的字眼。覺知不偏好任何其中一個，也不否定任何一個。它不否定松樹上的一葉針尖，不否定一個呼吸。我是所有的那些，它是全然的自愛，盡情享有所有的一切，它在一切萬有的腳邊鞠躬致敬，它在罪人、聖人、狗、貓、螞蟻、水滴和一粒沙跟前俯身致敬。

佛陀說，那個能夠理解《金剛經》核心教導的人，所獲得的福德，遠大於最慷慨的慈善家。這樣的領悟是最大可能的禮物。但是最終，沒有所謂的福德，終究，沒有人在計算誰有多少福德。如果你都不可能作為一個單獨的個體存在，何以累積福德呢？「福德」只是一種表達方式，用來闡明，你不可能做比了悟自己是誰更有價值的事。

如佛的心智是毫無保留的。它全然自由地給出它內在的一切，因為它不曾付出任何代價接受所有。它沒有一個儲存空間，凡是流入的必然流出，不帶有任何擁有或給予的念想。沒有一樣可以擁有而不被立刻給出去，它的價值就在給予的本身。如佛的心智不需要這些。它是一個容器，處在不停流動的狀態。任何佛陀可能擁有的智慧，也不是他可以宣稱是屬於他自己的，那是屬於每個人的，它純粹只是從內在理解到，然後以同樣的強度給出去。它越有價值，它越是慷慨地給出去。

我無法給你任何你不是已經擁有的東西，自我探究讓你接觸到早已存在你內心的智慧。它讓你有機會為自己理解到這個真相。真相不會來來去去，它永遠在這裡，始終能為開放的心靈所得。如果我可以教導你任何東西，那便是找出你所相信的那些有壓力的想法，質疑它們，然後讓自己足夠沉靜，方可聽見自己內在的答案。壓力是一份禮物，提醒你正沉睡在夢中，如同憤怒或傷心這般感受的存在，僅僅是去提醒你，你正在相信自己的故事的這個事實。探究功課提供你一個通往智慧的入口，一條經由內在答案而讓你能覺醒於真實自性的道路，直到你領悟所有痛苦是如何造成的、以及它如何可以被結束。它帶你回歸到所有事物開始之前。沒有了你的身分認同，你會是誰呢？

我們以一個故事誕生，這個故事逗留在外，延續著自己的生命，亙古不變的永遠。對我來說，這個「永遠」持續了四十三年，同時也是曾經活過的生生世世——一切的時空。我以為我自此困在毫無希望的痛苦當中，永遠找不到出路。然後四個提問把我帶回到說故事的人。一旦我了悟其實沒有人在說故事，我不得不大笑，原來無始以來，我一直都是自由的。

在經文裡，佛陀談到了慷慨無私，但沒有談到愛，你認為是什麼原因呢？

愛經常被認為是一種情緒，但是它遠比情緒要來的廣大。小我沒有能力愛，因為它不是真實的，也無法創造出任何真實的東西。佛陀超越了一切的身分認同，在我眼中，那正是純粹的愛。當我提到愛，我僅僅是指向沒有任何認同，已然覺醒的心智。當你認同於這個或那個，他或她，或任何物質的自我、身體或人格，你便停留在小我有限的領域裡。如果你的想法是和愛抵觸的，你將會感覺壓力，這壓力將會讓你知道，你已經與你的真實本性漸行漸遠。如果你感到平衡和喜悅，那就是告訴你，你的想法比較接近你真正的身分，亦即超越一切身分認同，那就是我所謂的「愛」。

愛與投射之間是什麼關係呢？

當我評判某人，我所看見的是我自身心智的扭曲強加在一個表象的他人身上。除非我能清清楚楚地認識他，我無法真正愛我身邊的人，而除非我沒有任何想要改變他的欲望，否則我無法清楚認識他。當困惑掌控了心智，當它與現實爭辯時，我看到的只有自己的困惑。「愛鄰如己」不是一個來自外在的命令，而是一種觀察。當你愛你的鄰居，你正在愛你自己，而當你愛自己時，你不可能不愛你的鄰居，因為你的鄰居「正是」你自己。他不是表面上看似在外面的某一個人，他純粹是心智的投射。

我完全能夠理解，一個未經質疑的心智是多麼的痛苦，我也了解，愛才是力量。心智起源於愛，最終也將回到自己的源頭。愛是心智的導航器，在沒有回歸源頭之前，心智是安定不下來的。

你說沒有死亡，但是身體會死亡，不是嗎？心智是獨立於大腦之外的嗎？你怎麼知道大腦死後，會不會有心智存在呢？

沒有什麼誕生出來，只有一個被相信的念頭；沒有什麼死去，唯有一個被明瞭的念頭，同時最終你會明白，念頭從一開始就不曾誕生。我沒有把任何人視為是活著，因為所有的生命都在我之內，他們都只能是「我」看待他們的樣子。

如果你認為身體會死亡，在你的世界裡，它們就會死亡。在我的世界裡，身體無法在心以外的任何地方誕生，一個從未出生的東西如何會死呢？那是不可能的，除非在一個受到催眠、天真的相信者的想像當中才有可能。

你說無和有是平等的，這不就是意味著什麼都不重要嗎？如果沒有什麼是重要的，不是很令人沮喪嗎？

一切的有等同於無，因為它們都是想像的，「空無」等於「幻有」。有任何事情是要緊的嗎？對小我來說，是有的，但是小我相信有的這個事實並不會讓它變成真實。

當你了解你什麼都不是（no one），你會很興奮，沒有什麼是要緊的，這當中有多大的自由！每一刻都是從頭來過的嶄新開始，代表每一刻都是全新的開端，任何事情都是可能的。然後你同時也理解那句話的反轉也一樣的真實：也就是說，每一件事情都是重要的，這和它的相反面一樣，令人感到興奮。

☆ 你從頭到尾只是在和自己交涉。

9 愛回歸自身

佛說：「須菩提，告訴我。取得入流果位的靜心修行者會想：『我已取得入流果位嗎？』」

須菩提說：「不會，世尊，原因如下：這些人領悟到根本沒有人進入色相、音聲、氣味、味覺、觸覺，或心中升起的任何想法。這就是他們之所以被稱為入流者。」

「告訴我，須菩提。那些取得『一往來』果位的修行者會想：『我已取得一往來果位』嗎？」

須菩提說：「不會，世尊，原因如下：雖然『一往來』這個名稱的意思是指只要再來去一次的人，但他們了解，事實上沒有來去。這是為何他們只是被稱為『一往來』。」

「同樣的，須菩提，那些取得『不來』果位的靜心修行者會說：『我已取得不來果位』嗎？」

「不會，世尊，原因如下：雖然『不來』這個詞的意思是『一個永不再返回受苦世界的人』，但他們了解，事實上並沒有返回這回事。那是為什麼他們只是被稱為『不來』。」

「還有一件事，須菩提。已取得『阿羅漢』果位的靜心修行者會認為『我已取得阿羅漢果位』嗎？」

「不會，世尊，原因如下：事實上，並沒有阿羅漢這種東西。如果一位阿羅漢升起『我已取得阿羅漢果位』的念頭，那表示他仍然執著於『自我』與『他人』的概念。

「世尊，您曾說您所有學生中，我靜心功夫最到位，並且安住於寧靜之中，而且我是最沒有欲望的阿羅漢。然而，我從不認為自己是個阿羅漢，或是一個從欲望中解脫的人。假設我相信了我已取得阿羅漢果位的想法，那麼您就不可能會說出我安住於寧靜這番話，因為事實上無處可以安住。那就是為何您稱我安住於寧靜。」

在這一章，佛陀提到各種修行成就的類別，各有特別的名稱：「入流」指的是那些修行覺知的人；「一往來」指的是那些只會再輪迴一次的人等。但是，沒有「自我」這樣的概念，這些分類就失去意義。比較開悟的，比較不開悟的；許多次輪迴，不再輪迴；再來，再去，這些全都只是概念而已。如果你試圖衡量自己在靈修道上進步的程度（如果你認為你知道自己走了多遠），考慮一下給自己省點麻煩吧。沒有所謂的成就，因為你已經是你想要成為的那個。在覺知之光中，所有的分別都會消失無蹤。

當你了悟真相，你同時也會領悟它不代表成就。你不曾做過任何事，成就只是你感受到的喜悅而已，被你已經是的那個所接受的喜悅，那是心智與心智的相遇，沒有任何反對的阻力，它也不屬於個人。真相讓我們從對「自我」與「他人」概念的執著中解脫出來。沒有人類，也沒有心智，它全都只是一場夢。只要頭腦相信，它甚至可以作為心智存在，探究功課的練習會刪除每一個事物。外在投射的世界先開始瓦解，接著是心智，最後甚至連任何心智曾經存在的痕跡，都逐一瓦解。那就是我的世界，當它結束，它就徹底結束了。

關於開悟，你唯一需要知道的事是：相信任何一個念頭是否讓你感到受傷嗎？還是沒有？如果沒有，很好，享受它。如果它確實帶來傷痛——如果它引起任何的悲傷、憤怒或任何一種的不安，質疑它，然後讓自己在這個念頭上開悟。受苦是可以選擇的，它不需要持續很多年，它可以縮短為幾個月、幾個星期、幾天、幾分鐘，甚至幾秒。到最後，當同樣的念頭升起，那些曾經讓你痛苦的念頭，如今你可以自在地與之共存。事實上，你宛若被點亮了，你走在街上，光彩煥發，像顆千瓦的燈泡。當你想到：「我需要媽媽愛我。」你只會笑，因為你已經在這個念頭上醒悟，接著下一個，以及下一個。

探究功課把你帶回到覺知清明的位置，它讓你了解，你先於任何「我」的想法。回到實相是一件多麼有趣的事！我不會做任何事去阻擋它發生。能夠張開眼睛，在鏡子裡看見自己是一種榮幸，但清明沒有恆久不變的狀態，因為清醒沒有未來可言，我們不會永遠醒來，我們只能在當下醒來，你能夠在此刻質疑你的念頭，讓自己快樂嗎？人們有一些美妙的心靈開放經驗，同時那並非真正的要點。他們只要一想到：「我要這個經驗永遠持續下去。」他們便已瞬移到未來，從現實中迷失了。現下眼前的「這個」才是關鍵，它就是那麼簡單，只有這個存在。

當你相信「我想要開悟」的這個想法時，你是怎麼反應的呢？你覺得有壓力，你困在自己想像的尚未開悟的狀態。探究功課毫無疑問地顯示出這點。當你沒有這個想法時，你會是誰呢？完全沒有這些困擾。我很慶幸自己曾經受此恩澤，在以往渾然不知甚至「有」開悟這回事（而確實也沒有）。

但是，渴望自由和那因渴望而生，對成就的種種想法，自然是真心實意的。當我曾經如此困惑時，我躺在床上，哭喊著：「我要回家！」當時以為我要的是身體的死亡，我並不相信有天堂或地獄，我只是想從我認為無法忍受的痛苦中解脫，而在我無辜的天真裡，我事實上是對的，我確實必須先死，但並不是身體的死亡。

每一個人都渴望真實，而它永遠在這裡。它是真正的老師，你無法做任何事摒除它。它是一個沒有任何故事的傾聽者，我稱它為愛。我們可以編各種故事，宣稱它如何的不存在，但它的確存在。當你抗拒它，你創造了你唯一可以經驗的痛苦。它永遠在清理、淨化它自己。它不捨棄任何事物，任何人如果曾經領受到它一點滋味，會心甘情願地走進火裡，讓自己燃燒成灰，以保留它的純粹，這當中不存在任何選擇。當斧頭落下，就在砍斷你腦袋前的那一剎那，即便是最後的一個念頭，也是恩典。「啊！我也為此感謝你。」

我處於混沌、沒有任何純粹覺知的經驗長達四十三年之久。然後出現了這麼一個剎那，而它完全足夠，因為在那之後，我的內在有探究功課，它在那個時刻誕生了，它正是在那個時刻所誕生的東西。質疑在我內在甦醒，那是一個完美的圓圈：向外出去，繼而回歸平安，而不是持續往外出走，而沒有歸途，沒有完成那趟從未發生的旅程的可能性。

你必須失去一切。每一個看起來像是在外在的事物都將消逝——所有的一切。你不可能擁有任何東西，你也不可能擁有任何你愛的東西。你不可能有丈夫——那不是一個物質上的丈夫。你也不可能擁有小孩——他們也不是物質上的孩子。你不可能擁有任何一個概念。人們以為不執著，是放下你愛的人或事物，但它遠超過這層含義。當人們談到不執著於任何事物，我其實沒有一個參考點，因為對我而言，一切都是內在的，但是我學會了解他們的語言，這就是愛如何連結。

一個想像中的自我就是所有的存在。如果你真的願意走上這趟旅程，你可以透過質疑來讓它消失。我向你保證，質疑其實是很安全的。當你質疑你所認為的你，它不會留下任何自我，它反而讓你成為那更珍貴的：那個所有夢境流出的源頭，也是如同夢境所反映的，那個如如不動的本性。只要生命是一場夢，那我們就來處理噩夢。質疑你所相信的，然後去留意剩下來的是什麼。一直到你能夠真實地了解，你並不是你所相信的「你」之前，你不可能有自由成為更多。那是為什麼一個有局限的心智是如此的痛苦。心智總是試著要掙脫它自己的牢獄——那個把身體當成是自己的身分認同。當你理解心智的本質，你會明白它即是一切，也是所有一切的本質，而任何表象的匱乏，只是你想像出來一個虛構的東西。

沒有一個自我，活出來是什麼樣子呢？沒有任何事情發生，甚至沒有生命，每一件你看到、聽見、觸摸、聞到、品嘗到，以及想到的事物，在行動開始之前就已經結束了。我的腳剛剛移動了，在我觀看它時，我就只是在目睹一個過去。它看似當下正在發生，但那個當下甚至在我看的瞬間，就已經消失。這就是心智了悟後的力量與仁慈，我甚至無法喝下我的茶，在它發生之前，就已經消失了。而我無法對此做任何事。我看著牆上的海報，海報上是我親愛的史蒂夫，旁邊是他那本封面印有金面具的《吉爾伽美什史詩》，我的眼光停留在海報，凝視著，它看似是存在的，儘管我那麼的熱愛它，它仍然是個幻相。沒有念頭，沒有世界。不相信任何念頭，就沒有時間，沒有空間，沒有實相。我的生命結束了，同時我明白它從未開始。

我是我唯一的世界，我是這裡的唯一。世界是我的投射，以我的想像存在：視覺、聽覺、嗅覺、感覺、人類、狗、貓、樹、天空。我熱愛這個世界，包括當它看似活生生地存在，以及當它看似消失逝去。經過質疑的心熱愛它無窮盡的變化。這世界有一個法則：當你認為生命如此美好，好得不能再好的時候，它就必須更好。而且當你願意去體驗，不管生命帶給你的是什麼，你期待去經驗它，那美好的、美麗的、受誤解的、仁慈的生命。任何一個不熱愛這個夢幻世界的人尚未了解，生命就是心智，而且沒有任何事物在它之外。只要它相信它所想的，它就迷失了。它的工作就是去相信它所想的，直到最終，有一天，它讓自己自由了。

你提到對自由的渴望，人們希望他們最終能夠自由，這樣的希望對他們有用處嗎？

我總是偏愛現實的一切現況，它的作用比希望快多了。當你愛上自己的想法，現實最終會取代希望，結果是，你會愛上你看似生活其中的世界。由於我理解我的想法，所以我眼中的世界不需要任何形式的希望。希望變得不需要了，派不上用場。「當我做探究功課，我將會變得更好」——如果你有如此的動機，你可以用得上那樣的希望，因為當你持續做功課，你確實會越來越好，直到有一天你趕上了你原本就美妙親愛的自己，發現除了你一直相信的種種，你和這世界一直以來已是完美的，同時你只是無辜地相信原來的那些想法，而不能夠覺察到這一點罷了。

希望是一個關於未來的故事，它在我的生命裡沒有立足之地。我不需要希望，不過假使我真的需要，我也會毫不遲疑地去希望，因為那是持有未來概念的人們必須做的事，一直到他們不這麼做為止。成熟的心智是一顆寧靜的心，一顆熱愛現實的心。現實是如此美好，它不需要一套計畫。

但是，對那些尚未學會如何探究他們有壓力念頭的人來說，希望的概念還是有用的。他們認為那會保持他們繼續前進，這會比他們僅僅看到絕望是唯一的替代方案來得更好。而最終，如果他們學會質疑自己的念頭，他們會開始明白，其實沒有未來，希望和恐懼一樣毫無意義。那正是樂趣開始的時刻。

不執著的意思是什麼？

它意味著不去相信任何你所想的。執著代表去相信一個未經質疑的念頭。當我們不去探究，我們即是假設那個想法是真的，雖然我們永遠無法知道是否如此。執著的目的是讓我們無法意識到我們已經是完整的。我們不是執著於事物，而是執著於我們對事物的種種「故事」。

你向人們保證質疑是安全的。但是你也說過，失去所有的一切是必須的。這對大部分人來說，不是很叫人害怕嗎？

我可以理解它可能會令人害怕，但是認同自己為這具身體，你就真的安全了嗎？作為一具身體，所有你愛的人最終會離開你或死去，你也將老去、生病，或者因各種情況而受傷，並且最終死去。這些不是肯定會發生的事嗎？這樣的你安全嗎？所以失去你不真實的身分認同，實質上是得到所有的一切。在一個沒有自己、沒有他人分別的世界裡，沒有痛苦、沒有損壞、沒有死亡，也沒有虛假，它是一個純粹美麗的世界。它已經是你的，只是在等待你去明白這一點。

如果心智是如此深深投入地相信它所想的，它如何能夠讓自己自由呢？

那是很容易的事。你找出任何造成你壓力的念頭，把它寫下來，質疑它，然後等待你的答案從靜默中升起，如佛的自性會啟發你。

☆ 這世界有一個法則：當你認為生命如此美好，好得不能再好的時候，它就必須更好。

10 活在探究中

佛說：「告訴我，須菩提，億萬年前我跟隨燃燈佛修行學習時，我得到任何真理了嗎？」

須菩提說：「世尊，您隨燃燈佛學習時，並未得到任何東西。」

「我問你另外一件事，佛是否創造出一個美好的世界？」

「沒有，世尊，他沒有。理由在此：一個所謂美好的世界並非美好，它只是『被稱為』『美好的』。」

「確實，須菩提。以下是最精要的核心：所有的菩薩都應該培養一個純淨、清醒的心智，不取決於視覺、音聲、觸覺、味覺、氣味，或升起的任何念頭。菩薩應當培養一個不住於任何地方的心（應無所住而生其心）。」

這是《金剛經》最深奧的章節之一，它講述了最精要的核心，並且是以完美無暇且清晰的語言來描述它。史蒂夫向我述說惠能大師的故事，當他聽到這章最後那句話時，他的心瞬間豁然開朗，立即明白所有一切的本質。我一點都不感到驚訝。如果你正在尋找如何保持內心平靜，最清晰、最簡單的建議，那這句話即是上選：培養一個不住於任何地方的心智。

佛陀提到他曾在某個過去世跟隨一位古佛學習，在那個遙遠的過去，當他達成開悟時，他其實並沒有得到什麼。他完全可以用同樣的觀點來解釋他當下那一生開悟的經驗，他說：「當我坐在菩提樹下開悟的時候，我並沒有得到什麼。」我不知道這本經典的作者是否真的相信有過去世，我不認為他甚至會相信有過去的任何「時刻」存在，他極有可能只是用過去世這樣的語言來說明一個重點，那就是不管是三十幾年前、十億年前，或者僅僅是剛剛發生的那瞬間，它們都是一樣的，都是同樣的不真實，因為過去只是當下的一個念頭（當下亦是如此，只是一個概念罷了）。

佛陀在這裡指出的重點是：即使是一位完全致力於修行開悟的人，一位億萬年來生生世世都全心全意獻身修行覺知的人，也從無所得。沒有一樣可以得到的東西不是你已經擁有的。即便是這宇宙間最有覺悟的生命體所擁有的，也沒有一樣不是你此刻已經擁有的。這不是很美好嗎？

亙古以來的智慧從未改變。因為佛陀活在探究當中，沒有什麼可以沾黏上他，也沒有可以令他執著的念頭。他永遠在自我檢測、了悟自我。人們說有一些西藏的喇嘛，記得他們以前轉世的經驗，但是這樣的故事如何有助於結束人類的痛苦呢？它不就僅僅是另一個身分的認同嗎？事實上，是一連串的身分認同？即便是知道也許在前世，我曾是埃及豔后，或瑪麗安東尼皇后，或是加爾各答貧民窟的一名乞丐，知道這些對我有何幫助呢？它只不過是餵養小我的食物。你可以回溯昨天的故事，也可以回到在未出生前你是誰的故事，不管你從哪一個點上開始去探究，它就是一個故事而已，而且沒有什麼故事比另一個故事來的更深刻。假設你確實有靈通，你預見在一個你從未去過的國家，某棵樹旁埋有一個盒子，而且他們真的發現了這棵樹，挖掘之後，你瞧，果真有一個盒子！現在你聲名大噪，能夠在電視節目《今夜秀》上告訴我們所有發生的事，但那能證明什麼呢？在一切結束之後，當你發現車窗上有張違規停車的罰單，你是否仍然感到懊惱呢？

讓我們就在此時此地，探索一下心智是怎麼運作的。你看到的世界只是你如何看待世界的一個投射。如果你的世界是醜惡，或是不公平的，那是因為你還沒質疑那些會讓世界看起來如此的想法。當你的心智越來越清晰和仁慈，你的整個世界也會變得更清晰和仁慈。而且當你的心智變得美麗，你的整個世界也會變得更美麗。它並不是來自你有意識地去創造一個美麗的世界，你所看到的每一個事物不得不是美麗的，因為那是你在鏡子裡看到自己。你已經學會去質疑你對事物的評判，而且不再執著於美麗和醜陋這樣的區別，因為你不再把一個事物和另外一個事物做比較，你的心智已經停止對自己玩這樣的把戲。

直到你能夠質疑每一件你自認為知道的事物之前，你永遠無法認識你的真正面貌。沒有比你的真正面貌更美麗的了，它就是美麗的本身，超越所有可能的描述。有時我走過一面鏡子，湊巧看到鏡中「我的」臉，然後念頭升起：「哇，那個女人好美！」然後我突然明白，那就是我——人們稱呼為「我」的那個人——我笑了出來，但是每個人都是如此的。我從未遇見一個對我而言不美的人。無論他們的臉或身體是否符合人們認為有魅力。史蒂夫有時會向我指出，他眼中什麼是特別美麗的女人，或特別帥氣的男人，我沒有任何的參考座標。有時候我會在路邊和無家可歸的人坐在一起，她或許是一位身材臃腫而且衣著骯髒，甚至還在喃喃自語的女人。對我來說，她跟小孩童一樣的美麗，如果她願意，我會撫摸她的頭並抱著她。

我的經驗是：一切都是好的，一切事物都有它自身獨特的美。我如何明白一切都是美麗的？假使我認定眼中的事物不夠美麗，我的內在便感覺不對勁。真相讓我們自由，而當我質疑某個事物不夠美麗這樣的念頭時，整個世界看起來就如同晴空一樣的美麗。我逐漸了解，沒有什麼是不能接受的。對我們當中的某些人來說，在剛開始很難領受這一點，因為真正去理解它，我們必得失去我們整個世界。我們害怕失去這個充滿對立面的世界，因為我們一向依賴它來維持我們視為珍貴的身分認同，那個自認有足夠理由受苦的人。我們當中的有些人寧可選擇自己是對的，而不願意自由。

佛陀說，任何一個想要從痛苦中解脫的人應該培養一個純淨、清醒的心智，不取決於視覺、音聲、觸覺、味覺、嗅覺或任何升起的念頭。這是完全正確的，從我的經驗來說，沒有比這樣的表達來的更清楚了。任何你看到、聽到、觸摸到、品嘗到、聞到、感覺到或想到的，都不是真相，都不是它。

心智存在於它所感知的一切之前，它純淨、清醒，對一切完全的開放：對表象上的醜陋與表象上的美麗一視同仁；對拒絕和接受同等歡迎；對災難與成功平等對待。它知道它永遠安然無恙，它體驗生命有如不間斷的流動，它不停駐在任何地方，因為它不需要；另外，它明白在任何地方停駐都是一個限制。它覺察它所想的每一個念頭，但它並不相信任何一個。它領悟到從來就不存在一個可以屹立不倒的堅實地基，從這個了悟流露出來的就是自由。「無立足之地」即是它立足之地，也是它喜悅所在之處。當探究功課於你內在活出，你所想的每一個念頭都會以問號做結尾，而不是句點。那就是痛苦的終結。

我們如何培養一個「不住於任何地方的心」（無所住的心）？

心必須先存在才能安住。了解到心智不存在，即是明瞭它無處可以安住。對我而言，待在提問中就足夠了。

你的心住於任何地方嗎？

如果它可以的話，它就會。

為什麼人們會認為開悟意味著獲得什麼？

我不知道，其實那意味著失去一切。

培養一個純淨、清醒的心智，不取決於視覺、音聲、觸覺、味道、氣味或升起的念頭。這是什麼意思？

視覺、聲音等等都來自於心。心智創造出它們，但那不會讓它們因此成為真實的。如果你能了解它們都是夢出來的，就會理解連作夢的人也是夢出來的。

☆ 當探究功課於你內在活出，你所想的每一個念頭都會以問號做結尾，而不是句點。那就是痛苦的終結。

11 批評的禮物

佛說：「須菩提，如果恆河的每一粒沙都自成一條恆河，那麼這全部恆河沙的數目豈不是無法估量？」

須菩提說：「是的，世尊。如果恆河本身的數目就數不盡，更何況那恆河沙！」

「現在，告訴我，如果一個善心男子或女子以像上述全部恆河沙那麼多的金銀財寶填滿所有的世界，然後將它們全數捐贈、支持慈善事業，此人得到的福德豈不是很多嗎？」

「那將是無法計量的多，世尊。」

佛說：「我向你保證，須菩提，如果有一個心胸開放的人聽聞這部經典，能真正領悟它的教導，並體現它、在生活中實踐它，那麼這個人得到的福德會遠遠超過更多。」

當你了解並沒有自我或是他人這樣的東西存在，也會同時了解批評的價值，既然每個人都是你自己，那麼批評永遠來自你內在，那是你在對自己說話。如果自我覺醒是你感興趣的事，那麼批評是你所能得到最棒的禮物。它顯現給你自己尚未能夠看見的東西。別人會對我說些什麼是我還無法承認的事呢？如果有人說：「你不仁慈。」我會靜下來，進入內在，大約三秒鐘後我就能找到它，若不是在當前情況裡，就是在過去的某個時間點。如果有人說：「你是個騙子。」我會想：「那還用說。」因為我能輕易地加入他們的立場，或者我可能會說：「你覺得我在哪裡說謊了？我真的想知道。」這是和自我覺醒有關，和對或錯無關。無論有人可能認為我是什麼，我都能進入內在找出來。我的任務是保持聯結。唯一能造成我痛苦的是我的防衛態度或否認。「不，你這不可能是在說我，我不是『那樣』的！」事實上，是的，我是，我也是那樣。我是你可以想到的任何的樣子，請繼續針對我，告訴我，那些我尚未意識到的部分。

當我們的心智開始把探究功課當成一個練習，它（心智）作為自己的學生，學習到所有的事都是**為它而發生**。每一件事都會增益它，讓它覺悟，滋養它，展現它。無論過去或現在，從來沒有一件事是反對它的。這是一個能夠成長、超越所有對立的心智，它不再分裂，它持續擴張，因為它活在一個毫無恐懼、毫不防禦的狀態，而且它渴望知識。它明白它是一切，所以它學習不摒除任何事物，它歡迎所有的一切。沒有什麼比開放的心靈來得更溫和了。因為我不對抗，所以不可能有人對抗我。人們唯一能對抗的是自己的想法。當沒有任何的對抗，混亂的心智終於可以聽見它自己。它注意到，唯一的對抗來自它自己。

任何人說及有關我的事，在某種程度上沒有一件不是真的。雖然我以這個身體出現，完美的身高、完美的體重、完美的年齡，但是有些人可能有完全不同的意見。許多年前，有一位製作人提議做一檔電視節目，叫做《拜倫凱蒂秀》，我將每週在這節目裡與不同的人做功課。我很開心，雖然我知道，這意味著我必須花很多時間待在洛杉磯的攝影棚，但我想這是把探究功課介紹給世界一個很好的方式。所以他拍攝了幾個影片樣本，拿給電視台的董事長看。一週後他一臉失落地回來找我。他的老闆說，就電視節目來說，我看起來太老，也太胖了。我聽了很開心，我想：「他可能是對的。這人是個專家，幸好有他！」

即使有人把我看做是一名謀殺者，我也可以看到那如何可能是真的。我記得在我的生命裡，曾經因如此的困惑，而希望某人趕快死掉。我殺過老鼠，當螞蟻入侵我房子時，我一下就抹去數百隻螞蟻。我可以列舉更多。如果他們認定我殺人而把我關起來，我雖然沒有，也可以去坐牢，甚至死亡。我心裡明白，自己終於被抓了，抓錯身體，但罪行成立。這並不代表我不會在我可以承擔的範圍之內，聘用最好的辯護律師，但是假設我還是被定罪了，我也能很平靜地對待。當我在牢裡，為了沒犯的罪行而服刑時，我可以趁機看看在哪些地方，我仍然與現實抗辯，如果在什麼地方還有的話。如果我的心中還存有感恩以外的任何感受，我會有機會去質疑那些讓我不舒服的念頭。各種所能發生最糟糕的事情，最後總是成為所能發生中最好的事情。

領悟「沒有自我，也沒有他人」和快樂之間有何關聯？為什麼體悟到這一點，是喜悅的？

理解到所有一切不是的，確實不是，是一種喜悅。看見一切皆不真實，毫無例外，亦是一種喜悅。這讓你的心覺醒於它的真實自性，以己為家，安住自家。奇異的恩典！

關於快樂，你能多說一些嗎？

我用這個字眼來代表一種平靜與清明的自然狀態，它是一種免於悲傷、憤怒、恐懼，以及任何有壓力情緒的狀態。它也是我們以理解面對自己心念所留下的東西，而那正是探究功課給予我們的。

我們唯一能夠快樂的地方就是在此時、此地——不是明天，不是十分鐘之後。快樂是無法「取得」的。我們無法從金錢、性、名聲、認可，或任何外在事物中得到它，我們只能在自己內在找到快樂：它是不變的、如如不動、永遠存在，永遠等候。我們若追求它，它會跑開。如果我們停止追求，轉而質疑我們的心念，所有壓力的來源就會消失。一旦我們的心智清楚明白，我們即是快樂的本身。當心智完全清晰，眼前的現況就是我們所要的，無論生命為我們帶來什麼，我們都能感到快樂。那就足夠了，甚至綽綽有餘。

根本關鍵在此：受苦不是必要的。如果你寧願受苦，就繼續相信你那些有壓力的念頭。但是，如果你寧願要快樂，就質疑它們。

我們要如何能夠不將批評視為針對自己，尤其當批評來自我們最親近的人？

只要仔細想想當你相信他們對你的看法，以及你因此而產生對他們的種種想法，從中製造的痛苦。那是巨大的，而且沒有盡頭。至於如何做到，很簡單。當你的母親、父親、先生、太太或表象上的敵人在批評你的時候，請質疑你當時腦海中的想法。受傷或任何不舒服的感覺不可能是由另一個人引起的。沒有任何在你之外的人能傷害你，那是不可能的。唯有當你相信關於他們的故事時，你才能被傷害，所以，你才是那個傷害自己的人。這是個絕佳的消息，因為這表示你不需要讓別人來停止傷害你，或去做任何改變。你就是那個可以停止傷害自己的人，你是唯一的那位。

☆

> 如果自我覺醒是你感興趣的事，那麼批評是你所能得到最棒的禮物。

12 教貓兒學狗叫

佛說：「此外，須菩提，如果有一個心胸開放的人，聽聞這部經典後能真正領悟它的教導，並能體現它、在生活中實踐出來，那麼此人將能成佛，值得全宇宙所有生命存在致上最深的敬意。甚至只是瞥見一個智慧洞見，都值得尊敬。更何況一個完全因智慧洞見而轉化、活在全然清明覺知當中的生命，那可值得更多的尊敬呢！任何有這部經典被體現、被活出來的地方，佛也在場。」

探究功課只處理現實，世界上每一樣事物都只是在自己的崗位上盡本分。天花板坐落在牆壁上，牆壁坐落在地板上，窗簾垂掛在窗戶前，全部都各盡其責。但是當你給自己說了一個現實看起來「應該」如何的故事，最終的結果就是你在和天花板或牆壁爭辯，而那是毫無希望的。如同教一隻貓學狗叫，貓永遠不會跟你合作。你可以告訴它不不不，你不了解，你應該要像狗那樣叫，如果你能像狗一樣叫，對你而言會好很多。另外，我真的需要你像狗那樣叫，事實上我將盡我餘生之力來教你如何學狗叫。」然後多年之後，就在你所有的犧牲與奉獻之後，這隻貓會抬頭看著你，叫了聲「喵！」

試圖改變別人只會讓自己的心處在一個毫無希望的狀態，因為你根本不可能做到。這正是我熱愛現實的地方：它就是它此刻的現況。它不會遷就你，無論你如何試著用意志力屈服它、強迫它，玩把戲或利用正面思考意圖改變它。就像我經常說的，如果你和現實爭辯，你會輸，但只是百分之百的時間。人們改變或不改變，那不是你的事；你的事是去了解自己的心智。當你了解你的心智，他們改變時，你感恩；當他們不改變，你一樣感恩。你可以盡情地與現實爭辯，或者你可以早早停止爭辯，因而得以理解它，而獲得自由。你會為自己逐漸認識到什麼是真實的，而那就是你自由的所在；它和你生命中的任何人無關。人們會繼續戳你的痛處，直到你終能了解。這不是一件很美好的事嗎？只要你願意去質疑你的念頭，它就是為全然醒悟所做的安排，我稱它為「將軍」。

佛說即使瞥見一眼真相就值得我們最深的敬意。最基本的了悟是，別人不可能是你的問題，問題存在於你對他們的「想法」，這樣的覺悟是很巨大的。單單這樣的一個洞見就會從上到下，憾動你整個世界。然後當你質疑你對你父母、兄弟姐妹、先生、太太、老闆、同事、孩子的特定想法，你會看著你的身分認同逐漸瓦解。失去你一向認同的「你」不是一件可怕的事。它是令人興奮的，它是迷人的。在所有的表相之後，你真正是誰？

佛陀提到一個經由清楚的洞見而完全轉化的生命，並能夠活在一種完全的清明覺知當中。這可能聽起來有點誇張或理想化，但它即是簡單的真相。活出一個完全有清明覺知的生活是可能的，完全沒有任何問題。唯一需要的就只是去質疑腦海中升起的有壓力念頭的意願：我想要，我需要，他應該，她不應該——這些未檢視過，與現實爭辯，造成所有痛苦的念頭。一旦心的本質被理解，痛苦便無法存在。像傷心、生氣、怨恨等等，這些情緒都是相信我們帶有壓力的念頭所帶來的結果。當我們學會如何去質疑這些念頭，它們即失去力量。最終，如果一個有壓力的念頭升起，質疑的提問也會同時升起，這個念頭在它能產生任何影響之前，就自行瓦解了。留給我們的只有平安、寧靜，以及許多無聲的笑聲。

一個經過質疑的心智是不可能感到悲傷的。悲傷是受苦的一種形式，而受苦只能來自一個困惑的心智，心智的困惑投射出一個不仁慈的世界，並信以為真，然而正是這個未經質疑的故事造成悲傷。經過質疑的心智會愛上現實的如實樣貌，它愛它所想的一切，因此自然愛它所見的一切。它不可能投射出一個困惑的世界。由於它所經驗的只有現實的如實樣貌，悲傷就不再可能。

當你執著於任何身分認同，你就會受苦。只有一個不認同於任何事物的心智才是自由的。倘若佛陀認為自己是佛，那他便不是佛。使他成佛的正是他沒有佛與非佛的概念，對他來說沒有任何分別。所有生命存在都已然覺悟，雖然他們也許尚未覺知到這點。如佛的心智完全沒有任何身分認同，它是愛的擴張，覺醒於自身的心智，質疑它自己，以自己純然的智慧回應自身，與自己共舞，悠遊在它不受限制的持續流動中，沒有任何存在過的痕跡，也沒有任何顯示它曾經悠遊的證據。它自由地流動，毫不費力，沒有間斷，沒有對立，也沒有任何一個身分認同能足夠吸引它來打斷它的流動。即使這個流動被暫時打斷，覺知會立刻意識到這不經意的認同，進而消散它，並繼續它不間斷且喜悅的創造，僅留下一個輕聲細語的謝謝。

整個世界全是心智的反映，心智最終必須回到它自己，因為從它流出的每一樣事物，都不比原始的起因來得飽滿。如同川流回歸大海，心智會回歸它不具任何概念的源頭。不論心智有多麼聰明，也不論執著於身分認同的小我是多麼強大，當它明白它一無所知，它會全然謙卑地回到最初，與作為最初始的緣由，先於所有存在的自身相遇。

你無法控制或指使任何人，或讓他們保持沉默。你只能傾聽，置身於他們的所在，不僅僅是易位而處，還要居於你所能找到最低的位置。而且當你親自領悟什麼是真實的，一切看似在你之上的自然往下流向你，一如江流入海，因為你已成為真相，成為謙卑與智慧的典範。佛陀，亦即已然了悟的自我，洞見無我與無他的自我，是徹底洞悉空性、無我、心念本空的能者，他純粹是一位善於理解的大師。當心智了解自己，它不再把自己當成是敵人，不再和自己抗爭。它在最謙卑的位置找到自己的平靜，一切創意由此誕生。

「諸如悲傷、憤怒、怨恨等情緒，都是相信我們那些帶有壓力的念頭所帶來的結果。」你的意思是感到悲傷或憤怒是錯的嗎？這些不都是極其自然的人類情緒嗎？

不是的，我並不是說悲傷或憤怒是錯的。是的，這些情緒對一個未經質疑的心來說是自然的，但是這些情緒，和其他所有形式的受苦，永遠都是出於相信不真實想法的結果。它們與你的本性相違背。念頭是因，情緒是果。在功課的第三個提問中：「當你相信那個想法時，你如何反應？發生了什麼？」——我鼓勵人們巨細靡遺地去找出，並體驗相信念頭帶來的影響。認清這些影響是了解自己狀態重要的方法，它會讓你辨認出，自己在什麼時刻，以何種具體的樣子，離開了自己的清明覺知。

你確定情緒是念頭造成的後果嗎？我讀過，新生兒和動物都有諸如悲傷和憤怒的情緒。

我們無法知道嬰兒和動物是否確實有我們稱之為想法的東西。嬰兒和動物只是做他們做的事，然後我們針對他們的動作和發出的聲音，加諸自己解讀的故事。我們寫下自己的觀察，然後帶著與創造我們自身故事同一個已認同的頭腦，去衡量他們。

我的寶寶在哭時，如果我相信她是悲傷或憤怒，那純粹是我把自己相信受苦的概念投射在她身上，如果沒有這些信念，我會是誰呢？我只是抱著她，幫她換尿布或餵她吃東西，基於我們稱之為愛的出發點，做我知道一切要做的事。感恩我因為相信而讓她進入我的生命，也感恩我願意相信而讓自己成為母親，成為愛的本身，神采奕奕而沒有悲傷、憤怒或擔憂。

你說擁有一個經過質疑的心智的人，不可能會感到憤怒或悲傷。那麼你會感受到憤怒或悲傷嗎？

不會，很久沒有了。但是，當我母親因胰臟癌過世的時候，我有一個有趣的體驗。她二〇〇三年聖誕節時在加州大熊湖的公寓裡過世，當時我已經和她同住了一個月。通常，我一天裡會有二十三個小時和她在一起（史蒂夫一天至少會來一次，通常是早上，帶我出去散散步、喝杯咖啡）。我照顧她，為她沐浴更衣，協助安寧照顧的護士，給她服用止痛藥，和她睡同一張床，全心全意愛她，從來沒有一個片刻感覺悲傷。她服用相當劑量的藥物，但是她沒睡覺的時候，我們會聊天，我也會幫她修剪指甲或沖澡，我們在一起的時光非常輕鬆愉悅而親密。每當我的姐妹或她其中一個子女走進房間，整個經驗就驟然改觀。他們看待她是個病痛的受害者，一下之間整個房間流竄著憐憫的氣息：「可憐的媽媽。」「可憐的外婆。」而我的母親會順理成章地應合他們的想像，瞬間也在心理上成為一名受害者，開始啜泣起來，整個房間頓時成了病房。不過他們一離開，她又瞬間回到我的世界，開始微笑。

她是在一個下雪天過世的，當她停止呼吸，有人聯絡了殯儀館。我為她沐浴，在她耳朵戴上她最喜愛的耳環，梳理她的頭髮。我內心沒有與現實爭戰，只有愛、感恩與連結。感覺十分美好。

接著，殯儀館人員來到，將遺體放上推床，蓋上一條染著鮮豔寶藍色、毛茸茸的假雪尼爾毯子。那時背景隱約傳來她孫子開著收音機的歌聲，正當她被推出房間時，我聽見貓王唱著：「我會過一個沒有你的藍色聖誕節。」我的母親並不悲傷，她只是藍色的。她是威利·尼爾森的歌迷，並不特別喜歡貓王，但她會喜歡以這樣的方式離開。生命，當你能了解它——是多麼特別的一趟旅程！多麼令人驚歎的一趟旅行！無論有什麼看似令人撕心裂肺的事發生，如果你的心態是正確的，就能理解其中的幽默。

接著，我們全都齊聚在她的客廳，大家一邊回憶過往點點滴滴，一邊啜泣，眼淚無處不在。而我所感受到的就只有愛與連結，我的心滿到快要炸開。一時我兒子羅斯走到我的椅子旁，然後我發現自己起身投向他的臂膀。我站在那裡，一聲哀嚎從我內在生起。我閃過一個念頭，覺得這可能會驚擾到孩子們，但我並不想壓下它。於是，哀嚎從我身上傾洩而出，而且音量很大。它感覺不像悲傷，它比悲傷來的原始，而且非常「不是我」。感覺有如——我可以站在那裡，在它哀嚎的同時一邊修指甲。它持續大概三十秒左右，但假如它想永遠繼續下去，我也會讓它持續。我熱愛現實，無論它展現何種樣貌。在當時我沒有想要以任何不實的言行來說服自己擺脫那個聲音，每一種升起的情緒都有生存的權利。

☆

一旦心的本質被理解，痛苦便無法存在。

＊功課案例：母親攻擊我

亞瑟：（直接讀他的作業單）「我對母親感到憤怒，因為她攻擊我，批評我，認為我不夠好。」

凱蒂：好，這裡有三個我們可以質疑的想法。第一：「她攻擊我。」第二：「她批評我。」第三：「她認為我不夠好。」這是三個個別的探究功課，或者我們也可以透過一次功課全部同時探究。填寫「批評鄰人作業單」的第一道題時，我邀請你看看是否可以找出哪個念頭引起你最強烈的情緒，然後從那一句開始。你目前所寫的也是可行的，你可以一次同時用三個念頭，透過功課的探究過程來質疑。不過，我的好奇心不滿足於此，我必須知道每一個想法對我的人生到底產生什麼影響。我不想只是等待自由。我會針對每一個想法回答四個提問，然後反轉。做完一個以後，再針對另外兩個想法做全新的探究功課。我會在這裡給你提示，同時要知道，你不可能做錯。我只是從我自身經驗、許許多多的經驗來帶領你，如何直接切入重點，讓你達成來此的目的，而且盡可能採用最有力的方式。好，請再念一遍。

亞瑟：「我對母親感到憤怒，因為她攻擊我，批評我，認為我不夠好。」

凱蒂：我不會要你質疑你剛才說的「我對母親感到憤怒」那部分，我要你質疑的是什麼令你憤怒。所以，再將那三個句子念一遍。

亞瑟：她攻擊我，批評我，認為我不夠好。

凱蒂：好的。所以「她攻擊你」，這是第一個。我們從這裡開始。「在那個場景裡，你母親攻擊你」——這是真的嗎？（面向觀眾）你們有多少人在自己腦海裡看見這個男人被他的母親攻擊？（許多人舉手）（面向亞瑟）我們甚至從未遇見過你母親。

亞瑟：你們很幸運。（聽眾笑）

凱蒂：所以，「你母親攻擊你」，這是真的嗎？現在，你要怎麼回答這個問題？用猜的？還是你要靜心冥想當時那一刻，讓「它」顯示答案給你呢？功課是靜心冥想的過程，讓自己完全沉靜下來，仔細觀看當時的情況，以及你和你母親的影象。畫面可能會非常模糊，但是請安坐在那畫面裡，直到你看見她真的做了什麼或沒做什麼。（面向觀眾）身為協導者，我不知道他講的是肢體攻擊，還是言語攻擊，或她只是給他「臉色」看。所以，我就只是守護著這個空間，盡我所能透過他去觀照。（面向亞瑟）現在，前面兩個提問的答案只有簡單的：是或不是。去留意你的腦子會怎麼說：「嗯，不完全是，但是，嗯，是的，她真的這麼做。」這不是回答這個提問的方式。你需要內心全然安靜下來，直到一個清楚的「是」或「不是」的答案浮現。「你母親攻擊你」——這是真的嗎？

亞瑟：不是。

凱蒂：（面向觀眾）現在，因為他回答不是，我們就跳過第二個提問，直接進行第三個提問。我會持續提醒他正在探究的那個句子：「你母親攻擊你」——當你相信這個念頭的時候，你是怎麼反應的，發生了些什麼？我這麼做的一個原因是，這樣我就能記得我們正在處理的想法。同時我不需要知道自己在做什麼，不需要去記得那個句子：我可以把它寫下來就好。（面向亞瑟）現在，進入那個你相信她在攻擊你的場景。在此刻的靜默中，觀照你當時的反應。你是否向她反擊？你是否板著臉？你是否對她冷處理？留意你的情緒。只要觀照，然後描述。當你觀照時，描述你在那個情境下是如何反應的。我們在人生裡一直認為很明瞭自己的母親，我們知道她做了些什麼，但是我們沒有完全明白自己。我們一直忙著批評別人，致使我們對別人的評判掩藏了對自己的覺知。所以，靜下心來，觀照當你相信那個「她攻擊我」的念頭時，你在那個場景裡是如何反應。

亞瑟：我出口反擊，我對她大吼大叫。我覺得陷入困境，我感到憤怒，覺得自己什麼都無法做。我是軟弱無力的。

凱蒂：（停頓之後，面向觀眾）現在，我們進入第四個提問，因為我覺得他已經清空，可以往前進行了。在回答第三個提問時，他已經說了他需要表達的一切。我給了他足夠的空間。（面向亞瑟）所以，在那個情況下，沒有「我母親攻擊我」那個念頭時，你會是怎樣呢？

亞瑟：嗯……我會……我會心平氣和。我會……

凱蒂：只要觀照那個場景，而沒有「她攻擊你」的故事。放下你的評判，只要觀照你和她，沒有任何加諸於她的這些想法。沒有「她攻擊你」這個念頭，你會是誰或是什麼？

亞瑟：我只是一個站在廚房講電話的人。
凱蒂：那麼，進入那個畫面。「我……」
亞瑟：我站在廚房聽我母親講話，對她所說的保持開放，在那裡與她同在，也為著我自己，我想是這樣吧。
凱蒂：好。我要你比「我想是這樣吧」更貼近一些。
亞瑟：嗯。
凱蒂：更貼近、更精準一點。有時候「我想是這樣吧」已經是你盡可能可以接近的描述了，這也無妨。但我們在這裡是為了貨真價實的真相。沒有人能給你那個東西，它已經在你之內。你可以看得見，它已經在那裡。現在，你放下你的故事夠久了，可以去觀看一些其他東西。到底她對你說了什麼？仔細聽。
亞瑟：她……她對我說……她問我是不是歡迎她前來探望我。她問過這個問題很多次，我總是說好。
凱蒂：換句話說，她說：「我可以來看你嗎？」然後你自己加了故事在上面。
亞瑟：對。
凱蒂：所以，沒有「她攻擊我」這個念頭，你會是誰？只是回答她的問題，你會是怎樣呢？
亞瑟：嗯，對。我回答了，你知道，我說可以，然後我就崩潰了。但是我原本只要回答「可以」

就好。

凱蒂：或是「不可以」。

亞瑟：或是不可以？（表情驚訝）哇！我原來可以說不的！事實上那是更誠實的回答。「我寧願你不要來。」（聽眾笑了）哇！我從來沒想過我原來可以這麼做。好，我也可以回答不可以。好。耶！（笑聲）「事實上，媽，不行。」喔！哇！好啊。哇！

凱蒂：我們在靜心冥想過去的特定時刻，允許那個時刻來啟發你。所以，「你母親攻擊你」——反轉過來。

亞瑟：我攻擊我母親。

凱蒂：舉個例子，在那個場景下，在電話上，你在什麼地方攻擊你的母親。

亞瑟：嗯，好，事實上，一如字面的意思，我真真實實地攻擊她。我對她大吼大叫。我告訴她，她令人無法忍受。我告訴她……

凱蒂：慢慢來。閉上眼睛。告訴我，你的內在顯現給你的。

亞瑟：事實上，我對她說了很多極其傷人的話。我說，無論我如何努力，對她來說我永遠不夠好。她令人難以忍受，我對她大聲吼叫。

凱蒂：（面向觀眾）所以，現在他正在用內在的眼睛觀照當時的情況，看見實際上他當時是如何攻擊母親。他正在問自己，這個反轉如何可能也是真實的、對他而言意味著有什麼。沒有必要將「反轉」變得困難。換句話說，不要聲稱一些你其實不是真的記得的事、你其實沒看見的事。在安靜中，允許你的內在呈現給你看，去體驗隨之而來的情緒。（面向亞瑟）你能找到「我母親攻擊我」的另一個反轉嗎？另一個相反的可能性是什麼？

亞瑟：我攻擊我。

凱蒂：好。在那個情況下，回顧當時，你攻擊了自己什麼地方？

亞瑟：我攻擊了……（哭泣）我攻擊自己是因為……我……我是……我之所以，嗯，對我媽有那樣的反應是因為她……我可以質疑這一點，但我看出她不曾，現在也沒有接受我是同性戀。我當時沒有支持我自己，沒有了解到做我自己是沒有問題的。如果我媽有不一樣的信念，那不是我的問題，而是她的問題。但是我卻覺得她相信的是真的，所以我確實攻擊了我自己，因為我認為自己不夠好。

凱蒂：是的，你自己的恐懼，你自己的同性戀恐懼症。

亞瑟：是的

凱蒂：因為你自己害怕同性戀，便將它投射到你母親身上，而她只不過是問：「我可以去看你嗎？」在我聽來，她對同性戀沒有什麼害怕的呀！（笑聲）

亞瑟：沒有，在那個情況下是沒有，但她確實有。

凱蒂：誰知道呢？做完這張作業單後，你可以打電話給她，說：「媽，你知道嗎？我們在上次通話時（拼出那個字給她），你知道我是同性戀嗎？」

亞瑟：嗯。

凱蒂：我們深信自己對他人的想法，然後還會為了自己相信關於他們的想法，懲罰並攻擊他們。我們對自己的看法是如此深信不疑，以致於別人在我們面前一點機會都沒有。我們當中有些人一直到死都還緊抓著那些念頭不放。所以，這就像一場出櫃派對。好。「我攻擊我母親」，我看見另一個例子，你想聽聽看嗎？

亞瑟：好，請說。

凱蒂：在那個情況裡，你對母親說了謊。

亞瑟：沒錯，是的，我確實如此。

凱蒂：當你誠實的答案是不行，你卻回答可以，那就是你攻擊自己的地方。

亞瑟：是啊，我並沒有誠實面對什麼才是讓自己感到自在的事。

凱蒂：所以，你看到其中的模式了嗎？

亞瑟：我從沒想過自己也可以說「不」，或許那會比較有愛些。

凱蒂：我會去掉那個「或許」。你攻擊了她！

亞瑟：是啊，我確實是。是啊，是啊。真的，我攻擊了她。

凱蒂：你一邊試圖不去傷害她，同時又在另一邊攻擊她。

亞瑟：是的。

凱蒂：好，親愛的，你看見另一個反轉了嗎？我們已經做過「我攻擊我母親」，以及「我攻擊我自己」、「母親攻擊我」，另一反轉是什麼？

亞瑟：我母親沒有攻擊我，她……她其實……我想，她其實是感受到我的拒絕。我明白她不是在攻擊我，只是在問我一個問題，並且努力接近我。在她感覺不到和我連結的地方，她其實試圖和我建立一份連結。

凱蒂：「母親沒有攻擊我」，你能找到另一種反轉方式嗎？「攻擊」的相反是什麼？

亞瑟：母親主動接近我。是啊，是啊，那是她主動接近的方式。

凱蒂：那麼，更具體來說，你母親如何主動接近你呢？她打電話給你，問能不能過去和你待在一起。

亞瑟：來看我，是啊。「歡迎我們嗎？」是啊。我原本可以說不的，但是她其實是試著接近我。

凱蒂：「母親主動接近我」，你能在那通電話裡找到其他例子嗎？

亞瑟：你是說她接近我的例子？

凱蒂：嗯嗯。

亞瑟：可以。她……她其實希望我能更常回家。

凱蒂：我找到一個，你想聽嗎？

亞瑟：當然，確實想。

凱蒂：你在攻擊她的時候，她沒有掛你電話。

亞瑟：沒有。

凱蒂：她繼續和你保持聯繫。

亞瑟：她確實繼續聽我說話，是這樣的。

凱蒂：好，那麼作業單第二道題「我要……」。在當時的場景，你和母親在電話上……請念出你寫的句子。

亞瑟：「我要母親停止攻擊我。我要她接受我、愛我，認為我夠好地全然接納我。」

凱蒂：所以，「你要母親停止攻擊你」——這是真的嗎？現在，看一下我們目前擁有的全部信息，因為我們已經質疑了作業單第一道題的第一個句子。你找到她攻擊你哪一點了嗎？

亞瑟：沒有。

凱蒂：那麼，你明白了剛才的探究如何改變你的答案嗎？

亞瑟：我已經十二年沒和我母親說話了，那通電話是我和她最後一次的完整對話。那是我長久以來一直相信的故事。

凱蒂：它讓你付出失去母親的代價。

亞瑟：是啊。

凱蒂：因為你一直相信這些念頭，你因此變成沒有母親的狀態。
亞瑟：是的，嗯，是啊。
凱蒂：你有十二年沒和她說話。
亞瑟：嗯，我的認知是「她」不想和「我」說話。但是，都無關緊要了。
凱蒂：好，我們來檢視一下，「你要你的母親停止攻擊你」——這是真的嗎？請敞開你的心。你在做探究功課時，需要一顆非常開放的心。如果她從來沒有攻擊過你，她要怎麼停止攻擊你？所以，這是你想要的嗎？
亞瑟：不是。
凱蒂：在電話上，當你相信「我要母親停止攻擊我」這個想法時，你是怎麼反應的？
亞瑟：我變得異常憤怒，充滿戒心，而且言詞無禮。
凱蒂：你看到自己在電話上的樣子了嗎？閉上眼睛，從你的內在去看。
亞瑟：是啊，很不好。
凱蒂：當你要一個人給你她不能給的，或是停止做一些她沒在做的事，你就是如此的反應。我們來看看沒有那個念頭時，你會是誰。在那個情況下，沒有「我要她停止攻擊我」這樣的念頭，你會是誰？
亞瑟：我會神智清醒。我會聽她說話，我會平心靜氣。我會……我會聽清楚她的問題，也會很清晰我的答案是什麼。最瘋狂、最瘋狂的事就是，過去十多年來，我的腦袋竟然一直重播同樣的情景，卻從來沒有想過，當她問「歡迎我們嗎」？我可以說「不」。我甚至可以說：「我是同性戀，我不想讓你感到不自在。」我從來沒想到可以這樣。

凱蒂：「你要你母親停止攻擊你」——反轉過來。

亞瑟：我要我停止攻擊我自己。是啊，真的是這樣。

凱蒂：你能找到另一個反轉嗎？

亞瑟：我要我停止攻擊母親。我要停止，同時在我心中，以及在我生命中。

凱蒂：同時在她那裡，你還沒找到任何一個攻擊的行為。

亞瑟：是啊，那是真的。她只是在問一個問題。

凱蒂：除非你能在那通電話的交談中，找到一個她攻擊你的地方。

亞瑟：我找不到，沒有一個她不是在主動和我連接的地方。

凱蒂：現在，你看見另一個反轉了嗎？「我要母親停止攻擊我。」反轉成：「我要母親持續攻擊我。」

亞瑟：嗯。

凱蒂：只是要看看什麼是有效的反轉，什麼不是。此外，從純粹小我的觀點來看，「我要母親持續攻擊我」，否則你還有其他理由能讓自己變成對的嗎？她是頭怪獸，而你完全無辜，所以你的攻擊有理。

亞瑟：哇喔！

凱蒂：當她不曾攻擊，而你持續相信她攻擊你，一直是你生命中一件重要的事。

亞瑟：只是……在過去很長的一段時間裡，我一直有這個信念。我的意思是，之後發生了一些其他事情，有的，沒的，但是我給自己製造出一個強烈的身分認同，認為自己是一個身為同性戀而被父母親斷絕關係的人。母親的怪獸形象對我來說太重要了。我了解到，如果沒有這樣的認定，我會認為身為同性戀是有問題的，但這兩件事根本毫無關聯。她不必是隻怪獸，才能讓我覺得自己沒問題。哇！（哭泣）我以前不明白。我以為只要我一直認為她是錯的，我就沒事。但我沒事與她的感受沒有任何關係。長久以來我心中對她充滿憤怒。之前我不明白，我其實可以，好比對她說「不，我很好」。她的感受並不會改變我對自己或我的生活的感受。我以前甚至認為自己不再愛她，而現在，我只是……我只感受到對她滿滿的愛，因為她有這樣的感覺一定很傷心。我以前不明白自己根本就是好好的。我一直有個信念，認為如果她不是這個樣子，我就好好的沒問題，但那不是真的。

凱蒂：你明白她在那通電話裡並沒有以任何方式攻擊你。她只是嘗試主動接近你，想見見她兒子，邀請他更常回家，其餘都是你自己的想法。

亞瑟：是啊。就是……如果我過去能正確對待自己，她可以跟我說任何事情，無論是什麼都沒有關係，是我自己相信我這個樣子是錯的。

凱蒂：然後你投射到她身上。

亞瑟：是啊。

凱蒂：而且你仍然不知道。

亞瑟：在此刻，不，我不知道。我無從得知。

凱蒂：無從得知她是否知道你是同性戀或……

亞瑟：嗯，我曉得她知道了。

凱蒂：嗯，你無從得知她是否接受這件事。

亞瑟：現在不知道，對。

凱蒂：到目前為止，我沒有聽到任何事，她並沒有攻擊你。

亞瑟：嗯，我的意思是，後來她寫了一大堆電子郵件給我，都是關於同性戀是可以治療的疾病這種東西。但是……

凱蒂：嗯，那是她的世界。她以為自己的兒子病了，就只是想要治癒他。

亞瑟：是啊。

凱蒂：那麼，用她對你說這些話的方式，向我說說吧。

亞瑟：是指她電子郵件裡寫給我的那些嗎？郵件上說：「我最親愛的亞瑟。」嗯，當她發現我有一個她不知情的伴侶，她先是打電話給我。她說：「你想要聽你爸爸哭泣嗎？這就是你想要的，不是嗎？你有一個同性戀關係。」

凱蒂：好，那是個問句。你想要聽你父親哭泣嗎？（笑聲）她在主動溝通。

亞瑟：我想要聽我爸爸哭泣嗎？不特別想，不想。

凱蒂：嗯，考慮一下。

亞瑟：我想要聽我爸爸哭泣嗎？不想。

凱蒂：你是否曾經真的聽過你父親哭泣？

亞瑟：沒有。我還沒有。

凱蒂：嗯，那麼這就是你的答案了。如果你想要聽他哭泣，那麼答案就是肯定的。

亞瑟：是的，或許我會。

凱蒂：人們哭泣的時候，能陪伴他們是件好事。

亞瑟：是啊，那是真的。

凱蒂：那是仁慈的，也是一種愛，但是只有一個對自己正確的人能發自內心做到這一點。

亞瑟：嗯。然後她發電子郵件給我，說「我親愛的亞瑟。」接著用大寫字母寫著：「你不是同性戀。請讀讀這些有關治療的文章。你知道的，我們愛你真正的樣子。」但如果我同意，就成了只有我需要面對問題。因為，要不然……

凱蒂：這只是個母親提出一些治療的小偏方來主動接近你，以防萬一你自己不確定。她是個擔心兒子的母親。

亞瑟：是呀，我想，她理所當然會這麼做，因為上次我跟她說話的時候，我聽起來像個瘋子。（笑聲）然後我封鎖了她的電子郵件。我這麼做了，那是重點。因為……我那時以為，如果我接受她接近我，那就意味著我不能是同性戀。但是這兩件事完全不相干，它們之間一點關係也沒有。我原本可以說：「嗯，謝謝你，媽，同時，不了，我不會讀這些東西。」

凱蒂：確實如此。或者說：「謝謝你，媽。如果我對此有任何的問題，我會拿出來看。謝謝你這麼關心我。」

亞瑟：是啊。「但是到目前為止，我過得挺好的。」（笑聲）

凱蒂：是的，你是這樣。（笑聲）

亞瑟：哇！好。

凱蒂：人們不需要和我處得來。我能和他們相處融洽嗎？——那才是要緊的問題。別人不需要了解我。我了解我自己嗎？我了解他們？如果我了解我自己，我自然了解每一個人。只要我對自己仍然是個謎，對別人同樣也仍是個謎。如果我不喜歡我，我就不喜歡你。

亞瑟：是的。

凱蒂：現在，將所有這些「要」的句子反轉過來。「在和我母親通話的場景裡，我要我……」

亞瑟：我要我停止攻擊我。我要我接受我、愛我、認為我夠好地全然接納我。

凱蒂：好的。那就是如何生活的方式，那就是你想要的。當你將那些想要、需要、應該，也就是將「批評鄰人作業單」上的第二、三、四道題反轉過來，那就是你給予自己的建議。它為你指出什麼能帶給你快樂的生活。這世界不會告訴你你想要什麼，也沒有別人會告訴你。它就在這裡，你已經寫下來了。我稱它為你的快樂處方，它來自你內在。現在，將這個句子反轉到你母親身上。

亞瑟：我要我停止攻擊我母親。我要我接受她、愛她、認為她夠好地全然接納她。

凱蒂：是的，甜心。那就是你的快樂處方。那是你在那個情況下想要的，而在當時它不是你唾手可得的。

亞瑟：是啊。

凱蒂：但是你現在可以了，就在這裡。

亞瑟：我要我接受她。哇！哇！真實的情況是，我真的想要這麼做。

凱蒂：嗯，那是來自你寫下的東西，它從探究過程中自動流露出來。我喜愛這點。

亞瑟：我以前從不想要那樣，而我現在希望如此，我真的想要。我要接受她、愛她、全然接納她，而且那與我如何生活無關。

凱蒂：是的。現在再將這個句子讀一遍，反轉到完全相反。「在那個情況下，我不要她……」

亞瑟：我不要她停止攻擊我。我不要她接受我、愛我、認為我夠好地全然接納我。嗯，對啊，她為什麼應該這樣？
凱蒂：想想你在那通電話的行為表現，她如何可能呢？
亞瑟：喔，很粗魯。對，我同意。
凱蒂：限定在那個場景裡，否則你會把它概括歸納成一些概念，然後轉而針對自己，開始覺得內疚。在那個情境下：「當我考慮自己的這部分，我不想要她做所有那些事。」
亞瑟：為什麼她要？是的，確實如此。
凱蒂：而且你並沒有給她很多空間。
亞瑟：沒有，我確實沒有給她任何空間。
凱蒂：讓我們看看作業單第三道題。這是你對母親的建議。
亞瑟：「媽媽不應該生我的氣。她應該無條件的愛我，不讓我覺得被拒絕或孤單一人。她應該是個慈愛、懂得尊重的母親」。
凱蒂：當你細想那個情況，「她不應該對你生氣」——這是真的嗎？
亞瑟：不是。
凱蒂：現在很清楚，不是嗎？
亞瑟：是的。

凱蒂：當你相信「她不應該對你生氣」這個念頭時，你如何反應？你在那場交談裡發生了些什麼？

亞瑟：嗯，我對她發火，根本不想聽她說話，我不讓她說話，我保衛自己。

凱蒂：還說了謊。

亞瑟：還說了謊。喔，是啊。嗯，是很多謊話。她過去經常指責我……啊，我說了「指責。」她過去經常說：「你拒絕了我。」

凱蒂：她是個有智慧的女人。

亞瑟：她是對的。她完全正確。（笑聲）我確實拒絕她。

凱蒂：她在那方面已經看清楚你的心思，遠在你說謊之前。

亞瑟：是啊。

凱蒂：所以，你生氣，並且對她說謊，因為你不想要她生氣。

亞瑟：對。

凱蒂：那就是你為什麼沒有對她說：「媽，我是同性戀，我對這點感到很自在。」因為你不想要她生氣。

亞瑟：是的。

凱蒂：你甚至不想聽見你父親哭泣，因為你一直在追求愛、認可與欣賞。

亞瑟：對。

凱蒂：沒有「她不應該對我生氣」這個想法時，你會是什麼樣子？

亞瑟：我會好好的，因為我大概會這麼說：「我理解，要說什麼就說吧，一切都好。」

凱蒂：我們來反轉。「她不應該生氣。」

亞瑟：她「應該」對我生氣。

凱蒂：所以，在那個場景裡，她應該對你生氣，給我舉幾個例子。在你回想當時的情況，對你來說，這代表什麼意思？

亞瑟：她應該對我生氣，因為我在拒絕她。她應該對我生氣，因為她指責我將她拒之門外，這是真的。她應該對我生氣，因為她指控我有祕密不讓她知道，這也是真的。她應該對我生氣，因為她覺得我不想成為他們生活的一部分，這些全都是真的。是啊，她有很好的理由生氣。

凱蒂：好的，現在念出這一道題的所有句子。

亞瑟：「媽媽不應該對我生氣。她應該無條件愛我，不讓我覺得被拒絕或孤單一人。她應該是個慈愛、懂得尊重的母親。」

凱蒂：好，把這些反轉過來吧。「她應該……」

亞瑟：媽媽應該對我生氣。她不應該無條件愛我，應該讓我覺得被拒絕或孤單一人，她不應該是個慈愛、懂得尊重的母親。

凱蒂：是的。當你考慮自己這部分的所作所為，還有你發現的事，還有什麼更好的方式能帶領你接觸到探究功課呢？有沒有你母親可以做而且更有力量的事，來讓你從痛苦中了悟自己並獲得自由嗎？

亞瑟：這是真的，是啊！

凱蒂：我們都擁有最理想的父母。

亞瑟：哇！

凱蒂：現在，以下是你在通話時，讓自己快樂所需要做的事。看看你列出的句子，將它全數反轉到自己身上。這是你對自己的建議。「我不應該……」

亞瑟：我不應該對我生氣。我應該無條件愛我自己，不讓我覺得被拒絕或孤單一人。我應該是個有愛、懂得尊重的兒子。喔，是啊。好的。

凱蒂：那是很棒的建議。

亞瑟：我不應該對我生氣。喔！喔，對啊。真的。

凱蒂：那是你的快樂處方。

亞瑟：因為我原本可以好好的。因為我原本可以支持我自己。

凱蒂：作業單第四道題呢？

亞瑟：「我需要媽媽告訴我，我可以是同性戀，尊重我的選擇，不再攻擊我、批評我，或侵犯我的隱私。」

凱蒂：「你需要母親告訴你，你可以是同性戀」——這是真的嗎？在那通電話裡嗎？

亞瑟：不用。不用，我不需要。

凱蒂：留意你自己在相信那個念頭時，是如何反應的。

亞瑟：她竟然沒有說可以？老實說，我崩潰了。

凱蒂：然後你攻擊了另一個人。

亞瑟：是的。

凱蒂：如果我們無法停止和自己的生活中的人開啟戰端，我們如何能期待國與國之間停止爭戰呢？

亞瑟：真是如此。

凱蒂：好像當時你只是在轟炸她，這樣做的同時也炸毀了你自己。

亞瑟：真的是這樣。

凱蒂：是的，不過只持續了十二年。

亞瑟：而且我還經常在腦海裡轟炸自己，我永遠不會忘記，多年後我在威尼斯，那個最美麗的地方，當時我一人獨處，一再回想那場對話，讓自己淒慘落魄。

凱蒂：威尼斯不復存在。

亞瑟：運河也不見蹤跡。消失了。

凱蒂：好，再讀一遍，「我需要……」

亞瑟：我需要媽媽告訴我，我可以是同性戀。

凱蒂：在那通電話裡，沒有這個念頭，你會是誰？

亞瑟：我會很好。因為我其實可以完全處於當下，對啊，因為……嗯，我心裡出現的字眼是自由。

凱蒂：好，反轉過來。這是你在那通電話裡，在那個場景，以及你的生命中，如何快樂的方法。「我需要……」

亞瑟：我需要我告訴自己，我可以是同性戀。

凱蒂：是的。繼續，「我需要我……」

亞瑟：我需要我尊重我的選擇。

凱蒂：是的。

亞瑟：對，對。我需要我不再攻擊我或批評我。

凱蒂：或她。

亞瑟：或她。我需要我不去攻擊她。我需要我不再批評她或侵犯她的隱私。

凱蒂：是的，不再侵犯她的隱私。

亞瑟：因為她有權利去隨心所想。

凱蒂：就和你一樣。

亞瑟：是的。確實如此。是的。

凱蒂：不同的世界。能夠分享彼此的世界是件美好的事。如果你與我分享你的世界，那不會影響我的世界。現在，我有兩個世界可以欣賞。

亞瑟：所以我……哇！好的。

凱蒂：不同的星球。不同的太陽系。

亞瑟：它只是……（笑聲）。

凱蒂：在她的世界裡，當一個同性戀是有問題的。在你的世界裡，是完全沒關係的。

亞瑟：是的。

凱蒂：我們為什麼要和這些擁有不同傳統、不同思想觀念、不同存在方式的世界抗爭呢？

亞瑟：確實，對。

凱蒂：我們來看作業單下一道題，第五道題，那裡你表達你當時對她有什麼想法？

亞瑟：喔，天啊。嗯。你要我們在寫的時候盡情發洩。「母親是個愛批評的賤人，當她不順心時，她不聆聽，而且冷酷無情」。呃——喔，我可以預見這會變成什麼。（觀眾笑聲）

凱蒂：現在，待在那個場景裡是件很重要的事，因為這不能定義你是誰。這只是你在當時特定情境下，在通話時的狀態。你邊做邊測試看看它如何符合當時的情況。這就像試穿一雙新鞋。「在那個情況下我和母親對話時，我……」

亞瑟：是真的。我是一個愛批評的賤人，當我不順心時，就不願意傾聽別人說話，而且冷酷無情。

凱蒂：能夠認識自己是件很棒的事。「當我不順心時……」

亞瑟：是啊。當事情不順我的意，我就是一個很難應付的混帳東西。

凱蒂：你就是自己當時指責母親的一切。

亞瑟：我無法不同意這點。

凱蒂：嗯，你正在對真相逐漸覺醒。現在，否認是件有趣的事，我們無法改變自己沒有覺知到的事，那是不可能的。所以，探究功課所做的就是向自己展露自己，然後一切開始改變，因為你越來越覺知到那隱藏在內的事。所以，這就是覺醒於真相。

亞瑟：確實。

凱蒂：現在，將那些句子反轉到相反的一面。「在那通電話裡，我母親……」

亞瑟：她……把它轉回到母親嗎？

凱蒂：你只要看看在什麼地方可以應用每一個評判的相反詞。「愛批評的賤人」的相反是什麼？

亞瑟：她……

凱蒂：一位通情達理的母親？

亞瑟：通情達理的母親，對，對。「她不聆聽……」

凱蒂：她願意聆聽。

亞瑟：她的確願意聆聽，而且當事情不順她的心意時，她很仁慈。

凱蒂：你好好深思這些話。你可以檢驗，這不代表這些反轉都是真的，但是你持續專注在那通電話的經驗，直到能看見這些反轉如何可能是真的，即使它剛開始時感覺並不真實。你靜心冥想當時的狀況，並且測試看看，你持續專注在那上頭。如果你的目標是從痛苦中解脫而自由，這非常重要。

亞瑟：她不殘忍。對，嗯……其實她真的、真的非常、瘋狂地愛我，而且只是希望我快樂，自然是依照她自己對如何快樂的獨特定義，而任何人唯一有的也只是自己的定義而已。

凱蒂：我們來繼續你作業單的最後一道題：你不想再次體驗到的事。

亞瑟：我不想再次感受到母親批評我、不愛我、攻擊我或拒絕我。

凱蒂：「我願意……」

亞瑟：喔，哇！好的。

凱蒂：「我願意……」

亞瑟：我願意再次感受到母親批評我、不愛我、攻擊我或拒絕我。

凱蒂：你明白了嗎？

亞瑟：嗯，是的，因為，有點像是……測試我自己是否不再害怕同性戀的試金石。

凱蒂：是的。這讓你看到，你在什麼地方還在和自己爭戰，以致於連帶和自己世界裡的其他人爭戰。那就是顯示給你，可以利用另一張「作業單」去質疑的內容。

亞瑟：因為她可以說任何的話，而我會……

凱蒂：儘管來吧！

亞瑟：沒錯，就是這樣。

凱蒂：儘管來吧。如果你對母親有任何缺少連結的感覺，就僅僅是意味著你需要另一張作業單。好，「我期待……」

亞瑟：我期待再次感受到母親批評我、不愛我、攻擊我或拒絕我。如果我打電話給她，這可能真的會發生。

凱蒂：如果你打電話給她，而你仍然有同樣的感受，那就是寫另一張作業單的時候。如果你注意到自己在攻擊她，那也是填寫作業單的機會。你正在跟自己的快樂作對。任何時候你攻擊任何人，包括你自己，就是在跟自己真正想要的，以及自己能快樂所需要的背道而馳。這個探究過程把這關鍵點展示的清清楚楚。

亞瑟：它的確是這樣。

凱蒂：好，你現在扮演你母親，在電話上攻擊我。

亞瑟：嗯。喔，天啊。我甚至不能……「你想聽你爸爸哭泣嗎？這就是你想要的，不是嗎？你有一個同性戀關係。」

凱蒂：「我確實有一個同性戀關係，同時，我不想聽。讓爸爸哭泣從來不是我想要的。我不要他受苦，我也不要你受苦。」

亞瑟：「嗯，那你為什麼要這麼做？」

凱蒂：「我生來就是如此。我不可能為你或為我自己成為其他樣子。」

亞瑟：「不是，你不是。那不是真的。你可以改變。」

凱蒂：「我會針對這方面好好看一看，媽，我會保持開放的態度。」

亞瑟：「那麼，你需要做的就是別和那個和你談戀愛的男人同居。」

凱蒂：「嗯，事實上，我很喜歡他，你想見見他嗎？」

亞瑟：「那太噁心了。」

凱蒂：「喔。嗯，或許時機未到，但當你準備好的時候。」（笑聲）「如果你隨時準備好要見他，我會很歡喜你來拜訪。」

亞瑟：「我不想見你娘娘腔的朋友。」

凱蒂：「嗯，我可以理解。」

亞瑟：哇！好的。喔……我不知道。我不知道她會說什麼。嗯……

凱蒂：你怕她會說什麼？

亞瑟：「你已經毀了我的生活。」

凱蒂：「我該怎麼做才能彌補過來？」
亞瑟：「你可以不要再當同性戀。」
凱蒂：「嗯，媽，這是一件我無法為你做到的事。」
亞瑟：「為什麼不行？」
凱蒂：「因為我是同性戀。」（笑聲）
亞瑟：然後她可能會說：「不，你不是。」
凱蒂：那麼，我會傾聽她的世界、她的痛苦、她的信念，那些我們共通的地方，和那些不同之處。
亞瑟：是啊，是啊。
凱蒂：「我知道這對你來說很困難，媽，有一段時間，對我也真的很困難。我真的理解為什麼爸會哭。任何時候你想談談，我隨時都在。」
亞瑟：那真的充滿愛。
凱蒂：嗯，我從你的作業單上學到的。
亞瑟：謝謝你。
凱蒂：把我們的心念寫在一張作業單上接受質疑，讓我們能夠覺醒於真相，並且帶領我們如何出於愛來生活，而不是出於恐懼和困惑。挺好的一次探究，親愛的，做得很好。謝謝你。能作為你的協導者是我的榮幸。

亞瑟：太感謝你了，凱蒂。

凱蒂：也謝謝你。（掌聲）（面向觀眾）你們之中如果有人母親已經離世——即便她死了，你仍然可以針對她做探究功課，永遠不會太遲。不需要她在世，你也能進行功課的探究，以及和她發展出一段前所未有的關係。這不僅僅適用在母親身上，也適用於任何你還沒有原諒的人。每一個人、每一隻貓、狗、樹木、事物——與任何人事物的分離，都和你的本心相違背。那些人或事物唯一不安好的時候，就是當你相信他們不安好時。因此，我繼續邀請你，寫下對他們的想法。質疑你所相信的，就是給自己一份最美好的禮物，在你生命的每一天，都可以擁有這份禮物。答案永遠在你之內，只是等著被聽見。探究功課不是一套哲學，它什麼都不是，僅僅是四句提問和反轉，唯一需要的是一個開放的心靈。

13 超越名相的世界

那時，須菩提問：「世尊，我們應該如何稱呼這部經典，應該如何體現它、在生活中實踐它呢？」

佛說：「這部經叫作《金剛般若波羅蜜經》，因為它能切斷任何形式的無明與妄想。你應該在體現它，以及在生活中實踐它時，將這部經的名字銘記在心。但是，告訴我，須菩提：佛有任何教導可以提供嗎？」

「沒有，世尊。佛沒有提供任何教導。」

「三千大千世界的體系之中，有多少原子？」

「一個完全無法想像的巨大數目。」

「依著佛的說法，原子並不是原子；只是『被稱為』原子。佛同樣說明，世界並不是世界；只是『被稱為』世界。

「須菩提，如果有善良的男子或女子將如同恆河沙數的生生世世致力於慈善事業。而在同時有另一人聽聞這部經典，能真正領悟它的要義，然後體現它、並在生活中實踐，那麼後者的福德將遠比前者多得多。」

如同鑽石能切斷任何物質，探究功課亦可破除任何有壓力的念頭，心智的盲點或妄想。探究功課是切斷妄想一個持久可靠的修習方法。自我了悟，從此佛傾囊而出到彼佛。它早已在你之內，雖然一直到它能在靜默中被接納、傾聽，與了解之前，它並不為所知。

佛陀的確沒有教導可以提供，他活著，有如一個已經回答的問題，完全了悟自我，全然無我。他行動，卻未做任何事；他教導，卻未發一言。任何曾經被說出的，只能存在一個我們稱之為過去的幻相世界裡。如果他曾經教導，佛陀只能教導那不真實的非真相，而在這樣做的同時，他將不會是佛。他真正教導的，無論是什麼，都發生在無言的靜默中。

在這章，一如前面的章節，佛陀說，所有的名相都不是真實的。這也是為什麼「原子」與「世界」都不是真實的，它們只是心智針對表象非當下（not-nows）的一切所玩的遊戲，因此本質上什麼都不是（nots，或「不是名詞所指稱的」）。雖然在這幻夢的世界裡，它們是「世界」與「原子」，但在真實所見的世界裡，它們什麼都不是（nots）。不管你稱呼某樣東西是什麼，都不是它的本身，是名相創造出個別的事物；這正是無限如何看似分裂，宛若真的有各個部分存在，宛若每一部分都不是整體。

最終的渴望就是渴望不再存在。渴望是心智能夠回歸真實自己的途徑，回到命名前的自己，在那裡沒有自我，也沒有他人。心智害怕如果沒有任何東西存在，那一切將歸於無（nothing）。

而那怎麼可能呢？「無」（nothing）僅僅是形容事物的另一個字眼。當心智相信自己存在，也因而相信它可以被滅絕，這是多麼可笑的對立呀！那個不自認為知道的未知心（don't know mind），不命名，不害怕，沒有想控制或預見未來的欲望，可以走到斷崖邊上跨出去，它有絕對的信任下一步會有安全的落腳之處，再下一步，另一落腳處，雙腳會帶我們前往任何需要去的地方。不相信文字語言，就沒有任何可以害怕的東西。只有相信了語言文字，恐懼才會誕生，而相信這些語言文字的，也是基於相信之前的文字話語的虛構混合體。是誰開始這一切的困惑？是你。誰能結束它？只有你。

探究功課如何切斷妄想？

探究功課直接從痛苦的根源切入來終結痛苦。沒有任何有壓力的念頭，可以經得起真誠的質疑。即便那些非常執著於某個想法的人，儘管在回答功課的第二個提問（你能完全知道那是真的嗎？）仍然是個響亮的「是的」，他們依然有機會透過之後的提問去靜心冥想、更深入檢視。當他們回答第三個提問（當你相信那個念頭時，你是如何反應的，發生了些什麼？），他們可以透過詳細的觀察，認清這樣的一個念頭如何製造了痛苦。而在回答第四個提問（沒有那個念頭，你會是誰？）他們可以看到，如果他們不曾相信那個念頭，或如果甚至不曾有能力去想到這個念頭，世界又會是什麼樣子的。接著，當他們就原來的念頭找出反轉，他們可以體驗這個念頭的相反面如何一樣真實，甚至更加真實。當一個念頭可以如此詳盡地被質疑，它就失去了引起痛苦的力量。

你說最終的渴望是渴望不再存在，這代表精神渴望是一種自殺的形式嗎？

是的，對小我而言，也就是那個你相信自己是的那個「你」來說是如此。人們通常認同自己為一個特定的身體，他們會看著鏡子說：「那就是我」。但是有少數人瞥見自己其實不以物質存在。如果他們不因此感到驚恐，或許會想要探索自己真正是誰。所以渴望不再以一個分離的小我存在，即是渴望從錯誤的身分認同中解脫而獲得自由。它是想讓這個夢幻世界消失的渴望。實體上的自殺，也就是傷害身體，並不能解決問題，因為身體原本就不是你。你的小我不會僅僅因為你讓一個特定的物體停止活動而不復存在。一個清明的心智會理解，即使身體停止活動，心智並不會停止，所以仍然有功課要做，一直到沒有為止。

☆ 沒有任何有壓力的念頭，可以經得起真誠的質疑。

14 沒有東西屬於我們

當須菩提聽聞這番話，感動落淚。他對佛說：「世尊，您傳授給予我們的這份教誨，真是希有的殊榮。自很久以前，我能理解的那時開始，從來不曾聽聞如此深奧，如此直接的教導。世尊，如果有人能以開放的心聆聽這個教誨，此人必定能夠洞悉實相，看見一切如其本然所是的樣貌，超越所有概念。如此之人值得最高的敬意。我已了解您的教導，並且深受感動。但是數千年之後，如果有心胸開放的人聽聞這部經典，並真正了悟它的教誨，然後體現它、在生活中實踐它，那人將是多麼的特殊。他或她將從『自我』與『他人』的不實觀念中解脫而自由。那些已讓自身從一切概念解脫而自由的人，稱為『佛』。」

佛說：「是的，須菩提，確實如此。如果有人聽聞這部經典，對它的教導不感到畏懼或不安，那人的確非比尋常。

「須菩提，佛稱為最高精神品質，事實上並非最高精神品質，它們只是『被稱為』最高精神品質。例如，我所講述忍辱的特質，實際上並非是忍辱。在過去世，我的身體被歌利王節節支解時，我並未執著於任何『自我』與『他人』的概念，所以不需要忍辱或寬恕。假設，當我的身軀被支解時，我執著於『自我』與『他人』的概念，內心必然會生起對國王的憤怒與憎恨。我在過去有五百世，曾經是一名修習忍辱的苦行者，那時我已從『自我』與『他人』的概念中解脫，因此忍耐是完全不需要的。

「菩薩唯一需要做的事是讓自己從一切概念中解脫，培養對自由的渴望。他們不應該讓心智駐留在任何源自感官的概念——視覺，音聲、氣味、味道、觸覺，或其他任何的感官。對任何從心中升起的念頭，心智應該維持它獨立的覺知，如果心智附著於任何事物，那都不是它可靠的安居之所。

「須菩提，當菩薩為了一切有情眾生的利益而實踐慷慨無私，他們應該領悟：慷慨無私實際上並非慷慨無私；有情眾生亦非有情眾生。當菩薩能領悟這一點，就真的能為一切有情眾生的利益而實踐慷慨無私。

「你應該明白，我所傳授的是真實的，它是真誠可信的、直指事物的本然。關於這個教導，沒有任何基於私願的空想或不正確。你應該進一步理解，我所領悟的真相，既不能說它是真的，也不能說不是真的。

「須菩提，如果菩薩抱持著對概念的執著而實踐慷慨無私，他們就如同行走在完全黑暗的人，一無所見。如果菩薩不帶任何概念去實踐慷慨無私，他們就如同睜開雙眼行走在明亮的陽光下的人，清楚看見一切事物的本然樣貌。如果在未來，有心胸開放的男子或女子聽聞這部經典，能真正領悟它的要義，進而體現它、在生活中實踐它，那麼我將完全知曉這些人，也將認出他們每一個人，每一位都值得我們最深的敬意。」

這個章節佛陀針對在第十章所闡述的真理做了一點不同的解釋。「菩薩應該培養一個無所住心」。這裡他說：「對任何從心中升起的念頭，心智應該維持它獨立的覺知，如果心智附著於任何事物，那都不是它可靠的安居之所。」看見事物一如它本有的樣貌，你將需要用我所謂的「第一代的念頭」來思考：單一的名詞，沒有連帶任何其他的字眼，比如「樹」、「天空」、「桌子」、「椅子」。但是即便是樹、天空、桌子和椅子也需要接受質疑，因為任何一個參考點都是純粹的想像。所以，雖然你稱呼它為桌子，它其實不是桌子；雖然你稱它為樹，它其實不是一棵樹。以名字稱呼一樣東西，並不會把它變成你所稱呼的那個。

沒有什麼最終是真實的；也沒有什麼是不能被質疑的。最後的實相就是「沒有實相存在」，同時，即使是這樣的概念，我也邀請你去超越。你會找不到一個可以安定的錨，或身分的認同，沒有自我，而那是個安全的地方，那就是可靠的安居之所。

如果心智附著於任何事物，它就變成那個自以為知道的妄心，成為在表象時空裡四處橫衝直撞的那個小我，不斷努力定義自己，始終試圖證明自己的批判是真實的，證明它的整個世界都是真實的。心智唯一的出路是往內：在它自己之內的心智，如佛的自性，回應自我的幻相。一旦幻相被質疑，它便無法存在，並且看起來無足輕重、可笑，和完全瘋狂。

佛陀在這一章述說的故事裡，提到關於在他遭受折磨的時候，他清楚覺知那些被砍斷的手腳、耳鼻並不是他的，這樣一個事實。那個身體並非是他的身體，它也不是任何人的身體，他明白它完全是想像，所以沒有任何升起的念頭能引起他的憤怒或者憎恨。

我從來沒有被折磨過，但是有幾次遇到具暴力傾向的人威脅的經驗。我知道甚至當你處在表象很危險的狀態，穩穩地扎根在真實中是可能的。以我的認知，這並不是忍辱的問題，而是有關於覺察、觀照，並且與現實保持緊緊的聯繫。

比如早些年，在一九八六或一九八七年左右，我協導一位來自坎薩斯城的婦女做功課，她前來和我待了幾天，她說她深受慢性疼痛之苦。有一天她正要離開時，我伸出雙臂擁抱她。根據她的說法，一股震動流經她，她說：「我的天，疼痛消失了！」她眼淚奪眶而出，說我是一個偉大的療癒者。我告訴她，無論到底發生了什麼，完全源自她把這個角色如此強而有力的投射到我身上，但那全歸功於她自己，「她」才是那位療癒她自己的人。在那之後，她經常飛回巴斯托市，盡量花時間與我在一起，並且同住在我的房子裡，這樣持續了好幾個月。

然後有一天她先生突然出現在前門，一臉憤怒。我邀請他進來，他站在客廳，開始大喊大叫地指控我，聲嘶力竭地對我怒吼，他說他已經禁止妻子再來我家，她對我越來越入迷。他說，我一定是用某種方式控制了她的心念，她不再聽他的話，或像愛我一樣愛他。接下來，他開始在我的客廳裡走來走去。他是一個塊頭很大的男人，看起來有如卡通裡的人物一邊晃動他的手臂，一邊大聲吼叫。有時候，他把臉湊近我面前，只差了幾寸，咆哮對我的控訴，我的臉甚至可以感受到他的呼吸。我看到的是一個害怕失去控制妻子的男人，一個被恐懼逼得自己快要發瘋的男人。我說，我理解你的恐懼，但是如果她還是來看我，我不會拒絕她——或是任何人，就這件事情而言。

這時他開始威脅我，如果我不停止與他妻子見面，就要殺了我。在我傾聽他的時候，我非常沉靜。一個有認同的心智會解讀他如此咆哮是很危險的，但是如果你把其中的意義拿掉，他就如同狂風中的一棵樹，搖晃它的枝葉，猛烈、柔軟而且美麗。而在現實中，除了一個男人正在和一位關心的傾聽者分享他的恐懼以外，沒有發生任何事。他說他是一名堪薩斯市員警，而且知道怎麼應付像我這樣的人，如果他現在不殺我，他之後也會這麼做。「我理解。」我說，結果那讓他更加憤怒，他說他會放火燒我的房子，而且會趁我和孩子都在屋裡的時候，他可以讓它看似意外事件——我將永遠不會知道什麼時候會發生，而且我無法阻止它發生。很顯然地，他有多麼的困惑和痛苦。我只能在一個比深層更深入的層次上繼續和他保持連結，因為我是在與我自己連結。在他威脅我的當下，我感受到內在的愛在擴展，並沒有一個外在的「他」，全都是我。「我真的能夠了解。」我說，當他這次聽到我的話後，他看著我，臉色變得柔和，身體開始顫抖，然後倒向我的臂膀裡抽泣。我抱了他一會兒，然後送他們兩位出門。他們兩人就再也沒有回來過。

旁觀者可能會說我很有耐心或忍辱，但在現實中，我只是單純地覺知到，這個男人威脅的對象——這位名叫凱蒂的人——是不可能受到任何傷害的。在整段時間裡，我在觀照他面對一種如如不為所動的東西，他的不悅、困惑以及憤怒。我只在傾聽一個東西：那就是他的心，而他的心即是我自心的一部分，並非分開的兩個。對他心念的不耐煩，即是對我自己的心無法忍受。

這就是為什麼，安靜下來、用靜心的狀態來探究念頭，是如此地重要，對初學者而言尤其如此。如果你可以用慢動作做功課，針對你曾經憤怒或不安的一個場景，沉靜地用五分鐘、十分鐘或更長的時間來回答每一個提問，它會變成心智的一種模式，一種很自然的傾聽狀態。探究功課成為一種解開亂碼、恢復本然的方式，解開所有對你來說不是真實的事，所有心智上的迷惑，讓心智回歸清明。清明覺知不是一種技巧，也不是一種特殊的思考方式，它純粹是把小我或我執的亂碼解開了。

為什麼有人會對《金剛經》的教導感到畏懼或煩惱？

小我永遠都在為自己的生命奮戰。聽到作為「你」的你並不存在，而且你如此投入建構的整個身分認同竟然是幻相時，可能會感到恐懼或不安。那是你所理解的世界的結束，包括時間、身分認同，以及物質身體的終止。當然，只要你有任何看得比真相還重要的事，小我將會持續把你帶回到它的想像世界。但是，一旦小我被理解，它就無法再度藉由相信，讓自己回到之前以表象存在的假相，因此你也不可能會對任何真相或非真相感到恐懼或不安。

不是每個人做探究功課都能經驗重大突破。耐心有多重要呢？

探究功課是一種身體力行的實踐法門。我建議大家每天把它當早餐來練習，然後度過美好的一天。即使你有幸體驗到最深刻的開悟，你仍然需要修習覺知，因為有些古老的想法會不斷在你內在升起，同時如果你不去質疑，無論你有多麼開悟，它們照樣能完全左右你。對我而言，最主要的念頭就是「我母親不愛我」，我有一整年的時間，天天針對它及數十種類似的念頭做功課。我會在念頭來時寫下它們，然後用功課的四句提問和反轉來靜心冥想每一個念頭，持續數小時，有時候甚至數天。我知道我在處理的不是一個特定的人，我在處理的是概念，而且一旦我能深入探查我對母親的種種概念，便能瓦解所有我對每個人和每件事物的概念。

要能持續把功課當作每天的練習，或至少是定期的練習，確實需要相當的耐心。那些真心想要結束自己痛苦的人都能找到那樣的耐性。質疑你有壓力的想法可能有難度，但是「不」去質疑它們會往往更加困難。當人們對功課感興趣，他們會注意到自己有時候會做，有時候不做——在剛開始的時候，但如果你做出承諾，把它當早餐來練習，它會開始在你內在甦醒。這時，不再是你去做功課，而是功課會自然地在你內在運轉，它變成像呼吸一樣自然、自動自發。

功課作為一個方法，讓你在「想（thinking）」一個念頭和「相信（believing）」一個念頭之間，有了可介入的空間。當你針對任何有壓力的想法做功課，令人驚奇的是，你可能會看見念頭的不真實。你一直以來把自己綁手綁腳，困在不實的信念裡，而且你的伴侶也經常如此。藉由功課，你得以巨細靡遺地看清楚那個想法的因果，它如何確切掌控了你，並引起你的痛苦。不僅如此，針對一個想法做功課，你還可以看見，深入地看見，沒有那個想法，你會是什麼樣子——你是誰。這個翻轉可以是即時的。我不斷看見人們在短短五分鐘、十分鐘或十五分鐘之內，反轉了自己的生活、關係、健康和財務狀況，僅僅是由於領悟到，他們多年來一直相信的，原來不是真的。這是任何一個心胸開放的人都能做得到的。伴隨而來的是一種不可思議的自由感。如果它沒有立即發生——如果它的化解過程需要更多的探究和工夫，那也是它本「該」如此，也是極其美好的。

我們如何把探究功課帶入每天的生活中？

去做它就是了。

但是我們的生命充滿許多艱難的關係和時刻，我們要如何在進行探究的生命過程中為自己導航呢？

你做功課，你的認知自然會改變，也就沒有導航的需要。當你的心念改變了，你所認知的世界也會跟著改變，因為世界就是你的投射。每一次你質疑自己有壓力的想法，你會變成一個更清晰、更仁慈的人。或許你根本不會注意到，但是一點一滴地，幾個月後，幾年之後，生活逐漸變得更簡單，你的心會安頓在一種你過去從未覺察過的寧靜。你的關係會變得更加輕鬆和愉快。你領悟到你的敵人其實是你的朋友，生命中那些難以應付的人，其實也沒有那麼困難，是你自己的心念創造了困境。隨著你的心智越來越清晰，它也會越常投射出一個友善的宇宙，直到有一天，你驟然意識到，自己已經好久沒遇到任何問題了。

你針對自己的母親填寫作業單，總共花了多久的時間？上次你實際填寫作業單並質疑是什麼時候？

我不記得我針對母親做探究功課確切有多長的時間，我想大概有一年左右。在那以後，我就沒有再寫過作業單，因為自那之後，我不曾有任何困擾。在接下來的幾年，我不記得是否有任何有壓力的想法升起，但是如果它們的確曾經發生，它們已在我內心無言的質疑中消失了。在它們升起之際，會與質疑的提問相遇，它們的真實面貌會立即被明瞭，並在那份了悟下瓦解。不過，假設我今天遇到問題，我會毫不猶豫地把它帶入生命，寫在紙上，也能輕鬆自如地去靜心冥想，它帶進腦海中種種精細微妙的生命幻相。心念不是危險之物，只有當我們執著於它，痛苦的虛妄世界才會浮現，

☆ 心智的唯一出路是往內。

15 回家

佛說：「須菩提，假設有一名善良男子或女子在早晨從事多如恆河沙數的慈善之舉，在中午也進行同樣次數的善舉，即便晚上也是如此，並且不間斷地在百千萬億世無量的歲月裡持續這麼做。現在，假設有人以敞開的心聽聞了這部經典，並讓這些話語深入他或她的內心，那麼第二個人的福德將遠遠超過第一個人。一個全心全意體現這部經典並在生活中實踐出來的人，他獲得的福德又是何其多啊！」

「我們可以歸納如下：這部經典具有不可思議、無法估量、無可限量的價值。佛是為那些足夠成熟而能夠理解它的人所說。那些能夠領悟它的教導，並能體現它、活出它的人，與佛立於同處，而且無論他們前往何處，都帶著佛的覺悟同行。他們值得來自宇宙所有的生命最高的敬意。」

每一個念頭都會回歸到念頭的初始。這個念頭是什麼並不重要，不管它是多麼的迷惑，佛陀總能認出它，引導它回到探究的過程，如同指引它進入一個巨大的漏斗，每個念頭經由旋轉而下，回歸到最簡單的元素，然後消融。

在這過程裡，佛陀反覆闡述他自己說過的話。對他來說，反覆闡述是有必要的，只要這世界仍然存在任何表象的痛苦，他就會盡其所能用各種方法幫助人們解除痛苦。正是痛苦創造出佛。在沒有痛苦的地方，不會有佛的出現，因為沒有需要佛存在的理由。在佛陀的心中，事實上佛陀並不存在。如佛的心性，僅僅是一個回落到自身的心，是那個將自己喚回到真實本性的心。

在佛陀反覆闡述的段落裡，他有如一位站在自家門前的母親，呼喚著孩子回家吃晚餐。「回家吧！晚餐時間到了！進來了！快進來！」孩子可能在街道上四處晃蕩，也許跌倒磨破了膝蓋，或跟別人打架；又或許在黑暗中走失了，感到很害怕，然後從遠處聽到母親呼喊他名字的聲音，他便知道該往哪走。佛陀一如這位母親，為孩子佇立門口，不斷地呼喚孩子的名字。他憶起自己也曾經迷失在黑暗中，他對於迷失與尋回的真相，有堅定不移的領悟。這個呼喚永遠為那個願意傾聽的人而存在，為了一個迷失的孩子，佛陀可以等上千年。

經過質疑的心智，本質即是仁慈，而且絕對不會與自己起爭執。當有與本性不相似的事物出現——一個負面的概念，或任何防禦、拒絕或抗拒的想法——心智就從它已覺醒的自身分裂出來。它逐漸認同於一個不像自己的東西，並且不斷地使盡力氣鞭策自己成為它原本不是的那個東西，那個它永遠不可能成為的東西。一旦它在那瞬間把自己認同於一個不是它本身的東西，它便困住了自己，困在一個東西、一個軀體、一個自以為有我的「我」。當它了悟自己真正的本性，它會成為源源不斷的喜悅。它觀照著自己看似在創造某些事物，但是它從不把自己認同為那個事物。

它明白沒有任何可以擁有的或成為的事物，最終它明白，它既是開始也是結束，它既從未誕生，也將永遠不死。

平安只能被邀請而來。來自你自身的邀請。如果這是你的目標，歡迎你來做探究功課。偉大的靈修經典描述「什麼」，也就是所謂的自由是什麼，探究功課告訴你如何去做。它給你一個覺醒心智的直接入口。有些人花很多年的時間，想弄清楚到底他們哪裡不對勁。當你來到探究功課，你不需要去弄明白，你已經知道自己哪裡不對勁：你正相信讓你有壓力的念頭。你甚至也不用知道是「哪些」念頭，你只要選第一個出現的念頭就行了，「那個」就是讓你當下不對勁的念頭。然後當你質疑你的念頭，那原來讓你感到不對勁的事，會開始像沒事一樣。

你說佛陀「對於迷失與尋回的真相，有堅定不移的領悟」。你有多年的時間都覺得迷失，是誰把你找回來的呢？

是「我」，然後我甚至連這個也質疑。

你說「經過質疑的心智，本質是仁慈」，你如何區分對他人的仁慈與對自己的仁慈？

當我對你仁慈，即是對我自己仁慈；而當我對自己仁慈，便是對你的仁慈，即使你從未意識到這點。

☆ 偉大的靈修經典描述「是什麼」，探究功課即是「如何做」，它給你一個覺醒心智的直接入口。

16

一切「為」你而發生，而非針對你

佛說：「進一步來說，須菩提，如果有善良的男子或女子聽聞了這部經典，真正領悟它的教導，體現它、並且在生活中實踐出來，那麼世上沒有任何事能讓他心煩意亂。敵人可能誣蔑他們，朋友可能冷漠轉身離他們而去，但是無論在何種境遇，他們的心都能不受干擾，因為他們已不再持有『自我』與『他人』的概念，不會把任何事當成是針對他們個人。因此，他們的心是自由的。

「無量億萬年前，在燃燈佛之前，我全心全意供養侍奉八百四千萬億無量諸佛，但是，倘若自此後數千年，有人聽聞這部經典，真正領悟它的教誨，體現它、並且活出它，那麼這個人的功德和我供養無量諸佛的功德比起來，要多上千億倍。事實上，沒有任何數字能表達他或她的功德是如何的大。」

「假設要我正確估量，自此後數千年，那些聽聞這部經典，真正領悟其中教誨，並能體現它、活出它的善良男子與女子們，所獲功德有多大，恐怕沒有人會相信我。你應該明白，這部經典的價值是完全超乎想像，它的果報也同樣不可思議。」

實相完美地開展出來，任何發生的事都是好的。我看見人們與各種事物，當我自然而然地接近或離開他們，我毫無異議地隨緣行動，因為我心中並沒有可以相信的故事來告訴我，為何我不應該如此。實相總是完美的，任何決定給予我的會更少，總是更少。因此「它」做它自己的決定，然後我遵循。而且我所熱愛它的是，它永遠是仁慈的。如果我必須用一個詞來命名這個經驗，我會稱它為感恩——活生生，會呼吸的感恩。我是一個接受者，我無法做任何事阻止恩典源源湧入。

它屬於個人，同時也不屬於個人。它屬於個人，是因為整個世界都是我，是我所是與所愛的鏡中影像。沒有鏡中像，我沒有身體，同時那不是基於我需要看，而只是觀看是如此地喜悅。在另一方面，它不屬於個人，因為我所見僅僅是鏡中的影像。每一個動作，每一個聲音，每一個呼吸，每一個分子，每一個原子，都僅僅是鏡中的影像，所以，不是我在行動，而是我被動；不是我在做，而是透過我被完成；不是我在呼吸，是我被呼吸；不是我在想，是我被想。沒有我的存在，沒有任何關於我是真實的。

當你明白並沒有所謂的一個「自我」或「他人」，你會明白所有人際關係都只是是鏡子中的映射。人們喜歡或不喜歡的不是你，而是他們關於你的故事。他們並不是在攻擊或離開你，他們攻擊或離開的是他們相信你是的那個人。那與你又有什麼關係呢？你只是他們的投射，正如他們只是你的投射，體認這個關鍵，就能讓你相對容易不會受到讚美或責備的影響。

當人們責備我，我很歡喜，我可以從他們的批評中學習，但是我從不會把它當做是針對我。

同樣的，當他們讚美我，我也很開心。雖然我知道他們只是在讚美他們認為我是的那個人，但是讚美比較接近我們的真實本性，責備傷害到的是那個責備的人，所以當人們讚美我，我替他們感到高興。他們說：「噢，凱蒂，你改變了我的生命，我很感激。」而我聽到的就是一個反轉：「她」或「他」改變了她／他的生命，而他們把功勞歸於我，但這功勞全屬於他們自己。認為任何這些事與我有關就是一種困惑。雖然他們的感恩指向這個他們認為是我的我，但最終，當他們在探究的過程裡逐漸成熟，它就會指回他們自己，然而到最後，它沒有可指之處，它變成純粹的感恩，無需任何方向。

如果有人否定你，他唯一會這麼做的理由，是因為你不符合他希望世界是什麼樣子的信念。只有一個膨脹的小我會說這與你有關。假設你的手沒來由地動了幾下，而他覺得那是他不能接受的——這不是很明顯嗎？那只是他個人的戲碼。如果他批評你，然後你當真認為那是針對你個人，你就是那個傷害自己的人。你加諸於他批評之上的故事，就是痛苦的開始。你正在與現實爭辯，而且你只會輸。

我的愛是我的事；你的愛是你的事。你講述我是如此這般，或我是如何那樣的故事，然後你愛上自己的故事，這與我又有什麼關係呢？我在這裡作為你投射的對象，對此我毫無選擇的餘地。我是你的故事，不多也不少，你從來沒有遇見過我，沒有人曾經遇見過任何人。

如果你對探究內心感到興奮，你會期待所能發生的最糟糕的事，因為你無法找到任何一個不能從內在解決的問題。它是為了結束痛苦最完美的安排。至於為什麼你會曾經認為自己的生命有問題，成了一個有趣的謎團。你開始明瞭，沒有錯誤這回事，不管你得到什麼，都是你需要的。這即是找到了天堂，你需要的一切，甚至遠超過你需要的，永遠豐盛地提供給你。

即使是最輕微的不安，也是一種痛苦的形式。它感覺不自然。以理解來和人們相遇，感覺上比較像你自己。所以，當一個令人懊惱或憤怒的念頭出現，你是否可以透過探究功課，以理解來面對念頭呢？當你學會以理解來面對你的念頭，你就能夠以理解來面對我們。有什麼是任何人說有關你的事，是你從未想過的呢？從來沒有新的「有壓力的念頭」——它們全都是循環不已的。我們真正遇見的就只有念頭，外在即是投射出來的內在。無論那是你的想法或我的想法，都是一樣的，只有愛才有療癒的力量。

不管人們說什麼或做什麼。當你明白他們僅僅是你心智的投射，你如何能對他們感到不快呢？當心智了解這一點，就再也無法將自己投射成什麼，即便是心智，也只是它自己的理論。沒有感到困擾的人，僅僅是心智在自己的表象世界裡嬉戲。如佛的心智不可能困住在不存在的過去或未來裡，因此，除了源自於這層理解的喜悅，心不可能體驗到其他任何感受。

事實是，你從來不是對任何人起反應。你投射意義在從來不存在的事物上，然後你針對自己所投射的意義起反應。孤單來自一個很誠實的地方，你是這裡唯一的存在，沒有人類，你就是全部。當你質疑你的念頭，你便會了解這一點。那是世界的盡頭，那個從一開始就不曾存在的世界，充滿喜悅的盡頭。

你曾說：「測試自我了悟的試金石就是持續的感恩狀態。」在你的覺醒經驗之前，你是否曾經體驗到感恩？

一九八六年二月的某一天，就在我入住中途之家之前，我處在極其痛苦的精神狀態，痛苦到我自己都不相信能再忍受下一口呼吸，難受到不得不立即做些什麼。於是沒來由地，我開始尖叫，而且停不下來。我無法停止尖叫，在床上翻滾扭動，拳打腳踢。保羅和我大兒子鮑伯衝進來壓住我，防止我傷害自己。然而痛苦卻越來越劇烈，已經超出我自認能夠忍受的，感到痛苦沒有出口，也沒有盡頭。我深深覺得那已經超出任何人可以忍受的地步。

他們壓住我，我極度害怕。他們也是——驚恐慌亂——其中一人開始打電話，希望找到一位醫生和我談談。他不斷打去不同醫院、打給不同醫生。「我們該怎麼辦？你能和她談談嗎？有沒有人可以和她說說話呢？」他們近乎絕望。終於，在某個地方，某州的某個城市，他們找到一位表示願意和我說話的人，一位精神病院的心理醫師。

他們把電話放到我耳邊，我從他的聲音裡體驗到了愛。我感受到他真心愛護我，並且想要傾聽我說話。我的尖叫聲變得安靜些，於是能聽到他說的話了。我不記得他說了些什麼，大概是像：

「我聽到你了，我了解，你一定感到非常難受。」但是無論他說什麼，對我都有意義。真正的關鍵在於他仁慈的出發點。我知道他不可能從我這裡得到什麼；他完全不認識我，不帶有任何附加的條件，所以我信任他說的話。他說我需要幫助，於是，原來的痛苦煎熬瞬間轉移了一些。

這是我生命中第一次體驗到愛。我無法從我的父母，或我的第一任、第二任丈夫，或我的孩子們那裡得到愛，而我卻從這簡單的仁慈行為中體驗到它。今天，我也把那位男士給予我的給予他人，而每一次我如此做，我都再次收受到最初始的那份禮物。

我說這個故事時，眼淚都會情不自禁地滑落臉頰。這是再次完整體驗那份感激之情。當有任何人承受傷痛到我曾經歷過的程度，我知道走出它可以是一件如何簡單的事。我也明白，你就是我仍然遺留的部分。因此當你說「請幫助我」，我就會去做那位仁慈的男士所做的事。他讓我看見真正的我是誰——我們真正是誰。

「人們喜歡或不喜歡的不是你，而是他們關於你的故事。」這個洞見難道不會變成一個不去檢視自己的藉口嗎？「喔，她說我自私。」有人可能會這麼想：「嗯，那不是我，那只是她對於我的故事。所以我不需要反觀自己或做任何事。」

任何事都能成為昏睡不醒的藉口。如果人們相信一個洞見，是因為他們在書裡讀過，或是因為它聽起來很真實，或基於他們自己都未曾真正領悟的任何一個理由，那就不能稱之為洞見，它只是另一個防衛的說辭。當你處於防衛狀態，自己是心知肚明的，彼此間的缺乏連結即突顯這一點。如果有人說他不喜歡我，我真心想知道原因，因為我明白，就某些方面來說，他看我可能比我看自己更清楚——換句話說，他對於我的故事，也可能比我對自己的故事來得更準確。他的態度也可能讓我成長。我得以了解他為何不喜歡那個他相信我所是的凱蒂，這讓我和他處於一種親近的狀態。如果我沒有感到連結並心存感激，我才是那個偏離關係的人。

你說，體認到我們只是人們的投射，讓我們相對容易不會受到讚美或責備的影響。但是會受讚美影響不是很符合人性嗎？為什麼我們不應該單純地享受它？

我的確享受讚美，正如我享受指責。責難給予我一些可以考量的內容，他們有沒有可能是對的呢？我會在自身檢驗我所聽到他們所說的話，那是我永恆的警醒。

至於讚美，當我讚美某樣事物的時候，我是在表達敬意，由衷的感激我所讚美的事物在表象的他人身上是如此清晰可見。那是一種相互連結的經驗，我喜愛與我讚美的對象分享我對他的欣賞。因此，當有人讚美我，我欣賞他的心態，也喜愛他在他眼中的我身上看見值得讚美的特質。但是，即使這份讚美符合我對自己的觀察，我也無法將它視為是屬於我個人的。

☆

如果你對探究內心感到興奮，你會期待所能發生的最糟糕的事，因為你無法找到任何一個不能從內在解決的問題。

17 沒有分離的生命

那時，須菩提說：「我再請教您一次，世尊。當真心誠意的男女們尋求開悟時，他們應該做些什麼，以及該如何控制他們的心呢？」

佛說：「誠心追求真理的男子和女子應該專注在一個想法上來控制自己的心：『當我達成圓滿智慧，我會幫助一切有情眾生解脫，讓他們進入涅槃的永恆平靜』然而，當廣大、無可計數、浩瀚無量的眾生得到解脫之後，事實上並沒有任何一個眾生得到解脫。為何如此？因為真正的菩薩並沒有『自我』與『他人』這樣的概念。

「我問你一件事，須菩提。佛陀在燃燈佛門下的時候，他達成開悟了嗎？」

「沒有，世尊。就我對您教導的理解。當您在燃燈佛門下時，並未達成一個所謂開悟的東西。」

「確實如此。事實上，並沒有開悟這回事。佛陀也未曾得到如此一種心的境界，如果有任何這樣的東西，燃燈佛就不會預言說：『未來你將會成為一位名為釋迦牟尼的佛。』正因為沒有開悟這回事，燃燈佛才會如此預言。」

「須菩提，那些說佛陀達成開悟的人都有所誤解。佛所達成的開悟既非真實，亦非不真實。那就是為何佛說一切都是佛法，但事實上，『一切法』並非一切法，它們只是稱為『一切法』。

「如果有菩薩說：『我會讓一切有情眾生解脫。』他或她便不是真正的菩薩。在實相中，並沒有個別存在的生命能被稱為菩薩。在宇宙中的一切，你無法找到其中任何東西是有一個自我的。所以，如果有菩薩說：『我會讓世界成為一個美好的世界。』他或她就不是真正的菩薩。在實相中，沒有一個個別分開存在的世界，可以轉變成任何東西。只有當菩薩了悟到，沒有自我與他人，佛才會稱那人為真正的菩薩。」

這裡佛陀重複前面章節裡所說的話。這些章節提出了非常值得重複的幾個重點：菩薩專注的重心始終放在無私無我地為他人服務，沒有他人存在，也沒有所謂開悟這件事。如果你徹底理解這三點，那你將明瞭一切。如果你僅僅是明白其中一點，你也能夠了解一切。每一點都是同一個真理的不同面向。

佛陀所說的可能有點令人困惑，但那只是因為他是如此的清晰。你如何能夠用代表「有」的語言文字來描述空無呢？當你明白那個充滿表象事物的世界其實不真正存在，你如何能夠描述它呢？你不能。你只能引導心智離開那些趨向於抓取的概念。而且任何的教導都是一種誤導，因為真的沒有任何可以教導的東西。如果你指出一個表象的真理，那你正指向一個現實中並不存在的東西（what is not）。不過當你引導心智離開那非真實存在的東西，你便指向愛上眼前的現實，而它將帶領我們回歸空無。

你也許會認為，沒有任何東西存在是很令人沮喪的，事實上完全相反——它非常令人興奮，不再有任何分離，也沒有可以與之分離的對象，只有感恩與笑聲。

當我最初發現功課的時候，我想要盡可能地貼近去了解腦子裡不斷跑出來的念頭，這是唯一可以控制那個不可控心智的方法。我會沉靜下來，和這些念頭待在一起，我對待它們一如母親面對深感困惑的孩子。孩子正在做噩夢，但是母親知道孩子其實是安全的，他只不過是困在一個可怕的夢裡，所以我緊密地傾聽每一個念頭，愛它們有如愛自己的孩子一般。我寫下每個孩子訴說有關噩夢的一切，然後質疑它們。我質疑每個寫下念頭的真實性，一個心愛的念頭接著一個心愛的念頭。當這個念頭透過功課被充分理解，孩子就能看到母親所看到的：那只是個夢而已。然後當你醒過來，你明白連夢都沒有，甚至也沒有一個做夢的人。

在早期的時候，每當一個信念在我腦海出現——最大的一個是「我媽媽不愛我」——它會像原子彈一樣在我身體裡爆炸。我注意到身體的顫抖、緊縮，與表象平靜的絕滅，它可能會伴隨著眼淚或身體的逐漸僵硬。在旁觀者看來，我似乎從頭到腳受到煩亂與悲傷的影響，但是實際上，我始終持續體驗到同樣的清晰、平靜和喜悅，那是在我從中途之家醒來後再也沒有消失過的，沒有任何的「我」留存，沒有世界，只有從我口中無法抑制的笑聲。升起的信念總是在真相的光中退去，消融。撼動身體的是那個信念剩餘的能量，以一種不舒服的感受出現。從這不舒服的感受，我自動知道這個信念不是真的，沒有什麼是真實的。如此覺知的體驗是一種極其愉快的幽默——

光輝燦爛，歡天喜地。

我看到一切事物都是顛倒過來的，以及我的想法在過往抗拒一切真實的。我曾經因為這些念頭而受苦，比如「保羅應該對我更仁慈」，或是「孩子應該聽我說話」。在質疑這些念頭之後，我看到它的相反面才是真實的：保羅**不應該**對我更仁慈，孩子**不應該**聽我說話。它其實是很簡單的。事實的真相是，以保羅當時的想法，他所能展現的最仁慈，就是那個樣子。孩子們也一樣，他們在當時能夠聽到的最多，就是那麼多。這些「應該」只是念頭罷了，它們與實際的現況毫無關係，一切都已經是完美的，就它當時的樣子——如其所是。

在中途之家的地板上，我在一瞬間變成了一個熱愛現況的人，我注意到這樣感覺更自然、更平靜。我明白是我自己應該更仁慈，是我自己應該傾聽。這個了悟成為我後來稱之為「反轉」的練習。它是一種沒有壓力的生活方式。當你明白這一點，那就是痛苦的結束，生命的大夢轉變成一場快樂的夢境。

我看到「我家人應該愛我和理解我」，這個信念的反轉即是「我應該愛我和理解我自己」。為什麼我以前一直認為是**他們的**工作呢？那真的很瘋狂！讓我從自己開始吧。在我自己能夠做到之前，給世界一些喘息的空間吧。我再次檢視這個信念，然後看到另外一個反轉：「我應該愛和理解我的家人。」領悟到這一點，真是個令人感到謙卑的經驗。從小到大，我一直期待我身旁的朋友、家人能夠理解我，而當我得不到時，我感覺受傷、怨恨、憤怒，或某種程度的不安。過去我總是設法想要從認識的人身上得到理解與認可，我現在注意到，那是沒有希望的，而且只會讓我感覺到疏離而且空虛。現在我完全明白為什麼他們不愛我，也不理解我，看看我過去是如何對待他們的！

我覺醒時，整個人反轉過來，我成了一個行走中的反轉。念頭升起，「現在太熱了」，我會立即說：「哈！那不是真的，現在沒有太熱。那必定更為真實，因為現實是，現在有多熱，就是多熱。」我體驗到相信一個不真實念頭所產生的因果，正因為我過往是如此的困惑和厭世，我所經驗到一些最深刻的功課領悟，來自探究我舊有世界的各種念頭。在我質疑這些念頭之後，我現在所體驗到的完全是這些念頭的相反面，像是「這世界是個可怕的地方」，變成「這世界是個美好的地方」，這些反轉的正確性是如此明顯，讓我經常忍不住大笑。我一點都不需要把這世界改造成一個美好的地方，它已經是我一直以來想要的一切。我不需要做任何事情，我只要去留意。

了解這一點非常重要。人們認為開悟一定是某種充滿神祕性或超越世俗的經驗，但它並非如此。它離你是那麼的近，和最令你困擾的念頭一樣的接近。當你相信一個與事實爭辯的想法時，其實你是很困惑的。當你去質疑這個念頭，你會發現它並不真實，你就在這個念頭上開悟和解脫了，當下你也就跟佛陀一樣的自由。然後另一個讓你感到有壓力的念頭來臨時，你只能相信它，或質疑它。它是讓你開悟的另一個機會，而生命就是如此簡單。

為什麼你說領悟到沒有任何東西存在是令人興奮的呢？

觀看小我舞蹈是件令人興奮的事。無論它往哪裡去——左右上下，到處轉圈——沒有任何舉動是有效用的、沒有一樣是真實的。你只是忍不住對它各種滑稽的行徑，以及它絕妙的各種企圖感到有趣，它不停地努力嘗試成為一種它從來不曾是、現在不是，也永遠不會是的東西。

你說早期的時候，信念會像原子彈一樣在你身體爆炸，但你持續體驗到平靜。你是從身體內部觀察到爆炸嗎？還是從身體外面？在這一切喧囂混亂當中，寧靜又在哪裡？

那就像是一個數十億年前已滅絕的世界來訪，我能感受到其中一種古老的動亂。我留意到它，歡迎它。它是有／無，真實／不真實。我不是從內在或外在感覺到它，並沒有內在或外在「存在」。寧靜處於一切事物的中心，甚至連那個正在觀察的都無法存在。我處在一種奇妙的欣喜若狂狀態，持續熱愛著眼前如實的現況——換句話說，持續熱愛著那非眼前現實存在的。

你邀請大家去了解，「反轉」的概念可能和原本有壓力的想法一樣真實，甚或比原來的想法更真實。但是，在其他地方，你又說沒有任何是真實的。如果反轉最終也不是真實的，那麼認知

到它和原本的想法一樣真實，有什麼好處呢？

了解到反轉的概念至少和造成你痛苦的想法一樣真實，就是一種解脫的體驗。它給了意識一個擴展的機會，而不是困住在一個受限的現實裡。心智的本質是無限的，當心智受困在一個自以為知道的立場，就宛如有人用鏈條捆綁住它，然後丟棄鑰匙。它便困在時間、空間與痛苦的幻相裡。但是，當你質疑一個你將整個身分認同完全投入其中的想法，然後了解到它的相反面至少和原本的念頭一樣真實，你就可以走出那個念頭之外，以一種全新的清晰和自由去看待自己的生命。

☆ 開悟與你極其接近，和最令你困擾的念頭一樣近。

18 自由是不相信你的念頭

佛說：「如果恆河中的每一粒沙都自成一條恆河，然後在這所有恆河裡的每一粒沙都自成一個世界，那麼這些世界是不是很多呢？」

「那將是非常多，世尊！」

佛說：「無論這些世界裡的眾生有多少，須菩提，佛都能知道他們的心如何作用，也知道他們想法的本質。但是，心事實上不是心；它只是『稱為』心。為何如此？因為過去心不可得，現在心不可得，未來心不可得。」

當你想像任何的情境，那就是你當下的世界，而且在時間的幻相裡有許許多多的世界——有如恆河沙粒或天上繁星一樣多的世界。你以為你知道別人在想些什麼，但那只是你在想，即使他們告訴你，他們在想什麼，那也不代表那真是如此。你只能從你自己世界的視角去聽和去看。在所有可能存在的世界裡，佛陀知道人們的心智是如何作用的，因為他明白它們其實一點作用都沒有，那就是如佛的意識。

當我協導人們做功課，是藉由幫助他們看見心智和世界並不存在，來引導他們釐清自己的心念。最終的清醒，是領悟並沒有念頭存在，而且你也不是那個思想種種念頭的人。

要明瞭心智如何作用，其實是很簡單的，那就是：沒有一個念頭是真的。所以，如果有人對探索抱持開放態度，對我而言，引導他們回到空無是件容易的事，因為那是他們一開始就在的地方，我只是引導他們瓦解他們對一切的想法。我如如不動，他們才是動的那一方。我提出問題，偶爾指向空無。我協助他們留意到，他們腦海裡的念頭和影像只是純粹的想像。無論一個信念看起來多麼具有實質，它其實並沒有任何實質的內容，我只是為他們指出沒有實質性的真相。當心智很想要停落在任何一個念頭，那是因為它相信了那個念頭。相信一個念頭等於置身在一個想像中的世界裡，無論它看似多麼的真實。所以我引領人們走出他們想像中的世界，進入如佛的自性──換句話說，進入空無。你無法描述如佛的自性，你只能用一些字眼指向它，比如祥和的、喜悅的、完整的。

有時候人們會把念頭比擬為在心念天空中來來去去的雲朵，但是如果我們想要真正準確地描述，其實是沒有什麼來，也沒有什麼去。必須先存在一個什麼東西，才能有來或去這回事。直到你能開始注意到「每個念頭都是發生在過去」之前，說出甚至連念頭也不存在這種話可能顯得過於激進。即便當下這個時刻，在你一注意到時，也已經成為過去。對那些長時間練習靜心冥想的人來說，是非常明顯的一件事。因此，一個念頭如何可能存在呢？它不可能存在。僅僅是因為你相信這些念頭存在，並不代表它們真的存在。想像的過去是你唯一的證據，來證明有一個在想著那個念頭的「你」存在。

佛陀以這一切的精髓結束這個章節：「過去心不可得，未來心不可得，現在心不可得。」就是如此。句點。結束。

我很喜愛佛陀這段話的極致精準，如此簡潔有力，如此清晰。它是完整的真理，從古至今沒有比這個更好的消息了。

你說沒有念頭存在，你的意思是念頭發生如此迅速，等到我們覺察到它們時，它們已經成為過去？

當我說念頭已經成為過去，是基於過去不存在這樣的基本了解。什麼過去？你的證據何在？只是另一個念頭罷了。

為什麼過去心、未來心、現在心皆不可得的真相，是從古至今最好的消息？

因為那是已了悟的心智。心智欣喜於自身是一切萬象的創造者，而一切萬象本是空無。它體驗到自身是純粹的覺知，沒有任何東西在它之外，亦無任何東西在它之內，同時並沒有在進行覺知的「它」。

☆相信一個想法就等於置身在一個想像的世界，無論它看似多麼真實。

＊功課案例：蘇菲亞不聽話

菲力浦：你好，凱蒂。我已經有很長一段時間，相信我是自己問題的創造者，所以，我很難找到可以批評的對象。同時我也必須承認，帶著這個信念過日子也並不輕鬆。但是，我剛剛針對女兒填寫「批評鄰人作業單」，對自己在這過程裡受到的影響，頗有觸動。我想知道，是不是可以和你一起針對這件事做功課？

凱蒂：好的，甜心，我們開始做功課吧。

菲力浦：謝謝。

凱蒂：所以，你原本處於全然平靜的狀態，然後你的女兒想要些什麼，你就不高興了。那就可以用得上作業單。如果你沒有體驗到平靜，它就屬於作業單的內容。所有的戰爭都屬於紙上。你寫了些什麼？

菲力浦：（讀他的作業單）「我對蘇菲亞感到很生氣，她是我的女兒，因為她不聽我的話，不做我叫她做的事」。

凱蒂：當時是什麼情況？

菲力浦：我去幼兒園接她回家。我要她坐進汽車的安全座椅，她不願意。

凱蒂：她幾歲了？

菲力浦：快兩歲了。

凱蒂：「她不聽你的話」——這是真的嗎？（面向觀眾）你們在腦海裡看到蘇菲亞了嗎？他正在將她放進車子的安全座椅裡，你們有多少人看到這畫面了？（幾乎所有的觀眾都舉手）好，現在我們都在同一個夢境裡。那麼，讓我們在見證那一刻的同時，進行功課吧。（面向菲力浦）「蘇菲亞不聽你的話」——這是真的嗎？你能完全知道她真的沒有正在聽你的話嗎？

菲力浦：不，我不能。

凱蒂：第一個和第二個提問的答案只有一個詞。我們在這兩個提問上靜心冥想，直到一個單字在內在顯現，是或者不。

菲力浦：不。

凱蒂：你感覺到「不」了嗎？如果答案只是一個詞，沒有任何解釋，你就必須在更深的層面去體驗它。只要靜靜和這個提問坐在一起，對那個場景冥想，你的心會告訴你是或者不。它會通過畫面來告訴你，你找到真相所需要的一切，都會在那個靜默中呈現給你。

菲力浦：當我說不，我可以看到她實際上有在聽我說話，這讓我有解脫的感覺，因為我之前真的相信她沒在聽我說話。她是沒有坐進汽車座椅，但她確實有聽我說話。

凱蒂：這是個很有力量的覺察。

菲力浦：「的確」很有力量。將近兩年了，我一直相信她從來沒有在聽我說話。

凱蒂：現在進行第三個提問。去留意，當你相信「蘇菲亞不聽我的話」這個想法時，你是如何反應的？當你相信那個念頭時，你是怎麼對待她，怎麼對待你自己的？

菲力浦：我現在回想到的是，當時有一段時間，她一直在大喊大叫，並且不時地尖叫。

凱蒂：她一直在聽你說話，但是當你相信她沒有聽的時候，她聽到的是什麼？你是如何反應的？你是怎麼對她的？請閉上眼睛，描述出來。（面向觀眾），在座的各位，當你們相信有人不聽你說話時，**觀察你們的反應**是什麼？

菲力浦：我感到很挫敗，感覺胃部緊繃，我開始編造一些為什麼回家很好的故事，所以我對她撒謊，我真的對她撒謊了。當我更加煩躁，我逼她坐進汽車座椅，我用力強迫她坐進座椅。

凱蒂：現在，在那個場景裡，你強迫她坐進座椅時，沒有那個「她不聽我的話」的念頭，你是誰？請注意，你仍然將她放進座椅裡，你只是沒有相信那個念頭。

菲力浦：我注意到的是，她只是想逛逛，想拉著我的手走走，而不是坐進車裡。在學校外面走一會兒，這就是她想要的全部。

凱蒂：如果你當時不相信「她不聽我的話」這樣的想法，你會是怎樣呢？

菲力浦：我會更溫和一點，會有耐心。我將她放進安全座椅時，會和善地對她說話。

凱蒂：「蘇菲亞不聽我的話」反轉過來。「我……」

菲力浦：我不聽蘇菲亞的話。

凱蒂：但是你現在正在傾聽了。一切都在那個畫面中，畫面不會欺騙你，也不會引起你對它的否認，它只是向你呈現你可能忽略的事。

菲力浦：現在我等不及想見到她了！

凱蒂：是的，重新開始是很令人興奮的，傾聽一個完全不同的女兒說話，你真正的女兒，而不是你想像中的那個女兒。沒有你的故事，沒有「她不聽你的話」這個謊言，你感到和她的連結。「她不聽我的話」，你還能找到另一個反轉嗎？

菲力浦：她的確有在聽我說話，是的，她在聽。她不想坐進座椅裡。她聽到我想要什麼，然後讓我知道，那不是她想要的。

凱蒂：另一個反轉？

菲力浦：我不聽我的話。

凱蒂：你相信了你的念頭，而沒有問自己：「這是真的嗎？」你就像個兩歲的孩子，像個嬰兒。你相信你的想法，然後就失控了，就像蘇菲亞不想坐進車裡一模一樣。你開始強迫事情發生。我們在孩子很小的時候就對他們言傳身教，然後還納悶他們怎麼會那麼像我們。

菲力浦：還有，我體驗到這點也有一段時間了，我那時就知道自己必須針對這點做些什麼改變，所以，我沒有聽自己的話。

凱蒂：這例子好，我們現在進行第一道題的第二部分，「她不做我叫她做的事」，這是真的嗎？

在那個場景裡。

菲力浦：是的，在那個場景裡，是的。

凱蒂：「她不做我叫她做的事」，你能完全知道這是真的嗎？

菲力浦：是的

凱蒂：當你相信「她不做我叫她做的事」那個念頭時，你是怎麼反應的？發生了什麼事？

菲力浦：我感到無力。這很有趣，因為當我傾聽的時候，我覺得沒有人在「聽」我說話，整個世界都沒人聽我說話。於是，我也如此投射到她身上。我越說越大聲，甚至大喊來引起她的注意。

凱蒂：請閉上眼睛去觀照，在那個場景裡，沒有「她不做我叫她做的事」這個念頭，你會是怎樣呢？

菲力浦：抱歉，我還停留在前面那個提問裡。當時我自己就是個嬰兒，一個十分需要被人關注的嬰兒。（暫停）好了，我準備好了。

凱蒂：我喜歡你的內省。當之前探究功課找到我，我就像你剛才一樣，和提問坐在一起靜心冥想。有時我會在一個提問裡坐上好幾天，我的女兒會一直讓我看到，在我沒有探究功課之前，當我相信一個想法時我是怎麼反應的，以及沒有這個想法時我又會是誰。

菲力浦：我正意識到我一直沒有開放自己去接受來自女兒的禮物。當她哭的時候，當她大喊的時候，都是禮物。

凱蒂：是的，他們學到用我們的方式，去得到他們想要的東西，學到用我們的方式溝通。所以「蘇非亞不做我叫她做的事」，請反轉。

菲力浦：蘇菲亞確實做了我叫她做的事。（他閉上眼睛，沉默了一分鐘）

凱蒂：（面向觀眾）如果這些反轉，對你來說，似乎沒什麼道理。請回想這個男士對那個場景進行靜心冥想的示範，以及他是如何領悟到，什麼是真實的，什麼不是真實的，什麼是痛苦，什麼是平安。記住他是如何轉向內在而聆聽答案的。我們對反轉做冥想，看看我們在那個情況下，相信那些我們所相信的念頭時，有什麼是我們忽略而無法看見的。

菲力浦：（睜開眼睛）很多時候，我告訴女兒，我是多麼以她為榮，因為她能理解非常複雜的指令，而且可以照著去做。她能做到大部分我叫她做的事。我不知道這是不是功課的一部分，但是這些來到我的心上。

凱蒂：在冥想中，無論你發現了什麼，被呈現了什麼，都是可以的。功課，只是提問，不管什麼浮現出來，你都可以檢視。「蘇菲亞做了我叫她做的事」，請給我一個這句話如何是真實的例子。

菲力浦：事實上她做了我叫她做的事，除非那件事很傻或當它不合理的時候，她才不做，比如叫她坐到汽車的座椅。

凱蒂：甜心，在她還這麼小的時候，你就發現了這一點，而你也還那麼年輕。在那個場景裡，有兩個兩歲的小孩。當你變得有覺知，她也變得有覺知。她做了你叫她做的事，你是怎樣讓女兒坐進車裡呢？最終你可能會發現，你用的是和你父親一樣的方式，這就是你做事的模式。或者，還有另外的做法，你可以強迫，也可以帶著覺知，你可以處在憤怒中，也可以心平氣和地做。

菲力浦：我現在突然有一些有關功課是如何能夠終止戰爭的想法。我在想，如果，現在既然我有更多的工具能讓她坐進車裡了……

凱蒂：是有工具了，還是有清晰的頭腦了？

菲力浦：清晰的頭腦。

凱蒂：智慧，你自己的智慧。

菲力浦：如果人們做功課，更多的孩子就能坐進汽車的安全座椅了，而那是可以保護他們的。

凱蒂：我們從你那裡學到了舊典範，也從你那裡學到了新典範。一個有戰爭的世界，或者一個沒有戰爭的世界，這取決於你。蘇菲亞在成長的過程當中，她會給你每一個機會去找到和平之路。當她逐漸成長，她也會帶著你一起成長，這就是蘇菲亞的全部意義。她來到這裡，是為了讓你覺醒。「蘇菲亞不做我讓她做的事」。另一個反轉？「我不……」

菲力浦：我不做她叫我做的事。我們走到汽車之前，我沒有拉著她的手，和她一起走一會兒。

凱蒂：回到那個場景裡，請閉上眼睛。現在沒有你的故事，將她放進汽車座椅裡，即使她還不願意回家。和她真正的連結，她就是不想要進到車裡，保持和她連結。如果你內心願意，先陪她走走。把她放進安全座椅，看著她的眼睛，看著那張甜美的小臉，沉浸在對她的愛中，沒有你相信的那些念頭，你還好嗎？

菲力浦：還好。

凱蒂：沒有你的念頭，她還好嗎？

菲力浦：我們都很好。

凱蒂：永遠是如此，有時候你有時間陪她走一會兒，有時候你沒有。無論哪種方式，你都是清醒的，那會是個雙贏的局面。但是你不必與她失去連結。如果你失去了連結，你知道如何找到那些造成問題的念頭，然後質疑它們。我們現在看作業單的第二道題。

菲力浦：「我要蘇菲亞聽我的話，並且對此感到開心。」

凱蒂：她上了一天學之後，你要她對你強迫她坐進車裡感到開心嗎？現在，看著她那張小臉，看著她，好好看看她。她努力要掙脫汽車的座椅。你要她對此感到開心，這有可能嗎？

菲力浦：不可能，車裡那時還很熱。

凱蒂：當你相信「我要蘇菲亞聽我的話，並且對此感到開心」這個念頭時，你是怎麼反應的？

菲力浦：我對她發脾氣，我在心裡責備她是個愛哭的傢伙。我心裡想說：「妳到底有什麼毛病？」

凱蒂：所以，現在你正在教導她，她是有毛病的，然後我們還納悶，為什麼他們覺得自己有毛病！

菲力浦：我把她和別的孩子做比較，那就是我當時在教她的。

凱蒂：所以，當你將她放進座椅裡的時候，你把她和你腦海中其他孩子做比較，那些是真實的孩子，還是想像的？

菲力浦：那只是我以前有幾次看到一些沒有哭的嬰孩的一點訊息。

凱蒂：在你腦海中的是真實的嬰孩，還是想像的？

菲力浦：那是想像的。

凱蒂：所以，如果那是想像的，就是不存在的，什麼都沒有。我只是想讓你意識到，你在把你的寶貝和一個腦海中的畫面做比較——換句話說，和不存在的東西做比較。你面對的是小我強大的夢境世界，所以「你要她對此感到開心」，當你沒有「我要她對被強迫坐進悶熱的汽車座椅裡感到開心」這個念頭，你會是誰？

菲力浦：沒有那個念頭，我看到自己會很期待看到，她喜歡什麼或不喜歡什麼的反應，她展露的個性，她真實的樣子。

凱蒂：你會與她連結，沒有分離。你不會把她和你腦海裡幻想中嬰孩的畫面混為一談。「我要她對此感到開心」——請反轉。

菲力浦：我不要她對此感到開心，因為我不想讓她習慣那些不適合她的事情，比如坐進很熱的汽車裡。

凱蒂：「我不要她對此感到開心」，還有其他的例子能支持為什麼這句話是真實的嗎？

菲力浦：嗯，在那個場景裡，我不要她對此感到開心，因為還有另一個選項，和我手牽手一起走走，我喜歡和她一起做這件事。

凱蒂：我有另一個例子，你想聽聽看嗎？

菲力浦：當然。

凱蒂：當你不開心的時候，你能讓自己當下開心起來嗎？

菲力浦：不能。

凱蒂：可那就是你期待她能做到的事。

菲力浦：是的，是的，我期待她能從哭泣的狀態，立刻破涕為笑，變得真真正正地開心，然後對我說：「好的，爸爸，我立刻就去做。」

凱蒂：「好主意。爸爸，我現在好開心。」不可能啊！當你相信「我要她對此感到開心」這個念頭時，你是怎樣反應的？我們又再一次在教孩子，當他們不高興，就代表他們有問題，然後他們學會假裝，他們學會如何假裝開心的樣子。然後從某個時候起，即便我們和女兒住在一起，我們卻再也看不到我們真正的女兒。她們會想：「爸爸來了，如果我不開心，他會很懊惱。」

菲力浦：這就好像，當你不想要坐到汽車座椅裡卻硬要你進去是對的，但是想和爸爸一起散步反倒是不對的，這聽起來太可怕了。

凱蒂：如果你不開心，和爸爸一起散步就不好玩了。它真的就滲入了我們的關係裡，不是嗎？它的影響如此之深。

菲力浦：我真不敢相信這一切僅僅是來自一個和汽車座椅有關的想法。

凱蒂：而且影響如此深遠。當你女兒不開心、你太太不開心時，你還相信「她應該開心」那個念頭。它會從你的女兒延伸到你的太太、你的父母，延伸到全世界。但是最終，如果探究功課成為你日常的練習，你就不再期待任何人應該高興才行，那會讓你很快樂自在。你的快樂不再依賴任何其他人。在你的面前，我們被容許做真實的自己，因為你是個安全的所在。現在我們來看第三道題。

菲力浦：「蘇菲亞應該考慮家人的需要」。

凱蒂：（面向觀眾）你們有多少人對自己剛學走路的孩子有這樣的念頭？（許多人舉手）這就是頭腦有時候會做的事。我們的反應不是孩子引起的，而是我們所相信有關孩子的想法引起的，然後我們還覺得自己很有道理。如夢的世界，也就是小我的世界，就是具有如此強大的力量。當我們相信自己念頭時，我們甚至對自己無辜的孩子發脾氣，然後又為自己居然向年幼的小孩發脾氣而生自己的氣。你們當中任何人在生氣時，它基本上就是這樣運作的。

除了小我，沒有什麼能合理化任何的戰爭，小我依賴這樣的幻覺。「她應該考慮家人的需要」，當你相信那個念頭的時候，你是怎麼反應的？

菲力浦：我把她當成一個自私的孩子來對待，而且我真的認為這種情況永遠不會改變。

凱蒂：當其他父母相信這樣的想法時，他們是怎麼反應的？有的人成了虐童者，我們會打嬰兒，把孩子鎖在衣櫃裡，會做出各種可怕的事，然後我們恨自己。所以當我們相信這些念頭時，我們怎麼反應？一切從小小的不耐煩到暴力相向的各種反應，繼之而來的幾乎永遠是內疚。現在瞧瞧那個小可愛，而不相信「她應該考慮家人的需要」。沒有這個念頭，你會是怎樣呢？

菲力浦：我會理解她只是個小嬰孩，僅僅是在做她原本就該做的事。有時她開心，有時她不開心。

凱蒂：你甚至都不知道她不開心了，你甚至不知道她有沒有一個對自己身分的概念。

菲力浦：我對這些一無所知。

凱蒂：你還沒有認識她，但是你現在開始認識她了。

菲力浦：有一點了。

凱蒂：好，下一句，第四道題。

菲力浦：「我需要蘇菲亞更放鬆，並且願意合作」。

凱蒂：你對你的妻子或者和你一起生活的其他人，是否也有過那個念頭？

菲力浦：幾乎是對我遇見的每個人都這樣。
凱蒂：「我需要蘇菲亞更放鬆，並且願意合作」——這是真的嗎？
菲力浦：不是。
凱蒂：（用她的雙手比劃）她只有這麼一點大，而你是**那麼大**。你可以開開心心地把她放進汽車座椅裡。在你的第二道題「我要她開心」，我們還沒有反轉到「我要我開心」。和蘇菲亞在一起的那個場景裡，我要「我」聽我自己的話，並且對此感到開心，對嗎？這並不容易。
菲力浦：但是，它非常真實。
凱蒂：之前你是個相信念頭的人，現在你有了一個相對經過質疑的心智。質疑就是讓你如何能夠對每一個想的念頭感到開心，對每個給你生活帶來衝突的念頭，最終找到快樂的方法。「我需要蘇菲亞更放鬆，並且願意合作」——請反轉。
菲力浦：我需要我更放鬆，並且願意合作。的確如此。
凱蒂：還有另一個反轉的方向，反轉到完全相反的那一面，你能找到它嗎？
菲力浦：我不需要她更放鬆，並且願意合作。
凱蒂：她**怎麼可能**做到呢？
菲力浦：是的，我看到了。她每一件事都是和我學的。
凱蒂：她是你的鏡中影像，你如何看待生命，她就呈現什麼樣子。我們現在來看作業單的第五道題。

菲力浦：蘇菲亞是個愚蠢的嬰孩，不講道理，任性的，有公主病。

凱蒂：反轉，「在那個當下，我是……」

菲力浦：在那個當下，我是個愚蠢的嬰孩，不講道理，任性的，還有公主病。我特別注意到最後這句，我就像個公主一樣發號施令：「好，現在你做這個，然後你做那個，快進到汽車座椅裡，趕緊高興起來，這是我的命令。」

凱蒂：一個獨裁者，你能找到另一個相反的反轉嗎？「蘇菲亞是……」，愚蠢的反義詞是什麼？

菲力浦：一個很棒的寶貝。

凱蒂：不講道理的反義詞？

菲力浦：聰明伶俐。

凱蒂：試試看，講道理，如何？

菲力浦：講道理。

凱蒂：在那個場景裡，她是講道理的。

菲力浦：謝謝你提醒這一點。

凱蒂：作業單第六道題——我們現在來看這個。

菲力浦：「我再也不要失去耐心或者有想抽她耳光的衝動」。

凱蒂：「我願意……」
菲力浦：我願意失去耐心，並且有想抽她耳光的衝動。
凱蒂：是的，親愛的。可能還會發生這樣的事，你腦子裡會有種種想法，當你相信它們的時候，你會製造暴力。即使你只是對你愛的人說話時提高了嗓門，你的內在的感受也會如同暴力一樣。所以，「我期待……」
菲力浦：我期待失去耐心，並且有抽她耳光的衝動。
凱蒂：你期待它，因為那樣的衝動如此瘋狂，它會喚醒你，看到自心迷惑的狀態。探究功課是一種預防醫學，我很開心你找到了它。
菲力浦：非常感謝你。
凱蒂：不客氣。

19 不可思議的財富

佛說：「我問你，須菩提，如果有人以不可思議的財富裝滿三千大千個世界，然後全數捐獻，支持慈善事業，此人得到的福德多嗎？」

「甚多，世尊。」

佛說：「的確如此，但如果這個福德是真實的，佛就不會稱它為『甚多』。正因為這個福德並不真實存在，所以佛才稱它為『甚多』。」

每次我給出某樣東西，回到我這裡的，便是自由。我得以讓整個世界進入原本被我所有之物占據的空間。當我放棄擁有，我得到了整個世界。我領悟到從一開始就沒有任何東西可以擁有，因此一切都是我的。即使我今天看似擁有一些東西，那永遠是不可能的。擁有只是一種心智的狀態。你只需去目睹一棟建築物毀於火炬，或埋葬你心愛的人，你就可以明白。一旦你理解這點，你會注意到一切都是你的，而且向來都是如此。當我開車經過鄰近社區，看到有人給草坪澆水，我知道那是我的草坪、我的房子、我的朋友，雖然我們從來沒有相遇過。我認識他，他正在照顧我的世界，正做著需要做的事。所有的事情中都有福德，每個當下也都有福德，甚至沒有任何需要去覺知它的存在，因為此刻的現況就是如此，不管我們是否注意到。

我認同佛陀在這裡談論的這個人，那個擁有不可思議財富的男人或女人，在所有可能存在的宇宙裡，可能是當中最富有並且給出所有的一切的人。財富是一種心靈的狀態，如果對任何東西有所保留，那就不是真正的財富。真正的財富，即表象上具足福德的心態，是什麼都可以給出去的，因為它在給自己，它無法有所保留。當頭腦（mind）與心靈（heart，我對本然智慧的稱呼）相結合，它不會去分別對錯，它永遠與自己一致，處在全然符合自性的狀態。那是自我的歌曲，也是我們真實本性的歌謠。我從來不需要費盡心思去想「誰需要這個？」，那是一件我從來不會想要去承擔的工作。我的豐盛是如此的巨大，永遠不可能耗盡——連一小丁點都不可能。每一次我耗用它，它便一再以成倍的速度增長。它完完全全自給自足，是一口永不枯竭的井。作為宇宙中最富有的那個人是很有趣的，因為你總是全然悠閑自在。你的財富永遠不可能減少，而你從來也不需要為它做任何事，或者對它做任何事，你僅僅是一個管道而已。

作為宇宙中最窮困的那個人也是一樣的美好，沒有什麼屬於我，我一無所有，我也什麼都不是，這讓我與一切同在。我所給出去的，不是我的。這口井從不停止流動，無論是不是有表達出來的需要，它依然源源不斷的傾瀉而出。

在一九九七年，一對夫婦帶著他們年幼的孩子，來參觀我正在出售的只有一房的小套房。他們看完房子後，發現不是他們想要的。不過，當談話在我自己住的大房子裡繼續進行時，這位女士突然轉向她的先生說：「我願意做任何事來擁有像這樣的房子，你呢？」他們笑了起來，接著歎口氣，然後她轉向我，盯著我的眼睛看，笑著說：「你願意將你的房子給我們嗎？」我說：「好呀！」她說：「你是開玩笑吧？」「不是。」於是，我將我住的房子給了他們。他們非常驚訝，也非常的感恩。當他們搬進來的時候，表示很喜歡我的狗，所以我也把狗給了他們。

在整個交易過程中，我不曾有一刻認為我在做任何慷慨的事。在他們開口問的那一剎那，顯而易見的，這房子便是他們的，不再是屬於我可以給予的東西。他們如此鍾愛這房子，如果不給他們，我就是個大傻瓜。他們屬於這裡，我只是純粹看到了這個事實，沒有什麼決定需要做。對我的狗也是一樣的，他們顯然非常愛它。羅姍，我最小的孩子，在那時已經搬出這房子許多年了，而且我知道，狗狗會很開心有年幼的小朋友陪它一起玩。

「豐盛」不是一個關於昨天或明天的字眼，它是在當下就可以認出來、活出來、給出來的。它從不停息，它持續地傾其所有。一旦你明白這點，那些費勁的苦苦掙扎自然遠離。你只需要去留意，同時讓給予透過你而發生，興奮地去觀看它接下來會去哪裡，始終明白你所需要的將取之不盡，用之不竭。

你曾說你總是發現賺錢很容易。你是否一直覺得很富有？

在一九八六年之前，絕對不是如此。財富是心靈的自由。在我十歲或十一歲，販賣聖誕卡、生日卡和各種節日的卡片時，已經覺得賺錢對我來說是很容易的事。而在我二、三十歲那段期間，我賺了很多錢，感受到的卻是富有的相反。雖然我擁有好幾個事業、一棟美好的房子，還有其他房地產、好幾輛車、一艘船等等，我卻從不曾信任自己將有足夠的錢來支撐這一切。一九八六年之後，沒有任何需要財富的主體，因為我領悟到一切都屬於我，因此永遠沒有理由去擁有任何東西。其他人會為我照顧它，對我慷慨或不慷慨、無論他們保有它或給出去，一切都是應有的樣子，沒有什麼是失序的，一切都是禮物。

你把房子給人時，保羅是怎麼反應的？

起初他簡直瘋了。那時，他對我的奇特行徑已經習以為常，但這件事，他還是覺得太離譜了。根據他的說法，我們的整個世界都與那棟房子捆綁在一起，但是過一陣子後，他冷靜下來，也在文件上簽字了。在這件事上，他必定是信任我的，所以哪怕他有他相信的想法，也還是這樣做了。

☆ 每次我給出某樣東西，回到我這裡的，便是自由。

20 完美的身相

佛說：「我問你，須菩提，佛能藉由他完美的身相來觀察嗎？」

須菩提說：「不能，世尊。佛無法藉由他完美的身相觀察出來。佛說過，完美的身相並非完美的身相，只是『稱為』完美的身相。」

「佛能藉由任何特殊，可以辨識出來的特徵而被認出來嗎？」

「不能，世尊。佛無法藉由任何特殊的、可辨識的特徵被察覺到。佛說過，任何特殊的特徵並非特殊的特徵，只是『稱為』特殊的特徵。」

每一個人都是佛陀，每一個人都有最完美的身體，如果你無法把你的身體和其他人的比較，怎麼可能會有任何的不足呢？沒有頭腦中的比較，沒有人會太胖或太瘦，那是不可能的，它只是個迷思。做比較會阻礙你去覺知眼前的現狀。你可能重達二百二十七公斤，也可能因為癌症而瀕臨死亡，即便如此，你仍然擁有著最完美的身體，為了精準地成為當下你是誰的模樣而需要的身體。

人們有時候會帶著想要治癒他們身體的動機來做功課，他們不明白神智清明才是正解，而那不是身體可以決定的。終究，身體是撐不下去的，這真是個非常好的消息，它結束了。忘了它吧！

讓我們從真正的原因入手。如果這些關於身體的故事是真實的，那它意味著肥胖的人都永遠不可能自我了悟，那些坐輪椅的、老的、生病的、不夠漂亮的也都不能，那幾乎就將全人類都屏除在外了！在這樣的理論之下，我們沒有人能夠有機會自由。人們以為他們需要先讓自己的人生變得完美，「然後」在將來才能享有平安。我們能不能當下就在這裡平安呢？

我建議你不要帶著治癒身體的動機來做功課，要帶著對真相的熱愛去探究，療癒你的心靈，以理解來面對造成你壓力的念頭。你可以用很多年的時間，吃最正確的食物，每天規律運動，讓身體處在最完美的狀態，然後一輛卡車撞上了過馬路的你。你能不能現在就快樂呢？不是明天，不是十分鐘後？我用「快樂」這個字來代表一個自然狀態的平安與清晰，而那正是功課可以帶給我們的。

身體不會渴望、不會想要，它不知道、不在乎，它不愛也不恨，它不會肚子餓或口渴。身體僅僅只是反映心智所執著的。從來沒有物質上的癮頭，只有精神上的。身體跟隨心智，它沒有別的選擇。（事實上它們是同時發生的。但是，只要我們看似活在二元對立的世界，那我們就說，身體跟隨心智）。

當內心安寧，它就會將身體投射成完美的，即使它正經歷心臟病發作，躺在救護車上趕往醫院的途中，對任何可能會發生的事不存絲毫恐懼。對神智清明的心來說，恐懼是不可能的。它熱愛每一個當下，即便這可能是它——認同自己是一個這個或那個身分的它——生命旅程的最後一段，不管是在救護車裡，還是獨自一人。它不再與現實爭戰。

一九八六年的某一天，那時是我在中途之家閣樓地板上的經驗過後的幾個月。我坐在沙發上，準備起身時，卻突然無法移動，我雙腳麻痹了，宛若與我毫不相關。我記得把手放在腿上，好像對老朋友一樣和它們說話，「噢，親愛的，」我說：「你們已經帶著我這麼多年，從沒有任何要求，你們再也不需要為我而移動，再也不用。」而在當下，我感受到對它們一種無法言喻的感恩，感激它們已經帶我走了這麼遠的旅程。我和它們坐在一起，沒有任何期待，我靜靜地等著看看它們會做些什麼。差不多四十五分鐘之後，它們以一種我從未體驗過的生命力恢復過來，似乎比過往還來得有力量與活力，甚至比我還是個孩子時的狀態還要好。它們有如剛剛誕生了嶄新的生命，好像愛是如此具有吸引力，它們願意超越自己來與它結合。

清晰的心智明白身體與個人無關，身體不可能製造任何問題，頭腦對身體的認同才是造成困惑和痛苦的源頭。認同身體的心智害怕沒有身體，它不知道沒有家該何去何從，沒有自我該怎麼辦，看似它顯然永遠失去了一切。它尚未對自身有足夠的理解而能放下，當它在難得失去認同的瞬間，又把自己嚇壞了，變得渺小無措，不知道如何重拾自己的自由。

在心智覺醒於實相的過程裡，探究功課是讓心能夠安全放掉掌控的一個途徑。當心智認為自己所認同的身體不夠完美時，它變得有限。它看到身體，明白它正在死亡，一想到沒有任何身分認同的狀態，它便驚慌失措。它不明白這樣的認同從一開始就是錯誤的，心智如何可能是身體呢？

它如何能夠活或死亡呢？只要它認為它有能力活著或者死亡，它就把自己困在幻相裡了。

人們害怕死亡，他們以為自己不知道如何死去，但真相是每一個人都知道如何死亡。我們生命中的每一個夜晚都完美地做著這件事，當你精疲力盡，即便你知道你可能永遠再也看不到天光，那個時候你寧可睡覺？還是繼續醒著？這是沒法比的。我們每一天晚上都把自己帶向清空一切的狀態，而且沒有睡眠，我們會感覺不對勁，甚至可能會因睡眠被剝奪而發瘋。我們醒於什麼呢？心念。心念在心中甦醒。如果我們喜愛自己所想的，我們有多麼喜愛睡覺（無的狀態），就多麼喜愛清醒（有的狀態）。

與身體認同，認同為「你」，是心智充滿妄想的狀態，傲慢也隨之而生。如果心智相信它是一個它根本不是的東西，那它就必須想像它所投射的一切都是真的，而在這樣的傲慢裡，它認為自己必須去保存那從來無法保留的。如果心智有所選擇，它為什麼要把自己認同為一個身體，然後活在死亡的威脅下呢？難道它不會更想要明白，如何在沒有身分認同的情況下，在自己沒有形體、無限存在的喜悅中重新發揮生命力嗎？

比如，我的心臟永遠是完美的，因為我從不相信它是我的，無論它正有力地跳動著，或是爆破而消失，它就是它應該有的樣子。即便心臟病發作，對當下的那一刻也是完美的。當你正在經歷心臟病發，卻同時抗拒正在發生的，你將會在驚恐害怕的情況下經歷這一切。但是沒有任何腦海中的故事，你可以在平靜狀態中經歷心臟病的發作，它甚至可能是件令人興奮的事。

一九九九年的某天，我正從皮特咖啡館開車回到在曼哈頓海灘三十五街的家。收音機上正播放著我熱愛的音樂，一邊聽音樂時，一陣刺痛穿過我的胸和手臂。在劇烈疼痛的同時，相伴著陣陣興奮，我感到很有趣。那時交通很擁擠，我找到停車位，開過去，停下來。我看到的每一件事物都變成了慢動作：天空，樹，建築物，還有我放在駕駛盤上的手，那是美好的一天。這就是她死亡的方式嗎？這就是故事的結尾嗎？我不想要錯過任何一丁點，任何一個可能是生命最後場景的時刻，天空，建築物，柏油，手，方向盤，靜默。這是一份多大的恩典！隨著喜悅持續將我填滿，疼痛開始逐漸消退，回歸它來自的地方，我對事情是這樣的發生，忍不住放聲大笑。這個故事無論是持續或結束都一樣的好，我喜愛我完全臨在當下，而不至於錯過這表象上美好生命的任何一瞬間、任何一次呼吸。

你在二〇一四年二月時差一點死去，那次的經驗是什麼樣子？

根據我的醫生的看法，我差點死掉——這不是我的看法。我得了急性肺炎，還出現黃疸、肝衰竭與腎衰竭的症狀。我的醫生朋友艾莉森．嘉博，送我進了急診室，並召集三位專家會診逐漸衰竭的器官。在連續七天的時間裡，他們一直無法阻止器官逐漸衰竭。那是個自然的過程，有如落日：非常美好。

在某個時間點，艾莉森對史蒂夫說：「情況真的很嚴重，我很擔憂，我們可能會失去她。」然後她決定試著對我的肺部施行最後一道手術。當時史蒂夫站在我床邊，她對我說：「你的心臟有可能在手術進行時停止跳動。我們需要你的同意才能進行搶救，這是你想要的嗎？」我沒有回答，因為對於生或死，我沒有任何偏好。事實上，我以為她在開玩笑。然後我意識到，她是真的相信我可能會死，所以為了不讓她感到困惑，我讓史蒂夫代我回答。他告訴她，「他」會為我作出選擇：只要不會造成嚴重的腦部傷害，她可以對我進行搶救。這對我來說沒問題。我接受了手術的進行，不帶著任何偏好，也沒有上演任何戲碼。對我而言，這整場經驗不是什麼嚴重的事。所有一切只是心智的遊戲。

☆終究，身體會撐不下去，這真是個非常好的消息。

21 沒有什麼可以失去

佛說：「須菩提，千萬不要以為佛有什麼東西可以教導。如果有人說佛有任何東西可以教導，他即是在毀謗佛。他不了解佛教導的是些什麼。教導真理時，並不存在可以教導的真理，這就是為什麼它稱為『教導真理』。」。

須菩提說：「世尊，數千年後，會不會有眾生聽到您這番話而生起信心呢？」

佛說：「那些生信心的眾生並非眾生，也不是非眾生。佛曾經教導過，所有眾生並非真實的眾生，他們只是稱為『眾生』。」

我最喜歡的一個說法就是「我沒有什麼可以失去」，沒有什麼屬於我，而我體驗到的是自由。話雖這麼說，但是只要有東西受我照料，我就是個極佳的保管者。我想要盡量保持它的原貌，不受任何損害，因為你可能是下一位接手它的人，而我設想你將會和我一樣的喜愛這件物品。

我怎麼可能擁有任何東西呢？那是不可能的。除了自己的幻相，我還能有什麼東西可以失去呢？當心智不再害怕它自己，就是分離的結束。最終，它會明白自己不可能擁有任何東西，甚至無法擁有它自己。

唯一值得學習的事就是「瓦解所學的（unlearn）」，方法就是去質疑每一件你自認為知道的事。一旦你找到認識自己的鑰匙，你會發現莫大的自由，它如此廣闊無垠，沒有任何一個物質上的身體可以容納得下，甚至連宇宙都容納不下。瓦解學習即是這份廣大無垠展現自己的方式。只要我們困住在我們自認為知道的，世界依然渺小，生命依然活在一種表象的痛苦中。

當你相信有問題存在而向佛陀求助，他不會教你任何事情。佛陀是你反射出來的自己。他會引導你回歸自己的心，那是所有答案的所在。如果有任何的東西存在，那只有心智存在。佛陀永遠會指離物質世界，回歸那能體驗自我了悟的唯一所在。

佛陀安住在一個未知心的絕對信任當中，沒有過去或未來能操控他的行動，宛若隨風飄動的一片葉子，永遠停落在最完美的地點。對於尚未開悟的心智而言，唯一可以跟得上佛陀腳步的方式，就是走在「我不可能知道」的路徑上。這不是一種作為，雖然看似如此。佛陀的力量不是來自於他說了什麼或做了什麼，而是來自於他活出的源頭：覺知。當他走在他的道上，人們自然跟隨他，是因為他們受到吸引。他從來沒說：「跟隨我吧！」

質疑你所確信的一切，需要開放的心。在往內探索的歷程裡，需要無畏的心，願意前往它未到之處的心。那是一趟邁向真相的旅程，一切事物都會消融在真相中，沒有什麼得以存留。它是愛的本身，而且沒有一樣東西不是它。那是最終在它自己之內停息的心，安住在自己家中，那是所有衝突、戰爭與不仁慈的結束，也是認同身體的終結，更是一個分離個體的終結。開悟的心明白，除了喜悅的自性以外，空無一物存在。

你說，當一切事物都消融於真相中，心會發現自己就是愛本身。你能詳細說明一下嗎？

心的本質是清晰、擴展、喜悅的創造，無止境地在自己之內遊戲。它的慷慨不可限量，它揭示出那些看似是、實則不是的事物的真相。它什麼都不是，也什麼都是，同時也是空無。它比立即更快速，它浩瀚無邊、涵蓋一切、永遠獨自，而且超乎你想像的美麗。凡迷失的已永遠尋獲；凡尋獲的已永遠消逝。

☆ 唯一值得學習的事就是瓦解所學的，方法是去質疑每一件你自認為知道的事。

22 撿起垃圾

佛說：「我問你一件事，須菩提，當我開悟時，我有得到任何東西嗎？」

須菩提說：「沒有，世尊。如我所了解的，你事實上並未得到任何東西。」

佛說：「正是如此，須菩提。當我達成無上正等正覺（完全圓滿的開悟），我完全沒有得到任何東西。這就是為什麼它被稱為『無上正等正覺（完全圓滿的開悟）』。」

沒有人曾達成開悟。開悟不是一個事件，它只是想像力的虛構物，並且發生在不存在的過去。此時此刻，你是否對自己有壓力的想法有所了悟嗎？那是唯一重要的開悟。

沒有過去，我沒有任何參考座標，沒有人有。當腦海中一個故事出現，我們專注於上，這故事立即覆蓋了覺知，而瞬間成了我們全部的世界。這就有如坐在戲院裡觀看電影，它全面占據了我們的注意力，以致於我們認為它是真的，我們會因入戲而渾身戰慄，或感動落淚。聚焦在一個未經質疑的故事就像是那樣，我們稱它為過去的事件。但如果你四處尋覓所謂的過去，你不可能找到，你只能找到你當下此刻的所在。

在我眼前，不管是什麼樣的工作，都不會比我能處理的更困難，因為我從來不需要處理它。

不是我把垃圾撿起來，要不就是我沒有注意到它，那就留著給別人去注意。當你注意到地上的垃圾，你是怎麼投射它的？它是醜陋的、麻煩的，一件羞恥的事？或著它是你那一刻最完美的工作？讓自己的心智清晰，所以你可以活在一個美好的世界裡，一個真正的世界，才是我們最終的工作。無論是天堂或地獄，都是這樣創造出來的。佛陀的工作就僅僅是撿起垃圾、洗碗、掃地。在這當中，他一點一點改變這個世界，讓它更好。但是，最終的工作不是去改變這個世界，而是去了解你內在的世界。

沒有人可以永遠改變世界，你可以撿起這個垃圾，但是其他地方永遠會有更多的垃圾。我們唯一可以真正改變的世界，是我們自己感知的世界，而那才是重要的。直到有一天，你所感知的，完美地與你心田共鳴，一如敲響你宛如鈴鐺的心，世界穿透你，看見垃圾的瞬間成為一個恩典的時刻。沒有什麼不能讓你開悟，因為一切都只是感知，所以質疑任何會讓你失去對自性覺知的一切事物。沒有什麼比「空無」來的更仁慈。

你說你沒有過去，但是你記得一些事情，好比在母親臨終時照顧她，難道這不表示你有個過去嗎？

一點也不，我純粹是在報告此刻出現在我腦海裡，一個屬於表象過去的電影，而且它已不是現在，不在此刻。它們僅僅是對那在當下並不存在的一些指標和象徵而已。如果你正在受苦，我會說任何話，去任何地方，我會說你的語言，我會假裝我存在，而這些唯有受到你的邀請，我才會這麼做。

☆

此時此刻，你是否對自己有壓力的想法有所了悟嗎？那是唯一重要的開悟。

23 感恩不需要為什麼

佛說：「另外，須菩提，在開悟的心智之內，一切平等，沒有高低之分，沒有優劣之別。那是為何它稱為『開悟』。當一位不相信『自我』與『他人』概念的人，無私的行動，此人便能夠體現，並活出開悟的狀態。」

並不是「我們在做任何事」，終極而言是「一切透過我們而完成」。當我說「我愛你」，其實並沒有特定的人格在說話，那是一種對自身的愛。我只是在與自己對話，更正確的說，是它在和它自己對話。如果我說「讓我倒茶給你」，是「它」在給它自己倒自己的茶，連茶也是它自己。它是如此完全沉浸在自己裡，以致於留不出空間給任何其他東西，連一個分子都無法與它分離，那是真正的愛。

那是最究竟的自己：無我（the non-self）。它永遠專注在自己的身上，也永遠愛著自己。在表象的二元對立的世界裡，人們會看到一個你與一個我，但是在實相裡只有一個，一切是平等的，沒有存在一個這個，也沒有一個那個，即便說「一個」都是妄想。無論你如何試圖與別人切斷連結，那個可能性是不存在。你相信的任何想法都是試圖破壞這種連結，但這僅僅是一種企圖，永遠不可能達成，那就是為什麼那令人感覺如此不舒服的原因。

當我覺醒於實相的時候，我不曾聽過靜心冥想這樣的事，也沒人告訴我「念頭是敵人」，於是很自然的，我能面對每一個升起的念頭，如朋友般歡迎它。我無法在面對你時，把你當成敵人而不感到有壓力，所以我在面對念頭時，怎麼可能把它視為敵人，卻不感到壓力呢？當我學會把念頭當成朋友，我注意到我也能將每一位遇見的人當成朋友。你說的那些有關我的事裡，有什麼不曾在我的腦子裡出現過呢？真的就是如此簡單。

我不可能不愛在我面前的人或一群人——那豈不瘋狂！我只是對他們不抱任何期待，完全沒有。他們出於為自己，或自己的快樂而給出任何他們願意給予的，我會展開雙臂歡迎，熱愛任何發自人們內心的慷慨。人們來來去去，我愛他們的來臨，也愛他們的離去。我知道我無法挑選是誰留在我身邊，也不可能拿自己小小的選擇來欺瞞自己，我為什麼要這麼做呢？當宇宙如此廣大無垠，我為什麼要選擇渺小？我不去指揮誰應該留在我的生命裡，或誰應該何時到來或離開。我如何可能知道呢？

當人們慷慨時，我心懷感激不是針對他們，就只是感激，如此而已。如果待會兒有個理由出現，它永遠是有效的。感恩不需要為什麼。有一個「因為」如何如何的故事可以非常美好，就如同一般故事一樣，但是，到最後我們僅僅是感恩。沒有什麼可信的理由足以挑戰這一刻的美好。而唯一比此刻更美好的事物，就是**此刻**……哎呀，它到哪去了呢？而每一個現在……現在……現在……是唯一的現在，而此刻，現在已成過去。我無法承載所有的感恩，那是真的嗎？我想不是，你自己試試看吧。

佛陀說，慷慨無私不是真的慷慨無私。那是因為當你真正慷慨，你不會感覺自己正在慷慨無私，我們只是做我們知道該做的事。它自然而然的發生，我們會給予，僅僅是因為那是我們真正是誰的本性。這不是一種選擇。

我所經驗過有關慷慨無私最棒的例子，是在一九八六年八月首次出現在我面前的一位老婦人，我稱她為「我的女士」。那是一個大清早，我還躺在床上睡覺，就在保羅的旁邊。我醒來時，看到她坐在我們床邊的一張靠牆的椅子上。她是一位最甜美，看起來最最慈祥和藹的老婦人，差不多六十幾歲左右，而在今天我們可能會說她大概八十多歲。她胖胖的，但沒有過於肥胖，差不多一百六十公分高，八十公斤左右。她穿著黑色有綁帶的皮鞋，上面有扣環，還加上小小的寬鞋跟，一件黑白相間並有前排扣的印花洋裝，配上同樣材質的細腰帶，點綴一個小小的黑色布鈕扣，袖子蓋住她上手臂的一大半。裙擺蓋過小腿肚，但是我知道在她的洋裝底下，還穿有拉到膝蓋下方的絲襪。她的頭髮鬆鬆散散地向後梳成一個髮髻。她雙腿分開坐著，雙手放在前方大腿上，她的拇指和食指交錯成環狀。她極為仁慈親切，絲毫沒有惡意，我感受到一種前所未有的信任感。假設我那時有信耶穌，或認識佛陀，我可能會投射出他們其中一位。但當時我只能投射我所愛和信任的。

然後，突然間我很驚訝地發現，自己居然在這位女士之內，成為了她，沒有「我曾經是一個凱蒂」的任何意識。接著我去了一個我後來稱之為「學校」的地方，就像我驟然從我的（女士的）頭上發射出去，進入另一個維度。我感覺一切物質的創造過程正在我的眼前開展，從時間的最初，到時間的結束，全部都是數字。宇宙間的每一樣事物都是一個數字，並且所有數字都有自己的顏色和聲音，它們開始一路向外面漫遊，然後返回，回歸到零。我看到在宇宙中的每一個事物，全部疊加起來竟是空無。我不知道這個經驗持續了多久，感覺上有如永恆。

接下來，我發現自己回到這位坐在椅子上的女士身上，看著躺在床上這個叫凱蒂的女人，與她身旁的男人，我感受到一種廣大無邊無法描述的愛。我看見他們是如此的原始，宛如他們是來自一個黑暗的古老世界。我看見了他們眼中的動物性，那樣的稠密，那樣的愚鈍。我看到他們兩個人是一樣的無明。躺在床上的女人並沒有開悟，那唯一開悟的部分，正作為一位觀察者坐在這椅子上。但是作為這位女士，我並非坐在椅子上，我完全沒有形相，我遍及各處。我從未來見過這些人，也從未見過「任何」人類，我從未見過任何事物。在他們沉重密實的痛苦之下，我看見了他們的無辜。我能明瞭所有他們不能理解的，他們沒能覺察自己完全不需要受苦。在他們的困惑裡，他們真的相信自己是受害者，而且沒有出路。

我以一個全然慈悲的存在看著他們，從一個所有痛苦已被超越的所在，在這裡，甚至連物質界存在的可能都無法憶起。我從時間的另一端看著他們，床上的兩人即是全人類，就是每一個男人與女人，他們沒有犯過任何錯，卻承受著好像真做錯事的痛苦。他們以為自己是分開的個體，但事實不是。他們以為很多事不對勁，但其實從來沒有。我心中充滿對他們的慈悲之情，一瞥見他們的無辜，我不自禁全然消融在一個巨大的愛裡。我從這位女士的視角看出去，是來自一個完全理解的所在，然而對凱蒂的覺受而言，那有可能會遠超出她所能承受的。這份愛是如此浩瀚無際，如此強烈，強烈到猶如可以將她燃燒成灰。

當我發現自己回到這個凱蒂之人的身上時，我看向椅子那邊，我的女士已經不在了，我感到十分驚恐。我問保羅：「她去哪了？」他說：「你到底在說誰呀？」

在那之後，每當我說謊，誇大其詞，或企圖去改變或操控一個人或情況，或是帶著想要左右情況的動機去說，或做某些事的時候，我便看到我的女士。她是我的老師，對我而言，她和一個活生生的人一樣真實，和我的孩子一樣的具體實在。每次我想要操控任何人，讓他們認為我很重要、很有智慧或仁慈，或任何特定的觀感，好取得他們對我的愛或認可，我就會感覺內在那位女士的缺席，會看見她站在房間的另一頭，低頭看著地板，我即明白我的內在有不平衡或尚未完成的東西。我知道必須趕快找出當時我內在進行的動機，收回我所說的話，然後直接明白說出心裡的真相。我會回頭找曾經對他說謊，或試圖操控、或博取好感的對象，我會說：「我剛才對你說了謊」或「我剛才想要讓你認為我很重要」。我會立刻清理剛剛的互動，因為我感到寧可死去，也不想失去我的女士。我當時不明白她其實就是我，我只知道沒有她，我活不下去，我願意做任何事來留住她。在我能清理自己的行為之前，她與我是分離的，因此我必須動作迅速，清理我的行為後，我便不會再看見她，只會感覺到她的存在，而且是立即發生的：是一種瞬間的流動，從它自己返回自己。

每當我的女士離開我，我便會有一種驚恐的空虛感，以及想要她回來的強烈渴望。心裡有一個無聲的請求，聽起來就像：「回來吧！請回來！」她不可能接受賄賂，不可能被說服，也不可能被蒙騙過去，她絕對的正直。於是我會收拾自己的爛攤子，向人道歉，而且我必須是發自內心，認認真真地去做，那是唯一可以讓她回來的方式：它必須是真心誠意的。只有謙遜可以吸引她。當我不真誠，哪怕僅僅是小小的一丁點，或只是最細微的小謊言或操弄，她便完全沒有興趣住在這個表象的凱蒂身體裡。在這種情況下，我的身體變得如此的稠密沉重而無法容納她，她如此輕盈，無法在這樣的沉重的密度中體驗它：這樣的沉重稠密會將她趕出於我之外。但是要讓她回來是一件非常簡單的事，我所需要做的僅僅是承認我說謊了，或不仁慈，或欠缺操守，並且是打從心裡真心誠意的承認。我不在乎誰聽到了，也不在乎他們怎麼看待我；也不在乎房間裡有一百人在場。無論後果可能是什麼，我找到自己的缺失，便立即改正，並且鉅細靡遺毫無保留地向別人承認。當我改正後，我就有足夠的空間容納她。除非我是發自肺腑之言，否則她不會回到我身上。

隨著誠實而來的是平安，那是我找到自己正直操守的途徑。我從她那裡學會了謙卑，以及全然的誠實。我越來越能活在她的覺知之內，在此同時，這個表象的凱蒂逐漸脫落，而且越來越顯得不真實，成為僅僅是一堆故事與概念的組合而已。

後來，我才明白是我投射出我的女士，我沒有任何一位老師，因此我投射出來這麼一位和藹可親的老婦人，穿著印花洋裝和一雙有趣的鞋子，頭後梳個髮髻，她其實只是我內在真相的象徵。然而我投射了她，是因為在我的文化裡，一般人們沒有所謂心靈上的導師，我也沒有任何宗教信仰，甚至從不知道有精神導師這麼一回事，我以為他們都早已作古，或隱藏在聖經的某處。

差不多七八個月之後，整個過程就結束了。一旦存在一種平衡，一旦我明白她只是我的投射，她便消失了，而且我知道她再也不會出現，我們已完全合而為一，她一直就是我自己。

在那個時候，人們開始告訴我，我應該去上大學（我十八歲時就退學了），所以一九八九年，我在巴斯托的社區學院裡修了幾門課。那是很奇特的經驗，我從未見過人們試圖以這樣的方式學習。「你同時學習好多東西！」我思索著，「你難道不知道『瓦解所學的』有多重要嗎？」有一天我和心理系主任聊天，他不經意地提到，幻影其實是一個迷思。於是，我告訴他有關我的女士的經驗，然後他說，我所描述的是不可能的，不可能有這樣的事情發生。我只是點點頭，同時知道儘管如此，她曾在那裡被我投射出來，一如我的同學，我的孩子和所有人，包括這位教授也都是我的投射，但是我沒有這麼告訴他。

當我現在回想起我的女士，我領悟到她展示給我的正是佛陀的慷慨無私。當我還是之前困惑的凱蒂，從床上的位置，看到她充滿慈悲的臉龐，然後當我在她之內，看著床上的女人，我體驗到她內在的慈悲。自由必須完完全全的滲透到每一個層次，一直到所有的回聲，所有的陰影都消失為止。

當保羅看不見我的女士，我其實是很驚恐的，如果他都不能看見她，那我如何能夠再次找到她呢？她不留絲毫痕跡地消失了。數個月之後，我領悟到心有多麼的慷慨，它會願意從自己抽離出來，讓最有愛心、最慈悲的自己，成為一個獨立分開的形相，來到這個密重、充滿痛苦的世界，示現讓我明白什麼是慈悲，而未說一言一語。沒有介紹，沒有招呼，沒有哈囉或任何告別。她純粹為了我而來到這個世界，帶著極度的慷慨，卻什麼也沒說。所以我什麼也沒說，雖然我看似在說話。她回到這個充滿痛苦的古老世界，而那也是為什麼當人們請求我，我會一再回到這古老世界的原因。她理解我的痛苦；我也理解人們的痛苦。她慈悲為懷；我也心懷慈悲。一切宛如從鏡中所見，她是我自己的鏡中像。她教我的每件事，我一一學習了，她不發一言卻向我說明了一切。愛是完全可以認得出來的。沒有人認不出真正的愛。

你說，念頭不是敵人，所以你不會試圖擺脫念頭。你都想一些什麼樣的念頭？

一旦我理解我的念頭，生命就變成純粹的喜悅。我喜愛眼前如實的現況，因此那就是我心念所在之處。如果我有一個「我喜歡走路」的念頭，那是因為我正在走路。如果我有了「我喜愛沉靜」

的念頭，那是因為我正處於沉靜之中。如果我有「我喜歡洗碗」的念頭，那是因為我正在洗碗。我的心念與現實一致，我總能意識到它們之間的齊步和諧。

你享受思考嗎？

非常享受。更正確來說，我喜愛被念頭所想，也喜歡我永遠找不到一個可以抓得住的念頭。

為什麼你在一九八六年的時候需要那位女士的眼光？功課已經活在你心中，為何還需要其他的東西呢？

因為事情就是那樣發生的，我不知道自己需要額外的幫助，然而她就這樣出現了。我們都會得到自己所需要的，而且恰好就在我們需要的時刻。今天，「我」也是一位只要人們需要，她便停留的女士，一刻不多，一刻不少。

當心理解一切，並且安靜地在自己之內歇息時，奇特的事是可能發生的，但這些事並不比呼吸、走路或咬一口蘋果那樣簡單的行為來的更奇妙。當過去結束了（它永遠是結束的），我就忘記它了，一直到有人問起。因為沒有什麼可記住的，它已經完成，不留痕跡地消失了，彷彿不曾存在過。當下正在發生什麼？那才是我的焦點所在。

你能多談一談你看見宇宙中所有事物都是數字這個經驗嗎？

宇宙從空無一物開始，向外擴展至一切事物，乃至無限，而抵達無限點時，它又迴轉，回到自己。那像是由數字組成的圓圈，每一個數字不僅是數字，同時是聲光色彩的能量或振動，全部完美地協調在一起而沒有任何分離。每一個生命，每一個物體，每一個原子，同樣是一個振動和數字。所有的數字都在那裡，從零到無限。全部的數學概念也都在那裡，所有的分數，所有的碎形，所有的方程式。一切所有可能存在的事物，都能透過數學找到它的途徑與返回的路，而且每一個數字都有不同顏色；所有屬於它的文字和聲音，萬事萬物，都在它之內，全部容納。一切都是數字：火是一個數字，冰和水和星星以及和銀河系都是。每一樣事物都以一個不同的數字或頻率在振動。鉛筆、天空、狗、地毯、紅色、黃色、藍色。

這些數字一路向外延伸，然後又全部返回，回歸到零。我看見它們的開始、中途，以及結束。我看見萬事萬物，全部的一切，從最初始到時間的結束，以及這當中的一切，它們全在同一瞬間發生，包括火、水、冰、空氣，石頭、泥土，人類、動物，靜默等等，然後它們全部相加成為空無，在零之前。我看盡所有人都想看見的一切事物，而它卻沒有任何意義。我看見我什麼都不是，宇宙裡的萬事萬物都是空無，我從不曾離開，也不曾回來，沒有什麼是真實的。我在一個念頭中，體驗到了所有的層面與維度，其中掩藏不露的、重複循環的，也體認到，即使是最深奧的知識都不具任何意義。

我一度發現自己置身在一個沒有返回之路的地方，它是如此遙遠，連距離都無法想像。那是全然的黑暗所在，沒有人也沒有任何東西，彷彿我已遠離所有的存在，永永遠遠。我不知道自己怎麼到了那裡，也不知道怎麼回去。沒有方法可以死，因為在那裡存在本身沒有相反面。在那個地方沒有死亡，你永遠獨自活著。那裡沒有光，也沒有上或下，沒有任何移動的可能，什麼都沒有。永遠空無一物，毫無出路。我感到莫大的恐懼。

隨後，提問自然升起，與這個念頭相遇：**我真的能知道這是真的嗎？當我相信有比這個更好的情況，我是如何反應的？沒有我這永遠的故事，我會是誰？**由於這個探究，黑暗變得友善。我完全處於當下，並在其中感到自在。

當那個實相變得和這個實相一樣自在時，我發現自己再次成為「在有如天堂的斐德烈克街屋子裡，坐在椅子上的女人」。我在那恆久黑暗之中安適自在，如同我此刻在家一樣安然自在。不過，現在看似有個凱蒂、窗戶、樹木、山，天空。人們納悶我為何能看著自己的手或是你的手，竟然可以欣喜若狂。那和身處在一個表象看似可怕的地方，作為靜止不動的一粒微塵，獨自一人直到永遠，沒有任何差別。探究功課可以支持任何狀況。

在那趟旅程之後，一切都是遊戲，那沒有身體的自由、舞蹈，以及一切的無體性。

☆ 我們都會得到自己所需要的，而且恰好就在我們需要的時刻。

24 痛苦的起因

佛說：「須菩提，如果有人將三千大千世界填滿不可計量、如須彌山高的財富，然後全數捐出，支持慈善事業，此人所獲福德將遠遠少於領悟這部經典的一個教導，並能全心全意體現它、在生活中實踐，且為他人解說的人所獲得福德。一個能體現並活出這個真理的人，所得到的福德將是百千萬、千億萬倍、不可比擬的多。事實上，沒有任何數字足以表達它福德超出的程度。」

佛陀在此處重複他在前面章節所闡述的，有關慈善布施和清晰的心智彼此之間的相對福德。他用極大的數字來表達他的觀點，那些會讓你腦筋團團轉的數字。但是重點其實很簡單。即使是最偉大、最慷慨的慈善家，他帶來的利益遠遠少於一個能夠了解，並且將這部經典核心真理活出來的人：沒有自我，也沒有他人。

其實不難明白為何如此。想像一下，有人擁有十億座山的黃金，每一座都和聖母峰一樣高，他把所有的財富用於布施，提供食物和住所給窮人，治療疾病、做環保、拯救動物免於絕種等等。這位慈善家有能力給地球上每一個人安全與舒適，但是他或她能給任何人平安的心嗎？當然不能。

安全與舒適，甚至巨大的豐盛也永遠無法滿足我們。你可以有一個美麗健康的身體，住豪宅，開昂貴的名車，享受最精緻的飲食，同時你的生活仍然可能充滿了痛苦。這就好比在一潭清澈的湖中，卻即將因口渴而死。你可以擁有世界上一切的安全與舒適，而依然過得愁雲慘霧。你也可以像佛陀一樣，只有一件長袍和一個乞食的缽，卻活得極其快樂。

這並非在貶低慈善的價值。我會盡我所能地去幫助別人，以各種不同的方式，包括把錢給窮困的人，或捐給那些照顧大眾福祉的公益組織，但是這樣的協助是有限的。你能給予別人最大的禮物，是你領悟到沒有自我，也沒有他人。

當我覺醒於真相，我即是覺醒於探究功課。事實上，我「作為」功課而覺醒。沒有一絲一毫的我留了下來。在那一瞬間，我看到自己痛苦的成因，而功課同樣清楚展示了這一點給每個人。我看見自己受苦是因為我相信了我的種種念頭，也看到這些念頭，與同時出現在腦子裡、作為證明的影像，兩者無一真實，而且它們和眼前的現實無關。在那新生命的第一時間，我從一向活著卻形同死亡的狀態中重生。我看到出現在我心念裡的任何事物，沒有一樣是真實的——完全沒有，包括念頭、所有名相，甚至沒有我自己的心智。真正的世界是在所有名相建立之前的世界，在那個沒有名稱，完全不分開美麗的生命裡，我見證了名稱、認同與故事介入其中並分割一切。當心智認同於物體，隨著每一個未經質疑的念頭，創造了自己的痛苦。

當我注意到這點時，同時也注意到整個世界剎那間從第一個故事，也就是「我」，跳脫出來，然後我明白生命的幻相就此發生，而它僅僅是純粹的想像而已。同時我也留意到，在具有名相與意義的世界裡，我曾經想像自己真的是一個拜倫凱蒂。表象的人們相信——看似相信——我的名字是拜倫凱蒂，但是我再也無法這麼做了。他們看似相信我過去曾經相信的一切，而且也同我過去一樣在受苦。於是對那些想要知道到底發生了什麼，那些真誠、開放而有足夠勇氣的人們，我開始提出問題，讓他們能深入探索他們自己所認同的自我，穿透到他們一直以來行為舉止所依據的信念系統底下的深度。

在閣樓的地上，我眼睛睜開的那一瞬間，我明白沒有任何是真實的。最初的兩個提問（「那是真的嗎？」和「你能完全知道那是真的嗎？」）已自動為我答覆，而對那些願意走上心靈之旅的人，它們也會以同樣的方式來回答。痛苦的世界開始於我們所相信的第一個念頭，第三個提問的回答正是描述這樣的世界（「當你相信這個念頭，你是怎麼反應的，發生了些什麼？」）這就是你如何反應的：相信了那個念頭，整個痛苦的世界就在那個當下創造出來，而且只要你相信它，你就擁有過去和未來的幻覺。那就是痛苦產生的來龍去脈。你無法看見你所不相信的，信念創造如幻的世界——全部的一切。

念頭開始之前的瞬間，只有純粹的未知：這就是愛。當人們能在第四個提問「沒有這個念頭，你會是誰或是什麼？」深入靜心，愛正是他們發現的許多啟示之一。他們開始辨識出真實的世界，**本身**即是愛的世界，沒有恐懼，沒有名相，一個美好、沒有分離的世界，創造力不受干擾的自然流露。新的發生在每一個當下被見證和欣賞，你永遠獨自與自己在一起，同時你也是每個人與一切，作為整個世界的創造者，你有完全的自由為這個世界承擔起全部的責任——你的世界，你想像出來的世界。

我環顧四周，觀察到人們試圖以他們所相信的種種來嚇自己，無辜地製造出自己的恐懼、憤怒和不幸，把和現實抗爭的論點拿來作為證明。而我靜候等待。每一個心智最終都會找到自己的來時路。能見證一個原本如此堅信不移的心智，最終消融於空無，安歇在簡單的現實裡，是一件美好的事。

當有人愛上她眼前現況的一切，她會充分利用生命中遇見的任何事情，因為她不再蒙騙自己。來到她面前的永遠是好的，她看得清清楚楚，即便人們不這麼認為。她的生命裡沒有任何的逆境，於是從她的經驗裡，其他人學到了自然之道。如果有人說「我要離開你」，她感受到內在升起的興奮，因為她看到的全只是來自這件事的好處。還有什麼能比見證現實給你的禮物，帶來更滿足而充實的經驗呢？如果有人說「我要加入你」，她看到的也全是這個的好處，還有什麼比你加入我，更親切的經驗呢？她即將死亡：好事。她將不會死亡：好事。她將會失明：好事。她將不會失明：好事。她腿瘸了，她又能走路了：好，好，好。她，一如其他所有的人和事，都是實相美麗、簡單地流動，而現實永遠比我們對它的想法來的更仁慈，更令人興奮。

為什麼佛陀不斷比較慈善家和一個洞徹心智的人兩者的福德？認為其中一個比另一個更好，對我們有幫助嗎？

並沒有一個比另一個更好。佛陀是用這種非真相來喚起人們對真相的注意，而真相就是，你能為自己與他人所做的最好的事，便是去了解心智的本質。

你曾說，假設你的丈夫離開你，你會感到很興奮，會很高興地幫他打包出門。你這樣說是不是唱高調呢？畢竟你不曾有過這樣的經驗，你怎麼知道自己會如何反應？

我愛史蒂夫，我永遠希望他快樂，他要的就是我要的。任何少於這樣的覺知，就會是「我」離開「他」，而不是他離開我。所以慶賀他想要的，就是與他保持連結的狀態。這本身不需要「他」和「我」保持連結，因為那意味著，我這部分是有條件的愛。我的真實本性，也就是清明的心智，我的禮物和我的喜悅，就是與他保持連結。當你愛一個人，那是一種不間斷的喜悅，那是你的真實本性與一切生命處於和諧的狀態。一旦你向自己所愛的人開戰，這個連結就斷了，而你必然永遠是那個切斷它的人。為什麼你要為自己製造戰爭呢？尤其戰爭是一種毫無希望、無愛的存在狀態。自我了悟就是戰爭的結束。無論史蒂夫是否離開我——不管基於什麼理由，包括死亡——我全心全意愛他。同時在我的世界裡，他永遠不可能離開我。

☆

你能給予他人最大的禮物，是領悟到沒有自我，也沒有他人。

＊功課案例：丹尼爾說話不算數

克莉絲汀：（朗讀作業單內容）「我對丹尼爾感到很生氣，因為他說話不算數」。

凱蒂：場景是什麼呢？

克莉絲汀：我們有兩個女兒，四歲和六歲。我哄小女兒上床睡覺，丹尼爾負責照顧大的。我們原本是這麼計畫的，所以，八點的時候我們兩個就能一起做些事。我準時讓小女兒躺進被窩睡覺，可是丹尼爾還沒結束，因為他在給大女兒讀睡前故事，那故事特別長。

凱蒂：你是走進房間，看到他給女兒讀故事的嗎？

克莉絲汀：是的。

凱蒂：所以，那就是這個場景。他說話不算數——這是真的嗎？你不需要猜測，已經發生的畫面會呈現給你，現在只要回到當時的場景。記住，前兩個提問的答案，只需要回答「是」或「不是」，而不是「是，因為……」或者「不是，但是……」。我們要針對那個時刻靜心冥想。發生在過去的一些事情，的確會讓人害怕，但是此刻在這裡我們永遠是安全的。所以讓我們沉靜下來，靜心冥想那個時刻，看看在我們非常生氣的當頭，是否忽略了什麼。如果答案是「是」，很好；如果答案是「不是」，也很好。只要允許那個場景向你呈現真相即可，「丹尼爾說話不算數」——這是真的嗎？

克莉絲汀：不是。

凱蒂：有意思。現在，請閉上眼睛，看看你自己，那裡有你的丈夫，女兒也在那裡。當你相信「他說話不算數」這個念頭的時候，你是怎麼反應的？

克莉絲汀：立刻，怒火就往上衝了。

凱蒂：還有呢？

克莉絲汀：我帶著憤怒，衝入了那個平靜的場景。

凱蒂：看看你自己。

克莉絲汀：感覺好像我被憤怒囚禁了，我不知道還能做什麼，我掙脫不了。

凱蒂：現在，沒有「他說話不算數」這個念頭，你會是誰？

克莉絲汀：我會更輕鬆、更平和、更仁慈、更公平。

凱蒂：你們三個人會享受那個當下，你會欣賞你的丈夫、女兒和自己。所有這些就是不帶念頭的經驗。現在再**帶著**那個念頭去看當時的情況，注意到其中的差別。你看到自己多麼無助了嗎？也看見他們是多麼無助了嗎？

莉絲汀：是的。

凱蒂：「丹尼爾說話不算數」，請反轉這個念頭。

克莉絲汀：丹尼爾說話算數。

凱蒂：這句話對你而言，意味著什麼呢？

克莉絲汀：他在哄女兒上床睡覺。

凱蒂：有可能他答應女兒，給她讀故事的。

克莉絲汀：是的。

凱蒂：有可能他已經在做他承諾的事。你能找到另外一個可能真實的例子，丹尼爾確實會做他答應過的事？

克莉絲汀：是的，有很多例子。

凱蒂：那才是丹尼爾。很好，甜心，「丹尼爾說話不算數」，你能找到另外一個反轉嗎？

克莉絲汀：我說話不算數。

凱蒂：在那場景裡，你打破了什麼承諾呢？對你自己、對丹尼爾、對女兒。

克莉絲汀：我沒有再去哄女兒們睡覺，只是坐在沙發上等他過來，但是我就沒有再參與這件事了。

凱蒂：在那個情況裡，還有什麼事是你打破對自己、對孩子、對丹尼爾的承諾嗎？

克莉絲汀：有的，因為我和丹尼爾的約會，就是打算好好改善我們的關係。（觀眾笑）結果我發火了，當然我們也沒法再去好好改善了。

凱蒂：所以我們在這裡注意到，當我們相信自己的念頭時，發生了些什麼事。相信丹尼爾說話不算數，導致你們的疏遠，而這正是你們兩人本來想透過約會來改善的，它降低你們關係的品質，也讓你和你的家庭疏離。我們現在看看作業單第二道題，你要丹尼爾做怎麼樣的改變？

克莉絲汀：「我要丹尼爾說到做到」。

凱蒂：這是真的嗎？看看他在給女兒讀故事。「你要他說到做到」——這是真的嗎？

克莉絲汀：不是。

凱蒂：所以，我聽到你說的是，你情願他繼續為女兒讀故事，而不是履行對你的承諾。

克莉絲汀：是的，基本上是如此。

凱蒂：注意，當你相信那個念頭「我要他說到做到」時，你是怎麼對待他的？留意那個念頭對你們在一起的生活產生了什麼影響。（面向觀眾）你們有多少人曾對某人有過這種念頭？你們有多少人在那個當下相信了這個念頭？（許多人舉起手）（面向克莉絲汀）當你相信「我要他說到做到」這個念頭時，你是怎麼反應的？

克莉絲汀：我變得很強勢，把氣氛搞得很緊張。

凱蒂：是的，那個可愛的丈夫正在給女兒讀故事，他正在履行他的承諾，哄女兒睡覺。現在，請觀照，沒有那個念頭時，你會是怎樣的呢？

克莉絲汀：我會放鬆地享受我們在一起的時光。

凱蒂：多麼美好，這就是人們想像中幸福家庭的樣子，它就在那裡，等著你去看見——這個美妙、美好的時刻，你可以待在那個美好裡、那份親密中。諸如「我要他說到做到」這樣的念頭，一旦我們相信了它們，它們就成了戰爭的肇端。所以，是你錯了嗎？還是你只是被催眠了？或你僅僅是相信了你的念頭？（面向觀眾）在座的有沒有人在相信念頭時，能夠停止相信你正在相信的念頭？（面對克莉絲汀）我們的真實本性是與他人連結的，那就是你和丈夫一起在女兒房間，當你不相信關於丈夫想法時的狀態，任何一點點偏離這樣的連結，都是違背我們本性的。你現在對真實的現實覺醒，沒有發生過任何糟糕的事，當下沒有，將來也不會發生。我已經領悟到這是一個仁慈的宇宙，我邀請在座的你們所有人親自檢測這一點。當你不再相信那些有壓力的念頭時，你可以看見這個世界真實的樣貌，然後，心智自然和它的真實本性契合。丈夫是來喚醒我們的，你生命中所有的人、事都是一樣的。我們現在反轉吧：「我不要丹尼爾……」

克莉絲汀：我不要丹尼爾說到做到。

凱蒂：對。他有更好的主意，能帶給你和女兒想要的。一旦你理解這一點，你就和一位大師生活在一起，永遠有智慧，毫無例外。我們的丈夫在此是為了喚醒我們。你看到另外一個反轉嗎？我要我……

克莉絲汀：我要我說到做到。

凱蒂：那就是遵守努力維持家庭和樂的協議，你此刻正在做這件事，永遠不會太晚。好的，現在請讀第三道題。

克莉絲汀：「丹尼爾應該少說多做」。

凱蒂：請反轉，「在那個場景裡，與丹尼爾和女兒在一起，我應該……」

克莉絲汀：我應該少說多做。

凱蒂：所以，那個給丹尼爾的建議，實際上是給你自己的。

克莉絲汀：是的，我應該少說，同時多做質疑我的念頭這件事。

凱蒂：這是個好建議。留意到當你相信這個念頭時，你是怎麼反應的。你試圖強迫你的丈夫，而他不能理解。但是當你反轉以後，並且遵循自己的建議，那總是合情合理的。這是更仁慈的做法，也讓你保持覺知。我們來看看第四道題。

克莉絲汀：我需要丹尼爾言行一致，言出必行，履行承諾。

凱蒂：請閉上眼睛，看著他讀故事給女兒的樣子，「你需要他言行一致」——這是真的嗎？在那個時刻，你需要他如此做你才能開心嗎？

克莉絲汀：不是。

凱蒂：當你相信那個念頭時，你是怎樣反應的，發生了什麼事？

克莉絲汀：我很煩躁，我認為他正在做一件不對的事，自己成了受害者。

凱蒂：去留意當你沒有那個念頭的時候，你是誰？

克莉絲汀：那會很美好。

凱蒂：請反轉。

克莉絲汀：我需要我言行一致。

凱蒂：是的，沒那麼容易，對嗎？相信念頭的人在生活中有很多痛苦。如果功課成為你每天的練習，你會發現生活中不再有爭戰。當戰爭在你內在結束，它就在你的家庭中結束了。你是那個能夠終止戰爭的人，也是唯一的一位。我們的丈夫或妻子無法為我們做到。你能找到另一種反轉嗎？

克莉絲汀：我不需要丹尼爾言行一致。

凱蒂：是的，當他給女兒讀故事的時候，其實正在做你偏好的事。當你質疑你相信的念頭，你便清醒過來，回到了現實。當你對作業單上的想要、需要、應該做反轉時，這些反轉會給你清楚的引導，這些引導一直都在。好的，現在把作業單第四道題反轉給自己。

克莉絲汀：我需要我言行一致，我需要我言出必行，我需要我履行承諾。是的，通常是我等待他來改善我們的關係。

凱蒂：太好了，甜心。當你意識到這一點，這意味著你再也不需要等待。無論你相信與否，他一直在做你想要的事，那是非常自由的感覺。你不需要同意這點，同時我在此邀請你去質疑你對此所相信的念頭，讓自己覺醒於這個友善的宇宙。你的第五道題寫了些什麼？

克莉絲汀：丹尼爾不可靠、不尊重我，沒興趣改善我們的關係。
凱蒂：好的，「丹尼爾不可靠」，在那個場景裡，這是真的嗎？
克莉絲汀：不是。對我女兒而言，他是很可靠的。
凱蒂：他是不是正在做你偏好的事？
克莉絲汀：他正在當一位慈愛的爸爸，是的。
凱蒂：所以，他是一個可靠的、有愛心的爸爸，這是你想要的。
克莉絲汀：是的。如果那不是我想要的，我也無法坐在這裡了。
凱蒂：很好，現在把它釐清楚。請閉上眼睛，你寧願他當時給女兒讀故事，還是和你一起坐在沙發上？看著他和女兒在一起的樣子，看清楚你真正想要的是什麼。
克莉絲汀：是的。（微笑）說實話，我那天也沒有那麼想要討論如何改善我們的關係。（觀眾笑）
凱蒂：「他不尊重你，沒興趣改善你們的關係」——這是真的嗎？
克莉絲汀：不是。
凱蒂：我們無法知道他是如何想以及他的動機，所以我們來看看我們「能夠」了解的是什麼，「在那個場景裡，當我和自己，和我家人在一起，我……」
克莉絲汀：我是不可靠的，我不尊重他，沒興趣改善我們的關係，是的，完全是這樣。
凱蒂：你就只是對他想要的，或他正在做的事不感興趣，同時看不見你真正想要的，即使就在你眼前明擺著。困惑是世界上唯一的痛苦。當我們聽到你相信的念頭，並且它在那場景裡如何影響你，就很容易看到困惑的代價。我們繼續反轉，「他是可靠的……」

克莉絲汀：他是可靠的，完全尊重我，有興趣改善我們的關係。

凱蒂：那就是丹尼爾，當你清醒過來之後看到的他。當你相信你的念頭，你對你想像中的丹尼爾生氣，那不是現實中的丹尼爾。當你走進女兒的房間，你看到的是你想像中的丹尼爾。你攻擊那個無辜的男人，你其實也同樣的無辜。所以，任何時候你感到憤怒，我邀請你先找出你的念頭，把它們寫在批評鄰人作業單上，然後質疑你相信的那些念頭。這樣你和你的丈夫就再也不用為你們的婚姻操心了，維持幸福的婚姻只需要一個人，而那個人永遠是你。

克莉絲汀：我再也不要聽到丹尼爾承諾一件事，隨後卻去做別的事。

你完全不需要等待他。我們來看看第六道題。

凱蒂：「我願意……」

克莉絲汀：我願意聽到丹尼爾承諾一件事，隨後卻去做別的事。

凱蒂：「我期待……」

克莉絲汀：我期待丹尼爾承諾一件事，隨後卻去做別的事。

凱蒂：因為他是為了你的覺醒而來的，你的孩子也一樣。

克莉絲汀：謝謝你，凱蒂。

25 同等的智慧

佛說：「須菩提，佛並沒有抱持『我將解脫一切眾生』的想法。為什麼呢？因為其實沒有存在任何一個可以讓佛解脫的眾生。如果真的有可以讓佛解脫的眾生存在，就表示佛相信有『自我』與『他人』的概念。雖然佛會說『我』，但在實相中並沒有『我』，而尚未成熟的眾生會因此而認為有一個『我』。對佛而言，並沒有尚未成熟的眾生，他們只是『稱為』尚未成熟的眾生。」

佛陀在這裡提到沒有所謂成熟或不成熟的人們，我們都具有同等的智慧，都是平均分配的，沒有人比其他任何人來的更有智慧。唯一的差別只是有些人相信自己所想的，而我們當中的有些人學會了去質疑那些把我們和與生俱來的智慧分開的種種想法。

佛陀再次表達，一如他在前面幾個章節裡曾經說過，其實並沒有受苦的眾生需要解脫。這是令人驚異的說法。你可以感受到這句話有多麼讓人震驚嗎？有些人可能會認為這樣的說法很冷酷無情，「你是什麼意思？沒有眾生需要解脫，你瘋了嗎？那這世界上充滿那麼多的無知與殘酷，就不管了嗎？那些受害於貪婪或暴力的無辜人們又怎麼辦呢？」佛陀說的這句話甚至可能被看成是危險的，因為人們可能會因此失去動機去做好事。「如果真的沒有人有待解脫，那我乾脆兩手一攤，什麼都不做了。」

但是，「沒有一個眾生需要解脫」確實是一個簡單的真相，而這個真相讓我們自由。它不僅不會讓我們流於被動和自私，反而會帶領我們趨向慷慨無私。如果我們真正了解自我並不真實，那我們怎麼可能自私呢？而且如果連自我都沒有，那怎麼可能還會有你可以去對抗的別人呢？所有的眾生都只是我自己，去傷害另一個人，就好像故意打斷自己的腿一樣瘋狂。「己所不欲，勿施於人」的黃金定律不是一種「應該」，它與道德無關，它就是一個「事實」。我待人如己，因為我明白別人就是我自己。

當你開始質疑你的心智，它不再能夠相信自己真是一個「這」或「那」。它停止認同的把戲，因而變得自由了。它了解身分的認同只是心智的一種狀態。有些人會意外地，或在冥想當中失去身分認同，而這驚嚇到他們，於是他們的反應是變得更想控制一切。小我會想盡辦法去確保這樣的自由不會再發生，它嘗試透過恐懼做到，它越加緊繃。但是它放掉身分認同是完全沒事的；繼續相信你是一個「你」，也同樣是沒事的。其實這裡並沒有什麼嚴重的事在發生，只是你真的不是一個「你」。相信你是個你，並不會真的讓你成為一個你。

在一九八〇年代後期的有一天，我在一整天的長途駕駛後，暫停在加州大索爾（BigSur）海岸邊休息。我坐在懸崖邊上，俯瞰下方的海洋，注視著在遙遠下方的海浪和尖石交織處。那時，一隻海鷗在我視線的正前方出現。在海鷗橫空飛過時，心是如此的自由，它一瞬間認同了新身分。我從一個坐在懸崖邊上的婦女，轉瞬間變成了海鷗，在海鷗的身體裡，從它的眼睛看出去。我格外興奮，卻也很平靜，感受到自己在飛行中的那種空曠無邊。

然後，突然瞬間起了變化，在海鷗的內在，「我」誕生了。它往下看，突然有了個念頭：「我可不知道怎麼飛。」接著又想：「我的天啊，我會掉下去！」我突然覺得很重，宛若有四十五公斤那麼重。接下來，我注意到有更多的念頭：「我不想做一隻不能飛的鳥，我要當坐在那裡的女人，既安全又實在。」這些念頭是讓我那時恐懼的唯一原因，我知道作為一隻鳥，我並不是真的在往下墜落——這就是事實的真相。然後，幾乎是立刻的，每一個與現實抗爭的念頭迎來探究功課的提問：「那是真的嗎？我真的能夠知道那是真的嗎？」每一個念頭都有個提問作為陪伴。這些提問把事情帶回到原本自然的平衡狀態，在這樣的平衡裡，我自由了。

以慢動作來說明，感覺像是這樣：「我不會飛」——我真的能夠知道那是真的嗎？不能。當我相信那個念頭，我是怎麼反應的？我感到害怕。沒有這個念頭，我會是什麼？信心十足。然後，這個念頭立刻煙消雲散了，而我繼續飛翔，享受著作為一隻海鷗的生命時段。我持續向上高飛，興奮地體驗翱翔的喜悅。當我一與新身分和諧共處時，我又再一次成為那個坐在懸崖邊上的女人，欣喜若狂卻也希鬆平常。

你說，沒有成熟或不成熟的人，但你自己不也是從早期的狂喜，蛻變成熟的嗎？

是的，你可以這麼說，雖然那份理解始終保持不變。在最早的日子裡，我熱愛所有的一切，現在仍然如此。我愛一切我眼睛所見，每一樣事物對我來說都是如此的美麗，每一個都是最終極的實相。我對每一個人與每一樣事物都充滿著熱情澎湃的愛。每次我遇見任何人，我就情不自禁地愛上他們。我會走到一個人面前，以我感受到全然的愛，注視著他或她的眼睛，「你是上帝」，如果我說出口，那便是我會說的話。「你是我最親愛、最親密的自己。」我那時對愛感到無比熱切，而無法克制自己，但是我也很快地學會不這麼做，人們似乎會因而退縮，他們似乎感到驚嚇。

我學到的是，如果我不說出來，轉而發生的是我稱為「淨化」的現象，一個清理自身的過程，讓自己從任何的教導中回歸純淨的過程。清理的過程看似眼淚、謙卑、與死亡，人格的死亡，任何殘餘的自我的死亡。我可以看到任何時候，當人們並沒有發問，而我開口說話，我遇見的必定是困惑。人們會看著我，眼睛反映出來的是一名瘋狂的女人。那對我來說不是問題，但是這樣說話的方式沒有任何價值，除非我能學習從內在去體驗真相，而不從外在對自己說出來。

我當時強烈渴望，想要把從內心升起的各種念頭燃燒殆盡，於是每當出現身體上的反應，我任由它盡情展現。我會搖晃身體，或淚流滿面，或開懷大笑，或表達任何需要表達的，那些就是一個陶醉在愛裡的人的淚水和歡笑聲。我像一個年幼的孩子，不受任何拘束、恣意而為。無論這樣的反應是發生在購物中心或超市，或當我在街道上行走。我會站在原地，或直接坐到路邊上，任由情緒自行發揮。人們總是非常的仁慈，他們會停下來，說一些像是：「你需要幫忙嗎？」「你要不要紙巾？」「我可以幫你打電話給誰嗎？」「我可以帶你去哪裡嗎？」那就是我如何遇見這個世界，如此地溫柔，如此地細膩，他們都是我的一部分。

當我在公眾場合，通過那始終活在我內在的功課的四個提問，我體驗到它的完整性，它的逐漸鬆綁，心結打開。而在那些提問當中，我總是遇見自己。有時候，我會請人們抱著我。我會帶著喜悅的眼淚，走向一個陌生人說：「你現在可以抱我嗎？」沒有人拒絕，從來沒有一個人拒絕過。有時候，會有婦女一邊輕輕搖著我，一邊唱搖籃曲，而我所做的僅僅是提出一個請求。我很喜歡告訴人們，我從來沒有被拒絕過。當沒有任何動機時，關於我們是誰的真相是顯而易見的。任何人都願意擁抱純真，即使你是個四十三歲的女人也無所謂，人們照樣像抱著嬰兒一樣地擁抱你。

一天早上，在巴斯托的街道上，一名拉丁裔男子走向我說：「我每天都看到你在散步，經常看到你在哭，你為什麼要這樣對待自己呢？」那是第一次我明白我會邊走邊哭，我還記得當時自己很震驚，他居然不知道我一直在為每個人還原宇宙的每一樣事物。我很訝異他會需要問如此顯而易見的事，「我在瓦解一切創造」，我說：「那就是它看起來的樣子。」他只是搖搖頭，就走開了。

我喜歡坐在洛杉磯街道邊或人行道上，在人們走向我時，靜靜地觀看。我知道每一個人都是上帝（那是我對佛陀的稱呼），包括街上無家可歸的人們，所以我從不害怕，也不與任何人疏離。他們會說類似這樣的話：「我需要幫忙。」「你可以給我錢嗎？」「你在做什麼？」「你是誰？」「我可以跟你坐在一起嗎？」人們有時喜怒無常，有時傷心或憤怒，我遇見每一種情緒，而能充分理解。這就是當你心中毫無任何既定想法，坐在人行道上會發生的事情，只是熱愛眼前現況的一切。當我知道要坐下來時，我就隨處坐下。我那時處於我所謂的「地球學校」裡，每個人透過我對他們是誰的想法，彰顯出我是誰。生命一直不斷地將它自己交給我——交給它自己。

有時候，我和保羅或孩子們走在巴斯托街上，會碰到一些無家可歸的人，他們可能會走到我面前，安靜地張開手臂抱我一下，接著繼續走自己的路。我們的關係經常是靜默的，尤其是如果我正在和其中一位說話時，就會有兩、三個人過來旁邊聆聽。有時候，他們當中最痛苦的人會情不自禁地掉淚，我端詳著他們，聆聽並且理解。經常會有我不認識的人靠近我。例如，有一天，我和保羅在路上散步，我注意到一個非常肥胖、骯髒的女人，約莫五十多歲，推著一輛掛滿袋子的購物車，手上還拎著許多袋子。她一看見我便丟下袋子，衝進我懷裡。我抱著她，親吻她的臉，捧著她的頭，融化在她那雙美麗的眼睛裡。保羅站在一旁驚呆了。我隨後幫她收拾好袋子，放進購物車裡，然後我拉著保羅的手，繼續往前走。

還有一次，有兩個長相兇悍的年輕人向我們走過來，在他們走近時，我張開雙臂，開始走向其中一位。保羅以他一貫粗魯的口氣說：「他媽的，凱蒂，那些傢伙一下子就能把你切成兩半，把你給殺了。」這位年輕人走進我的懷裡，如同孩子走向自己母親的懷抱，只有眼淚和感謝，而另一位也感激當時發生的事，無論他認為發生的是什麼。他們可能曾經遇見過我，或聽說過我這個人。那些無家可歸的人們稱呼我為「與風為友的女人」——在巴斯托，風可以是無情而沒完沒了的——除此以外，人們還給我一些其他的稱呼，也存留了下來。許多人都很清楚，他們可以自在地和我在一起，而不需要為了被愛去假裝或改變自己，我的手臂對所有人敞開，至今依然如此。

當你在表象上變成一隻海鷗，那不就是一個幻覺呢？你覺得說這個故事有什麼價值嗎？

那的確是個幻覺，一如所有的事物都是幻覺。對我而言，這個故事生動地闡述探究功課的力量。就我目前所知，沒有能讓我害怕的經歷，無論它可能有多麼奇怪。我熱愛這場冒險，無論它把我帶往何處。我寧可掉落於崖下的岩石堆，也不願錯過。我明白宇宙是友善的。換句話說，心是一切，而它的本質是良善的，所以無論心投射出什麼，它必定是良善的，這意味著沒有什麼可怕的事會發生。那些未經質疑的念頭——「我不會飛」、「我會掉下去」——似乎攸關生死大事，它們是如此的原始。每個念頭從我胸口升起；每個念頭各自帶著一種對自身的興奮，因此我讓「它」來告訴「我」什麼是真實的、什麼不是，那就是探究功課活出來的樣子。愛向我展示，我「能」

飛翔，而如果我摔下來，結果是一樣的，飛和摔兩者是平等的。多麼精彩的一趟旅程！而那全是心智的投射。

在每一次的經驗裡，我知道我什麼都不是，即使作為一個在崖邊看見海鷗的女人也是如此。我清楚認知到，我存在念頭之前，我不是那個女人或那隻鳥或任何東西，只是覺知的意識。我什麼都不是，向外看著它自己——一個全然寂靜的心智。覺知對一切未知，因此並不知曉那隱藏不顯的自己。在洋溢著無限之愛的狀態裡，它橫空向外射出，去感知，去觀看，沉醉在自己之中，去了悟它尚未為自己揭露的種種。宇宙裡的每一樣事物都是心智的反映，它會是你相信它所是的任何身分，無論是女人、海鷗或岩石，它始終是一種悸動的深切感恩。

☆ 我待人如己，因為我明白別人就是我自己。

26

家中的佛

佛說：「我問你一件事，須菩提。佛能透過他的三十二種身相特徵被人認出來嗎？」

須菩提說：「不能，世尊。」

佛說：「如果佛可以透過他的三十二種身相特徵認出來，那麼那些具有這些特徵的轉輪聖王也是佛了。」

須菩提說：「世尊，我明白佛無法經由他的身相特徵認出來。」

接著，佛念誦了一個偈子：

那些藉由肉眼見佛，
或經由雙耳聽聞佛之人，
永遠無法真正知道佛。
你如何能透過你的身體感官來找到我、
並且明瞭我既沒有來、也沒有去呢？

我們辨識不出佛陀，我們也永遠無法知道誰是佛、誰不是。所以最合理的是假設每個人都是

佛，無論他或她看起來有多麼離譜。想像一個你無法忍受的人（你知道那人是誰），想一想他化身為什麼樣的習題來教導你呢？

當羅珊懷著瑪麗的時候，感覺噁心或煩躁，她先生史考特會跟她說：「很抱歉，這是我造成的，全都是我的錯，我要怎麼做才能彌補呢？」他不需要真的這麼認為。羅珊經常的反應就是反思：「這真的都是他的錯嗎？」她對他的怒氣就完美擊破了。

當史蒂夫聽到這件事，他建議史考特寫一本給男人的手冊，書名叫做《快樂婚姻的祕密》，而這本書只有一頁，事實上就是一句話，在第一並且唯一的一頁正中央，寫著這句忠告：

無論何時你與妻子之間有任何問題，不管那是誰的錯，走向她並對她說：「對不起，這是我造成的，全都是我的錯，我要怎麼做才能彌補呢？」

事實的真相是，你身旁的夥伴就是你的鏡子。他或她總是向你反映你自己。如果你認為他有任何的缺失，那個缺失就在你之內。這個缺失必定在你之內，因為他這個人僅僅只是你的故事罷了。你評判他是怎樣的人，你在那當下就是你所評判的那樣，而且永遠都是如此，從來沒有例外。你是你自己的痛苦，你也是你自己的快樂。

人們認為有一段關係會讓他們快樂，但是你不可能從另一個人身上得到快樂，你無法從你外在任何地方得到快樂。我們通常認為的一段關係，其實是兩個信念系統走到了一起，並以此證實，在你之外有能讓你快樂的事物。當你相信那是真的，超越你們原有共同的信念系統，就意味著失去對方，因為那是你們的共有物。所以，如果你往前進了，離開了那個你稱為另一半的舊有信念系統，就會感覺到分離和痛苦。

唯一有意義的關係是你和你自己的關係。當你愛自己，你就是愛著那個永遠和你在一起的人。但是，除非你能愛你自己，否則你沒法和另一個人舒服自在地在一起，因為他或她遲早會挑戰你的信念系統，除非你能質疑你的信念，不然你將會發動戰爭來維護你的信念。至此，關係何在！人們彼此之間有這麼一個沒說出口的協議，承諾彼此永遠不會去打亂對方的信念系統，而那是不可能的。

我不要其他人的認可，我要他們依照自己的方式去思想，那才是愛。你無法控制別人的想法，你甚至連自己的想法都無法控制。反正根本沒有一個在思想的人，它是一個由鏡子組成的房屋。尋求認可意味著困在「我是這個」的想法裡，這個渺小又有限、一粒微塵般的東西。

你不可能讓另一個人失望，而另一個人也不可能讓你失望。你相信了「你的伴侶不能給你你想要的東西」這樣的故事，你讓自己失望了。如果你向伴侶要求一樣東西，而他說不，那就是此刻的現實。這留給你去成為提供給自己的那個人，這是一個好消息，因為那讓你能得到你想要的。如果你沒有他在旁邊幫你，你還有自己。很顯然的，如果他說不，那你順理成章是那個該幫自己的人。

想要史蒂夫愛我，即是假設他不愛我，那和愛背道而馳。我要他愛任何一個他愛的人，人們看到我這麼的愛他，把它稱之為愛，但我只是一個熱愛眼前現況的人而已。我明白愛的喜悅，所以我明白，他想要他的愛去向何方不是我的事，我的事就是單純地去愛他。

沒有一個你愛的人能離開你，只有你自己可以這麼做。不管他的承諾是什麼，你的承諾是你自己唯一可以依賴的，一直到這個承諾改變了（如果它改變的話）。我跟史蒂夫結婚的誓約是「我承諾愛你，一直到我不愛為止。」一個長期的承諾，事實上也只是為了這個當下而已。即使有人對你許下永遠的承諾，你永遠無法知道是否成真，因為只要你相信有一個「你」，有一個「他」，那只是一個人格承諾另一個人格，如同我經常說的，人格不會愛，它們只是想要一些東西。

一夫一妻制有許多的優點，它是代表「一」最終極的象徵，因為它讓你的心念完全專注在一個人身上。你只需去質疑，你相信關於他的每一件事，每一個在你心中升起關於他的故事。一夫一妻制是件神聖的事，因為心智在這樣的位置上可以保持沉靜安定的狀態。一個人就足以給你百萬人所給的經驗。只有一個心智存在，你的伴侶會挑起人類有史以來所知的每一個概念，透過這些概念所有不同的組合，好讓你逐漸認識自己，了悟自己是創造所有痛苦的人。如果你可以學會去愛在你身邊的這個人，你便遇見了自愛。

我們就「是」愛的本身，我們無法做任何事來改變這個事實。愛就是我們的本性，也是當我們不再相信自己的故事時，我們的真正身分。

「唯一有意義的關係是你和你自己的關係。」你的意思是你的婚姻沒有意義嗎？

我活在和自我相愛的關係裡，而自我並不存在。它不排除任何人，不排除任何事，它自身是完整的，不為其他人負責，因為其他人本「不」存在。正如愛所願的，我始終和史蒂夫相連結，因為我永遠與自己相連結。

你對婚姻的承諾和對自己的承諾之間，是否有任何衝突？

對我自己的承諾即是我與史蒂夫的連結。任何對他不完美的評價，都配不上他或我。假設我們之間有任何不和睦，我會檢視自己對他有哪些未經質疑的想法，來尋找解決方案。

☆ 愛就是我們的本性，也是當我們不再相信自己的故事時，我們的真正身分。

27 念頭之間的空隙

佛說：「須菩提，不要認為佛達成開悟是因為任何特殊的身相特徵。佛不是因為任何特殊的身相特徵而開悟的，也不要以為一個開悟的人會把所有事物看成是不存在的。開悟的人並不認為萬事萬物皆不存在。」

現在想一下你的腳。在我請你想一下你的腳之前，你有腳嗎？它們存在你的覺知裡嗎？是你把它們擺成現在的姿勢嗎？某樣東西做了這事。但是，一直到幾秒鐘前，你並沒有腳。沒有故事，沒有腳，一切事物也是如此。

在我覺醒於真相之後的幾個月，我會因為失去這世上的一切而哭泣流淚，這些眼淚裡並沒有憂傷，只有感恩，以及意識到這世界沒有一樣東西屬於我。我失去的並不是我的身體，我在閣樓的地板上第一時間的經驗裡，就已經失去它了。情況就好像這樣：比如你看到一張椅子，而你明白它不是椅子，你甚至連這個領悟都失去了。只留下你無處可以行走，沒有人行走，沒有地板——什麼都沒有。然後，有人進來說：「嗨，凱蒂。」你開口說話，你知道你並沒有在與任何人說話，你只是在和自己的心智對話，沒有任何其他人在說話。你就是知道，深深地明白你無法返回原路——沒有回頭路，因為你無法創造出任何可以回到的對象或所在。然後它消失在一個更深的層次，但是，那裡永遠有一個穩定不動的東西，然而你連那個都不能依附，因為你知道那也不是真實的，

你不可能擁有任何東西，也不可能有任何的真相，探究功課會將這一切全部帶走。對我而言，唯一存在的是此刻升起的念頭，在那之前，沒有任何存在，沒有任何東西要創造，沒有人，沒有任何創造。所以，一次又一次，我們回到念頭之間的空隙。

有一些教導非二元對立的老師說，沒有東西存在。這並非不真實，但它也不是真實的，就像佛陀在此處說的。真正的真相無法以語言文字來表達。它不是一個非此即彼的某一邊，它有十億個面向，同時又沒有任何面向。如果一個表象的真理有一個對立面，那它不可能成立。

其實人們不真的在乎事物存在或不存在，他們只是想要快樂。我們本然的狀態就是快樂，但是當我們相信自己的念頭，感受到的結果就是壓力。如果人們正在受苦，告訴他們說他們是完美的，或他們自然的狀態是快樂的，長期而言能帶給他們什麼好處呢？你或許可以讓他們一瞬間看到自己真正是誰，但是，有一整個由未經質疑的念頭組成的地下世界，往往會蓋過那樣的覺知，又再度把他們帶回原來的噩夢裡。如果有人來到你面前說：「我迷路了。」而你知道方向的話，指引他方向就是仁慈的做法。「在這裡右轉，那裡左轉，你就會走到主要大街上，然後直直走就對了。」

每一件被創造出來的事物都可以被毀壞，全部的一切都只是純粹的想像。說出「什麼都沒有」這句話，卻漏掉了那個相信這句話的人。你永遠不能說什麼都沒有，因為第一個念頭就是宇宙的開端。在開始之前，從來沒有任何東西，這不是說什麼都沒有，全部只有一。你不能有一個「零」，一個零事實上就是一個「一」在想像一個零。只有「有」的存在，才可能想到「沒有」的概念。

我們可以注意到，每一件我們所感知的或思想的事物都已經成為過去，如果這個主張是來自真真實實的領悟，這樣的覺知是一件美妙的事，因為它本身沒有真理可以去證明或教導。但是去教導說什麼東西都沒有——無論這個教導的用意有多麼良善——它事實上仍然指向有東西存在，這也是為什麼靜默其實是對一切存有更正確的一種表達。它反映如佛的心智，明白所有的語言文字都不真實，同時帶著一種深沉無言的笑聲，依然像水流一般溢出來，持續在創造。

你唯一需要處理的是你的想法。人們告訴我，他們想要一個安靜的心念，他們認為自由等同於心念的止息，那不是我的經驗。既然心念不會停息，我知道我能做的，就是透過探究功課，以理解來面對我的念頭。然後我注意到人們說的，和我一向所想的是一模一樣的念頭。於是，由於我已經以理解面對了我的念頭，所以沒有人需要面對，只存在已經被理解的念頭，被我稱之為「人們」。

功課讓我們覺醒於實相。當我們把它當做一種練習，它留給我們的是，覺察到自己是完美無缺、無辜、天真、純想像的虛構物。練習探究功課帶領我們進入如佛的心智，在那裡領悟到的一切都是良善的，沒有絲毫例外。它帶領我們達到完全的自由。你為什麼會想在經驗一個問題時，去假裝它不存在，並跳過它，然後只在我們內心小小的一部分感到自由呢？你不是更想要在每個呼吸中都能找到自由嗎？在每個瞬間，除了當下的念頭外，沒有任何東西存在。讓我們在當下以理解來面對它。

你曾說探究功課會帶來自我負責。你認為人們該對發生在他們身上的一切負責嗎？

就某種意義而言，是的，當然如此。做功課的人會發現，當他們質疑給自己帶來壓力的想法，全世界都會變得更好。他們發現，一切事情是為他們而發生，而不是碰巧發生在他們身上。他們開始了解到，他們確實能為自己的幸福快樂負起百分之百的責任。這真是非常好的消息，因為我們無法現在就改變世界，但我們確信可以改變自己體驗世界的方式。

「我為發生在我身上的每一件事情負責」並不光是個概念，而是一種體驗。我經常說：「不要假裝比自己現在更進化的樣子。」換句話說，不要相信任何你尚未經由深刻的個人體驗而真正領悟的事。許多人讀了那些教導正面思考或所謂「吸引力法則」的書，他們重複正向的肯定句，然後當自己生病了或沒有因此變得富有，就感覺愧疚。「天啊！我得了癌症，這是我的責任。我一定做錯了什麼。」或「我到現在還沒成為百萬富翁，一定是沒送出足夠的正能量。」那就好比在說：「祈願我的心願都得完成，不要去管老天的意願是什麼。」而不能真正深刻領悟到：無時無刻，老天的意願就是你的心願。前面的做法是努力試圖去得到你想要的，而不是想要你此刻擁有的，而後者才是你能夠快樂的唯一途徑。

你說，在你覺醒於真相之後，你最主要有壓力的念頭就是「我母親不愛我」，是這個想法讓你痛苦了十年嗎？

不是。我用了一個象徵來瓦解身分認同的陰影。你可以用任何有壓力的念頭來瓦解身分認同；哪一個都無所謂。就我自己的經驗，這些陰影始終如一地耐人尋味，因為我深刻體會探究功課的巨大力量，當我能以恭敬和開放的心將每一個念頭帶入探究過程，宛若用親吻跟它們打招呼，再用親吻與它們道別。這是難能可貴的榮幸。沒有什麼是失序的，每一個幻相都是禮物。沒有需要面對處理的母親，只有一個透過語言認同的幻覺，以及最終識破幻覺，看見它的真面目：空無。

你說，功課帶來完全的自由。你遇見過多少人透過功課而活在完全的自由當中？

我無法知道另一個人的心，但我聽過一些練習探究功課的人，表示他們生命中已經好幾年連一個問題都沒有。

☆練習探究功課帶領我們進入如佛的心智，在那裡領悟到的一切都是良善的，沒有絲毫例外。

28 去刷牙

佛說：「須菩提，如果有人將可以填滿如恆河沙粒那麼多世界的財寶，全數捐出，支持慈善事業，而另外有人深刻領悟沒有『自我』與『他人』的真相，並且全心全意體現它，在生活中活出來。那麼這第二個人所得的福德遠遠超過第一個人。為什麼呢？因為菩薩不把福德看成是可以獲得的東西。」

須菩提說：「世尊，菩薩如何能夠不把福德看成是可以獲得的東西呢？」

佛說：「菩薩不認為福德是屬於他們，或是與他們分開的某物。那就是為什麼佛說菩薩不把福德看成是可以獲得的東西。」

福德永遠是來自外在的評價，在實相裡沒有福德這件事。沒有人在計算，也沒有人在記錄。我們也可以反轉這句話，「沒有福德」反轉成「有福德」，這也一樣的真實。我們做的每一件事都有價值，而且沒有哪一件事比任何其他事來的更有價值。那位蓋了許多醫院，也贊助很多科學研究的億萬富翁慈善家呢？當你停止比較，他所做一切的價值，和你所做一切的價值是相等的。每次你洗碗、掃地、或開車送孩子上學，你一樣在利益眾生。利益一人，等同於利益百萬人。當你全心全意投入你的工作——也就是當你以一個清晰的心智來做——你全神貫注融入行動之中，自我在其中消失。唯一存在的是碗盤、肥皂水、海綿刷，以及按照自己節奏活動的手。當中沒有自我，也沒有他人，你不是那個做的人，你是被完成的（You are being done.）。

當你遵循你內在的聲音，你將會失去自我的感覺。在我的世界裡，我不可能做錯任何事，沒有計畫，我等同於一個內在的「是」。那個聲音對你來說是清晰的，對我們每個人也都是清晰的，但往往被我們所相信的念頭掩蓋過去。我以前稱它為來自心靈的聲音，並沒有任何老師告訴過我「這屬於靈修，而那個不是」，於是我持續遵照內心的聲音，然後逐漸失去一切。人們會說「你很瘋狂」，然後我會說「噢」，並且持續遵循內在的聲音。這是一個奇妙的實驗，接下來發生的便是你擴展進入這樣的覺知，同時逐漸以更深層、更深入的方式失去自己。然後其他人（事實上也只是你自己）說一些像是「你好有愛心」這類的話，同時沒有可以感謝的人，你只是完完全全地接受。一個空間開展出來，你就是那個空間。

只管回答「是的」，就是去洗碗。對內在那個聲音說「是」，便是去參與這場偉大的實驗，即是真正的共同創造，在過程中，你失去自己而成為它。當你不想要洗碗也沒關係，只是去注意到。這和內疚或羞愧無關，只要去注意到你不想要，然後如果你能找到那個讓你不願意遵照內在聲音的念頭——「我待會兒再做」、「這沒輪到我呀」、「這不公平」——把它寫下來，然後去質疑它。也許在下一次，你會發現碗盤已經洗好了，還納悶是誰洗的，然後有人說，洗的人正是你。

一九八六年的某一天，我從中途之家搬回家後沒多久，我聽到一個聲音，這也是我之前已經聽過千百次的聲音。它說：「去刷牙！」我曾經以為大啟示會出現一個巨大燃燒的灌木叢，結果它僅僅是「去刷牙」。我以前就聽過這句話，但有時在我陷入憂鬱的狀態，我會好幾個星期不刷牙。我無法刷牙，腦子裡出現成打為什麼不的理由。然而就在這一天，我毫無干擾地聽到「去刷牙」，我立刻從床上滾下來，趴在地上，爬到浴室水槽邊。這與蛀牙毫無關係，它關乎做自己認為對的事，尊重我內在的真相。

這個生命不屬於我，如果那個聲音說：「去刷牙！」我說，好的，然後就去做，同時我不知道它是為了什麼。如果它說「走路」我就走路。如果有人很真誠地對我提出要求，如果可以，我就會去做，因為即使是表象外在的聲音，也是一個內在的聲音。我沒有屬於自己的生命，我的生命不是我的事，我只是遵循指令，所以每個時刻都是嶄新的。「去刷牙！」聽起來不怎麼靈性，但它絕對是貨真價實的生活本色，我只是對它開放，而且成為更好的傾聽者。今天這個聲音就是我結婚的對象，所有的婚姻都只是與內在的聲音結合的一種表徵。跟隨如此不羈的聲音，每每對它說好，是很美妙的事。

不過，更準確來說，其實沒有聲音，它只是一個內在的指示，內在的共鳴，也在我們所有人的內在。而當我們不遵循它時，我們感到受傷。我是行動，當我們不相信自己的念頭時，我們都是。你只是看著它自己做，你沒有創造任何東西。它做什麼、何時做與如何做都不是你的事。你只是隨著它行動，然後你對它所有的評判會一一消失無蹤。

你為什麼說「去刷牙！」這個聲音甚至不是個聲音？

它當時是以一個聲音出現，實際是轉化成特定指示的智慧。我那時得投射出顯象於我之外的聲音，但從這時起，就只是我在遵循清明正確的心，無論它說或做什麼，我毫無疑問地跟隨。它永遠能清楚辨別，從不會說：「跳下懸崖！」雖然我也會願意這麼做，因為我沒什麼可失去的。

就在那一個早晨，我爬到浴室。那必定是緩慢的動作，我不知道如何去到那裡，只知道我必須這麼做。那個聲音是智慧的禮物，為我指出最平常不過、最簡單的方向。它沒有告訴我一定要起床，然後走到浴室；它並沒有告訴我怎麼做，我也不知道用爬的並不是正確的方法。我純粹只是遵循了一個簡單的指令，因為在那個當下，我的心智如此清澈，內在沒有升起任何理由，去阻止我遵循這個聲音。

☆ 你不是那個做的人，你是被完成的。

29 清澈透明

佛說：「須菩提，人們稱佛為如來（Tathāgata），但任何人說，如來有來、去、坐、臥，便是不了解我傳授的要義。在實相中，如來沒有來自何方，也沒有去向何處。那就是為什麼人們稱他為『如來』。」

在史蒂夫讀誦《金剛經》給我聽之前，我從未聽過「如來」這個詞。他解釋說，如來是一個梵語，意思是指「如此來（或去）的人」，或「那已通達如是真相者」，或者根據另一個詮釋「那個如實呈現他此刻樣貌的人」。最後這層意義，就某種程度來說，可以用來形容我們所有的人，因為對清晰的心智而言，我們全都無法不顯現出我們此刻所是的樣子。但是，就另一個層次而言，它可以特別用來形容一位佛。她在大眾面前和私下生活裡呈現的樣子，沒有任何的差別，她完全清澈透明。她不戴任何面具，你所看到的就是你可以得到的全部。她誠實說出自己的真相，不會企圖討好你或爭取你的認同。當她在上千觀眾面前說話，她也宛如和一位朋友私下交談一樣親密。

在實相中，佛陀不曾「如此來」或「如此去」。當你仔細去檢驗，任何來和去的觀念自然蒸發消失。真相中沒有來，也沒有去。如果你從某個地方來，你需要一個過去；如果你要去哪裡，你則需要一個未來。如同這章節裡說的，佛陀並沒有從何處來或去往何處，他或她是超越來去的。

每一件事物的來去有它自己的時間表。你無法控制，你不曾有任何的控制權，也永遠不會有。你唯一能做的只是講述你認為的故事，關於正在發生的是什麼的故事。你真的認為是你引起所有的行動嗎？你沒有。它只是一個發生，但是你會說你是如何跟這件事情有關的故事：「我移動了我的腳，我決定去走路。」我不認為如此，如果你去探究它，你會發現那僅僅是一個故事。你知道你即將會有所行動，那是因為所有的事情是同時發生的。你在動作發生之前，說了會如何的故事，因為你已經是那個（行動）。「它」動了，同時你以為是你做的，於是你說了你如何要去某個地方，或如何做些什麼事，諸如此類的故事。你唯一可以玩弄的就是故事而已，那是唯一的遊戲。

在我覺醒於真相之後的幾個月，保羅或我的孩子會問我：「你要去哪裡？」去、去……那是什麼意思？當我還不曾來，又怎麼可能去呢？而既然我決心要誠實表達我的真相，我又是如何回答這樣的問題呢？我誠實的回答會是這樣的：「我沒去，也沒來，我不是你從夢幻般的感官所看到的樣子。」但這樣的回答，我明白，肯定會嚇壞他們。

所以，當有人問我：「你要去哪裡？」基於愛，我學會這樣回答：「喔，我要去散步。」或「我要去超市。」我學會如何和人們連結，而不至於驚嚇或疏離他們。愛會連結，因為它從不分離。剛開始幾個星期，我會直截了當說出我的真相，而沒有在意和人們的連結。

如果有人問：「你是什麼名字？」我會說：「我沒有名字。」或「我的名字就是你的名字。」但是，一旦我學會我們在這裡和自己玩的把戲，一旦我明白人們假裝不知道自己真正是誰，說話就變得簡單多了。這些人就是我假裝昏睡那部分的自己，細胞仍然粗重稠密，尚未被啟動。所以，如果有人說「哈囉」，我會回答「嗨」，如果有人問我的名字，我會說「凱蒂」，但是如果他或她真誠感興趣，並且問到：「你的名字真的是凱蒂嗎？」那麼，我會說：「不是。」以這樣的方式，我可以與人們連結，同時回答他們的問題，而不會疏離任何一個人。

然而對那些瀕臨死亡的人來說，情況就有所不同，有些人已經停止了假裝，我已經死了——那是另一種說法。我對死亡的理解是：當我們無路可逃，當你知道沒有人能解救你，一切信念就掉落了，你再也不在乎了。所以，如果你臨終之際躺在床上，醫生說全都結束了，你也相信他，所有的困惑都會停止，再也沒有什麼可以失去。在這甜蜜的平靜當中，只有你，你就是全部。

我知道死亡是什麼：空無。當我和即將死亡的人說話，有時候可以直截了當地說明真相，而不會嚇壞他們。有次我被請去看望一位癌症末期瀕臨死亡的朋友，那時他在一個月前已經被屋主趕出住處，因為屋主已經賣掉房子，他的大眾廂型車也著火燒掉了，於是他舉辦了一次車庫大拍賣，把所有的東西都賣掉，搬到療養中心，只留了隨身盥洗用具，十來本書和CD。（我注意到《一念之轉》和史蒂夫口袋版的《道德經》放在他的床頭桌上。）他非常瘦並且虛弱，看起來似乎只剩下幾個星期的生命而已。我們談了一會兒後，他打開錄音機，請我說一些關於死亡的事，好讓他之後再回聽。我說：「我可以向你保證一件事，甜心，死亡永遠不會發生，這一點你不用懷疑。」因為他幾乎已失去一切，沒有任何概念橫亙在他的聆聽與我的話語之間，他的臉龐瞬間亮了起來，眼淚順著臉頰流了下來。

我熱愛功課學校的一個原因就是，在那九天裡我不需要再如此明目張膽地說謊，人們可以和我連結在一起。他們可以開始跟隨我的世界，探究功課的世界，在那裡一切都是恩典，從來沒有任何問題。當他們質疑自己的心念，我們的世界開始融合為一，我得以見證在真相中醒來的那唯一的心。它一直以來都是你的：驚奇，喜悅，感恩，從頭到腳沉浸在愛裡。

你是否曾發現自己試圖取悅他人，或是贏得他們的認可？

我取悅自己，也認可自己，而我將那投射到每一個人身上。因此，在我的世界，我已經取悅了每一個人，而且已經擁有每個人的認可，雖然我不期待他們已領悟到這件事。

你提到你的功課學校，可以多講一些嗎？

有興趣的人可以在 www.thework.com 這個網站讀到更多的資訊。

功課學校

你為什麼創辦「功課學校」？

人們會告訴我，他們永遠無法活出在我身上看到的自由。我知道，只要他們相信自己對這件事的故事，他們就會是對的。自從我的閣樓地板經驗之後，我一直過著沒有故事的生活，也沒給自己留下任何會害怕的事。沒有什麼能阻擋這份快樂自由流動。人們問是否能來和我同住，我說好。後來發展成我在斐德烈克街上五棟房子的地板，每到夜晚就鋪滿了睡袋。人們來來去去，有些人只是短暫停留，有些則會住上數月之久，學習並教導如何做功課。這段期間，我會在全國各地和歐洲巡迴舉辦功課活動，當我回到巴斯托，有些人仍然還留在那裡，也往往有許多新的面孔。

後來有人告訴我，一個習慣能在二十八天內建立起來，於是我創設了一套二十八天沉浸在探究功課的課程。這對我來說很有道理，我稱它為「功課學校」，第一次課程於一九九八年八月在巴斯托開辦。在某種意義上，功課學校的練習已經寫好了，因為那些全是我活生生的體驗。它們完全根據我最初兩年，也就是一九八六年、一九八七年的親身經驗，專門設計來帶領人們直接進入一個全新的意識。在我仔細聆聽學員反應的同時，一邊修訂這些練習，並且寫出新的方案，到今天我還在這麼做。時至今日，我已經將課程濃縮到九天的時間。

在學校課程裡，我帶領學員走過每一個我曾體驗過的白日噩夢。我引導他們如何帶領自己走過恐懼，直到他們能信心十足，理解了心智如何製造出痛苦，再如何將它終結。如果他們遇到問題，無論是真的或想像的（所有問題都是想像的），我們就質疑它。我和他們一起潛入如同地獄般痛苦的深度，再從那裡出來，迎向陽光。這些勇敢的人已經厭倦了受苦；他們渴望自由，真切的想要了解真相，也準備好在地球上體驗平安和諧的生活。一旦這四句提問活在他們的內在，他們的心智變得越來越清明、越來越仁慈，因此他們所投射的世界也隨之變得更加清晰與仁慈。這種根本改變的徹底程度超乎任何人能夠完整表達的。

☆ 我已經取悅了每個人，也擁有每個人的認可，雖然我不期待他們已領悟到這點。

30 完全友善的世界

佛說：「須菩提，我問你一件事。如果有善良的男子或女子將三千大千世界粉碎為微塵，是不是有非常多的微塵？」

須菩提說：「非常多，世尊。但是，如果這些微塵個個是獨立分別存在的，佛不會稱它們為『微塵』，微塵並非實際的微塵，只是被稱為『微塵』。三千大千世界並非實際的三千大千個世界，只是稱為『三千大千世界』。就某種程度而言，如果這些世界真的存在，它們是以粒子的集合成相存在的。集合成相並非真正的集合成相，只是被稱為『集合成相』。」

佛說：「須菩提，稱呼一樣東西為一種物體，只是一種習以為常的說辭。只有不成熟的人才會執著於這些詞彙的本身。」

在這個經文裡，佛陀一再把我們指向那超越名相的世界。當你還是個小孩，具備語言能力之前，或語言文字對你有任何意義之前，世界在哪裡呢？「沒有」世界存在。你在那時沒有一個身體，因為那時你還沒相信自己進入一個身體裡。你沒有一個分開獨立的身分認同，你無法分割實相為一個「我」和一個世界。當你的母親指向一棵樹說「那是一棵樹」，你看著她說「咕咕、嘎嘎」。

然後有一天她說「那是一棵樹」，於是你相信了，突然間有了一棵樹、一個母親和一個「你」。你有了一個世界，有了一個身體，然後要不了多久，你的身體就成了太矮、太高、太瘦、太胖，這裡不夠好，那裡也不夠好。當你開始命名每一樣事物，認為世界與你分離，也就催生了一整個受苦的世界。

你以為你就是在鏡子裡所看到的影像，然後你把那個影像（現在這個影像已經只是你腦海中的一個畫面）拿來和你認為美麗的人們的影像做比較。這些批判著你想像中的身體，卻從未被質疑過的念頭，只是在維繫著你認同的、想像中的自己，然而你從未真正見過自己的本來面目。唯有當你相信你的想法所創造出一整個名相世界時，你才有可能相信你的身體是太如何如何。

當心智徹底領悟，它不是這個身體，它不會再體驗到任何的威脅，因為威脅對那不具實體的東西，毫無意義可言。未經質疑的心智仍然是充滿衝突的，與自己爭辯並且隨時擔心自己的安危，在它能夠了解「唯一需要處理的是自己不曾質疑過的想法」之前，沒有平安可言。它的生命如鏡子一般映照在外，因為那是唯一可以看見自己的方式，看見它無形體的旅程，並以形相投射出來。但當心智覺醒，它會無比清晰地看見，自身是絕妙想像，完美至極，沒有什麼可以牽絆住它，或放慢它無可限量的旅程。

在做功課的同時，心智能安全地、溫和地鬆開它對身分認同的抓取。當你質疑造成你壓力的想法，放下每一個「你」認為你所是的，你會開始好奇，想知道：「沒有那個想法，我會是什麼？」

單單因為一個身分認同的出現並不能讓它成為真實，沒有人知道他或她真正是什麼。那個「是什麼」被說出來的當下，就不是了。

一旦心智徹底質疑它的念頭，它會投射出來一個完全友善的世界，一個仁慈的心智投射出一個仁慈的世界。如果有人看到不完美的事物，質疑過的心智一開始並未能理解，因為它無法投射出任何不完美。不過，它記得自己曾有的古老的、如夢的世界，在當時它也如此深信不疑，因此，在完全寂靜中，似乎存在著一個參考點、一個回音。它始終感激自己看待事物的方式，也理解別人如何看待這些事物。這樣的理解賦予它充沛的能量，在當下做出美妙的改變，因為它的清晰可以照見所有的可能性。這是一個無懼的生存狀態，完全沒有極限。

你說：「對清醒的心智而言，恐懼不可能存在」。但恐懼不是出現在想法之前的一種生物反應嗎？

一點也不是。除非你相信了一個關於未來的想法，否則你不可能感受到恐懼。你所相信的念頭出現得如此迅速，迅速到你追蹤不到它的足跡，只能覺察到它對身體或情緒造成的影響。比如說，假設你一醒來便感到恐懼，雖然你可能無法確切找出你害怕的原因，你依然只是在對「已經發生或即將發生可怕的事」這個概念作出反應。相信其中一個想法，或兩個想法都相信，便是你恐懼的原因，而非現實當下的發生。你才剛剛醒來，腦袋還安穩地躺在枕頭上，在那個當下你所需要的都已經被滿足。當你實際處於人們所謂危險的情況下，事實也是如此。遇見一頭熊時，你可以驚慌失措地跑開，或者，也可以單純地只是跑開。除了你那些正相信的未經質疑的想法，生命永遠是美好的。

☆在做功課的同時，心智能安全地、溫和地鬆開它對身分認同的抓取。

＊功課案例：格倫又喝酒了

艾瑪：（念著作業單）「我對我兒子格倫感到生氣、失望、困惑，因為他又在喝無酒精啤酒和抽煙。」他從一月份起就一直住在戒酒康復中心。

凱蒂：當時是什麼場景？你在哪裡？

艾瑪：他這週末回到蘇黎世的家照顧我們的狗，這樣我就可以來參加你的活動。

凱蒂：你看見他喝酒了？

艾瑪：是的。

凱蒂：好，那麼，「他在喝無酒精啤酒」——這是真的嗎？

艾瑪：是的。

凱蒂：你是如何反應的，發生了什麼事？請你閉上你的眼睛，看著他，你看見那瓶無酒精啤酒，你看到他在喝酒。你看到過去和未來的畫面，當你相信「他在喝無酒精啤酒」這個念頭時，你是如何反應的？

艾瑪：我感到很恐慌。

凱蒂：你一定會感到恐慌，因為你認為他處在一種可怕的狀態當中。

艾瑪：他是那麼美好的一個人，我不可能眼睜睜地看著那麼好的小夥子不快樂。

凱蒂：而他此時正快樂地坐在沙發上，快樂地喝著他的無酒精啤酒。（聽眾笑）

艾瑪：我一點都不相信他是快樂的。

凱蒂：所以，你有他心通，可以知道別人的心思。

艾瑪：是的，他是我兒子。

凱蒂：當你看見你頭腦裡的那些畫面時，你真正的兒子正坐在沙發上喝著他的無酒精啤酒。是誰讓你感到困擾？是你，還是你兒子？

艾瑪：抱歉，請再說一遍？

凱蒂：是你頭腦裡的畫面讓你煩惱，還是你兒子讓你煩惱？

艾瑪：這兩個差不多呀！我對他和對自己都覺得煩躁。我一聽見打開啤酒罐「啵」的一聲時，我整個身體都起了反應。

凱蒂：這就是你頭腦裡的夢開始的時候——噩夢。你看到過去的種種畫面，以及未來的畫面。你看見的是你兒子，還是只是你的想像？我不知道為什麼這是那麼難以回答的問題，甜心。想像一顆多汁、成熟的檸檬，現在再想像你咬了一大口，你注意到發生了什麼事嗎？

艾瑪：是的。我的嘴巴嘸了起來，感覺到嘴裡有口水。

凱蒂：那就是你要面對的實際狀況。你並沒有真的咬檸檬，你只是在想像，你想像了它，然後你的身體就起反應。那顆檸檬是什麼顏色？

艾瑪：黃色。

凱蒂：我並沒有說「黃色」，那是你想像出來的。所以，你兒子一打開啤酒罐，你瞬間進入了你頭腦裡的那部電影。你兒子只是在喝一罐無害的飲料，那罐啤酒不含酒精，他坐在在沙發上，完全地安全和清醒。他點了一支煙，他專程過來幫母親一個忙，好讓她能來這裡。你們之間有一個人很清楚自己在做什麼。（觀眾笑）所以，你對你兒子感到生氣和失望，反轉過來：「我不……」

艾瑪：我不對我兒子感到生氣和失望。

凱蒂：他正坐在你的沙發上，很清醒，那是你真實的兒子。另一個兒子，讓你生氣的那位，是想像出來的。你真實的兒子是你痛苦的原因，還是你想像的那些造成你的痛苦呢？

艾瑪：是我想像的那些。

凱蒂：現在，去留意，當你相信那個想法時，你是怎麼對待你兒子的。而他所做的，不過就是打開一個瓶罐。

艾瑪：我內心排斥他，然後假裝愛他。

凱蒂：這就是恐懼看起來的樣子。「我對我兒子感到失望」——反轉過來。「失望」的反義詞是什麼？

艾瑪：我感到開心滿意。

凱蒂：好，請你閉上眼睛，看著在沙發上的兒子，打開了那罐無酒精啤酒，沒有那個你認為他有做，而他根本沒做過的事而生氣的念頭，你會是怎麼樣呢？

艾瑪：我會很感謝他從盧森過來這裡，只為了幫我看狗。而且在喝了那麼多年的酒之後，他開始嘗試喝無酒精啤酒。

凱蒂：他不是在嘗試，他就是在那樣「做」了。

艾瑪：對，他正在喝無酒精啤酒。

凱蒂：他是清醒的。

艾瑪：清醒的。

凱蒂：為他的母親服務。我們看作業單第二道題。

艾瑪：我可以說髒話嗎？

凱蒂：當然可以。小我害怕的時候，不會有禮貌可言。直接讀出你寫的。

艾瑪：我要他別再狗屎連篇，別再胡說八道欺騙自己，勇敢面對自己的生活。

凱蒂：我喜歡這段。這是真的嗎？你想要他停止喝無酒精啤酒嗎？

艾瑪：（羞怯狀）不是。

凱蒂：那麼，當你相信那個念頭的時候，你是如何反應的？發生了什麼事？

艾瑪：我很恐慌，對他怒氣氣沖沖。

凱蒂：如果你當時不相信這個念頭，你會是什麼樣子？

艾瑪：我會非常平靜，也會很感恩，只是看到一個年輕人正在打開一瓶無酒精啤酒。

凱蒂：現在，請反轉。「我要我……」

艾瑪：不要吧！

凱蒂：「在那個場景裡，我要我……」

艾瑪：（表情扭曲）我要我別再狗屎連篇，別再胡說八道欺騙自己，勇敢面對自己的生活。

凱蒂：他把事情處理得井井有條，他是清醒的，這就是現實的狀態，是你把自己困在了未來和過去當中。

艾瑪：喔，我的天啊，凱蒂！你說的沒錯。

凱蒂：我們來看下一段。

艾瑪：格倫應該接受治療。他應該完成大學學位，他應該做我建議的事，因為我知道什麼對他最好。

凱蒂：啊，當我們自以為知道那些事情的時候，我們就迷失了。「他應該接受治療，他應該完成大學學位，他應該做你建議的事」——這是真的嗎？

艾瑪：（搖頭）不是。

凱蒂：當你相信這個念頭的時候，你怎麼對待他的？

艾瑪：我看輕他。

凱蒂：在那個場景裡，沒有那個念頭，你會是怎樣的呢？

艾瑪：我會對他做的任何事都保持開放態度。

凱蒂：或許你自己也會嘗一口呢！

艾瑪：或許什麼？

凱蒂：嘗一口無酒精啤酒。

艾瑪：喔！（微笑）

凱蒂：下一道題是？

艾瑪：我需要格倫選擇一條療癒之道，我需要他快樂，這樣我才能開心，我需要他清醒過來。

凱蒂：「你需要他選擇一條療癒之道」——這是真的嗎？

艾瑪：不是。

凱蒂：不是。他已經做了選擇，他是清醒的。所以，他已經選擇了自己的療癒之道，你不需要他再去選擇一個。我們反轉吧。「在那個場景裡，我需要我……」

艾瑪：我需要我自己選擇一條療癒之道。

凱蒂：在那一刻，你的道路毫無頭緒，它帶你回到過去，又帶你去到未來。療癒之道總是在此時此刻，意識到宇宙是友善的，你可以在兒子身上看見清醒這份美妙的禮物。當你不再踏入過去和未來的地獄中，選擇一條療癒之道是如此簡單，沒有什麼可以打破你和兒子之間的連結，因為你待在現實中。繼續反轉那些想法：「我需要我自己……」

艾瑪：我需要我自己快樂，這樣我才能開心。

凱蒂：是的，現在，注意到當你相信「你需要他快樂」這個念頭時，你是怎樣反應的？注意到你是怎麼對待他的。在你不開心時，你假裝沒事，你活在謊言裡，無論是對他或對你自己都是。我們來看作業單第五道題。

艾瑪：「格倫是懶惰、嚇壞的、肥胖、不健康、自我欺騙，而且逃避。」我不要反轉這句話。（聽眾大笑）

凱蒂：「在我的頭腦裡，我是……」讀出來吧，「在我的頭腦裡，我是懶惰的。」

艾瑪：在我的頭腦裡，我是懶惰的。

凱蒂：你看到的是過去和未來。你太懶得去看現在，而現在卻是那麼清楚。但是，當我們相信這些關於過去和未來的想法時，我們以為腦海裡兒子的畫面是我們真實的兒子，而它其實不是。下一句：「在那一刻，我是……」

艾瑪：在那一刻，我是嚇壞了的。

凱蒂：你被你自己關於兒子的投射嚇壞了。下一句：「在那一刻，我是……」

艾瑪：我是不健康的。

凱蒂：我是不健康的，因為我逃避現實。

艾瑪：是的。

凱蒂：我們來看第六道題。

艾瑪：「我再也不想經歷那種恐懼了。」

凱蒂：「我願意……」

愛瑪：「我願意再次經歷那種恐懼了。」

凱蒂：「我期待……」

艾瑪：「我期待再次經歷那種恐懼。」

凱蒂：所以，現在我們假設他正坐在沙發上，他喝的是真正的啤酒，而他也完全醉了。你看見他在沙發上了嗎？哪一個更仁慈？現實，還是你關於他的過去和未來的想法？

愛瑪：現實，我看到了。

凱蒂：無論他是酒醉或清醒，你都是造成你自己恐懼與疏離的原因。這一點永遠是真實不虛的，我熱愛這一點。我很喜歡我們一起共度的時光。如果你把功課當作每日練習，你最終會明白你有個完美的兒子，他也有個完美的母親。

31 一切事物的真實本質

佛說：「須菩提，如果有人宣稱我教導有關於自我和他人的概念，你會說這個人明白我的教導嗎？」

須菩提：「不，世尊。這個人顯然並不明白佛陀的教導，佛陀所解釋的自我和他人的概念，事實上不是一個自我和他人的概念，它只是稱為『自我與他人的概念』。」

佛說：「須菩提，所有嚮往開悟的人都應該堅定地處在這樣的理解中：一切事物皆無絲毫自我或他人的蛛絲馬跡。並沒有所謂的『自我』或『他人』，也沒有所謂的『概念』。概念只不過是被稱為『概念』。」

我經常說：「沒有故事，沒有世界。」如果你沒有故事，不僅你無法有一個世界，你甚至不可能有那個你所認同的你。你的整個生命不就是完全建立在你相信你是什麼之上嗎？你的世界不也是全部根據你所認為的自己所看到的一切嗎？「樹」的概念僅僅是支撐有一個「你」的另一種方式，如果樹是真實的，而且是分開存在的，那麼「你」必定也是一個有效的實體。如果你可以只是作為看的本身，而沒有想像的「你」在觀看，你會是誰呢？沒有一個「你」，樹如何能以一個分離的狀態存在，或者甚至如何存在呢？如果你不相信有一個「你」存在，那就沒有一個身分可以去相信有一棵樹、一片天空、一個世界，因此沒有任何東西可以存在，而這正是生命變得令人興奮的地方。

質疑過的心智就只是觀看。再也沒有任何危險需要躲避，在它自己奇妙的創造裡，它永遠是安全的。在你看著它唱歌、跳舞、創造、服務、熱愛的時候，你永遠不需要成為任何人，不需要知道任何事，也不需要做任何事。無論何時，當你生氣或受挫時，你可以完全確認，你正把自己認同於一個獨立分開的個體。而其實那也不要緊，它只是一個訊號，讓你知道，當你活在一種為自己辯護、防衛或攻擊的狀態時，你真實的本性已被覆蓋了。

我熱愛這個世界。如同愛我自己一樣，那是我的想像活出的樣貌。但是這個想像中的世界不止一個。即便是一也比一來的多，因為它暗示著在它之後還有別的存在，它暗示了二，然後三，甚至其他一切由此而誕生：視覺，聽覺，味覺，觸覺，地球，天空，樹，人們，狗，貓。我熱愛這個世界，即便當它看似將會死亡。我怎能不愛呢？看看它為了什麼留出空間，看看是什麼來填滿這個真空。

環境的毀壞。對目前來說，無論你我喜不喜歡，正是目前的狀況。如果你能愛上死亡，就會全心全意熱愛生命。你也會喜愛一切事物終究會敗壞死亡，必須消退，好讓其他的事物生存並且成長茁壯。一個物種的消失，或者甚至連地球本身的敗壞，除了你如何理解它的方式外，不存在任何不仁慈。你是否將自己的身體逐漸老化衰退，看成是件可怕的事？那就「採取」一些行動吧！然後，十年之後，再針對那做一些事！再後來，你注意到自己更衰老了，你的身體已經惡化到你無法阻止的地步，你仍然把它看成是一件可怕的事嗎？你的身體就有如地球一樣，你再好好看一看。

也許，正確的字眼不是**毀壞**，對我來說當然不是。我將表象時間裡的一切視為自然演化的過程，始終在創造空間給比你所認為最美好的實相還更為甜美的東西。我從未曾見過、觸摸過、聞過、親吻過或愛過任何一個比我九十歲母親臨終前和死亡最初時刻的肉體更珍貴的東西，迄今那美麗依然在我心中，深入我心。

我熱愛自然之道，因為我了解死亡，所以我愛它一如生命。在這樣的清晰明白當中，我周遭的世界發生了極大的變化，而這些改變便是平安，以它最仁慈的方式展現。它是平衡的所在，解決方案往往於此誕生。它也是清晰覺知允許各種解決方案存活，並能蓬勃發展的園地。我隨順那些解決方案，內心感覺是對的。在可能改變的地方，我會協助讓它發生。那樣的意願根植在我之內，也根植在你之內，那稱之為愛，

當前地球正面臨環境災難的燃眉之急，我們該如何過生活？

我曾真的面臨迫在眉梢的危險處境，面對一把指著我的真槍，而且在幾個不同的場合，親耳聽到恐懼而無辜的人威脅要殺害我，然而我從沒有一刻感到害怕。恐懼是一個關於未來的故事。我怎麼可能知道那人真的會扣下扳機？我怎能知道環境災難真的會發生，或者說，假設它真的發生，那對地球就會是件壞事？一旦你理解這點，開始活在現實中，而不是活在自己對現實的想法裡，那麼，無論那不存在的未來會帶來什麼，生活會變得無懼、有愛心，而且充滿感恩。

與現實爭戰，看見的永遠是迫在眉睫的災難，無論是關於地球或個人，那都是一種非常痛苦的生活方式。或許一個環境大災難會發生，或許不會。與此同時，我繼續我的日常行事，彷彿沒有生或死這回事存在（的確沒有）。我的房子由太陽能供電，開的是電動車，我也認真仔細地回收資源，我投票給那些表示關心地球暖化的候選人，我樂意為了公共利益被課稅，我也支持種種環保議題。我沒有恐懼、沒有憂慮，我盡力做到我能做的。「安裝太陽能板吧！」心念這麼說，沒有正當的理由不這麼做，因為所有的念頭都已經接受過探究功課的測試。太陽能板安裝好了，我的電費一個月只有幾塊美元，同時總有一天，我將可以回送系統，我曾經消耗過的電量，甚至回送更多。這符合我的存在本質：不留一絲痕跡，一個歸還給來處、滿懷感恩的生命。

有一次，我在舊金山的「生態先驅論壇」（Bioneers Conference），為一群環保行動主義者演講，現場有數百位聽眾，有許多人以拯救地球為畢生志業。我談了一會兒自己對環保行動的支持，在我看來，這是明智而仁慈的事情。接着，我詢問他們對環境的看法。他們表示，他們生活在極大的焦慮甚至恐懼中——肩上負擔沉重，不過很多人都具有開放的心，願意去質疑那些造成他們壓力的各種想法。我協導他們做探究功課，針對諸如「有可怕的事即將發生」、「我需要拯救地球」及「人們應該更有環保意識」這些想法。他們發現了這些想法是如何讓他們近乎瘋狂的，以及這些想法的相反面可能也一樣真實。

經過幾小時密集探究之後，我請他們想像，如果我們繼續毒害美麗的地球，可能會發生什麼最糟糕的事件，我邀請他們列出一張清單。「地球會變得不適合人類居住。數以千計的物種會絕跡」等等。清單列好之後，我們便針對其中一些觀點進行質疑，我請他們將整張清單反轉：把清單標題改為「地球可能發生最美好的事」來取代「地球可能發生最糟糕的事」，然後找出特定的、真實的理由，來支持為何清單上的每一項也都是恰當的。比如說，地球變得不適合人類居住，怎麼會是地球可能發生的最美好的事？很多人一開始不願意往那個方向探討，現場有許多抗拒的聲音，以及許多不耐煩的問題。但這是一群勇氣十足的人們，最終他們都能找到一些合適的理由，說明為何清單上每一項的發生，都可能是最美好的事。「對瀕臨絕種的物種來說，沒有人類存在是件最棒的事。」「這是對昆蟲最美好的事。」「這是對雨林最好不過的事。」「我們不會再繼續擠壓和開採地球的生機命脈。」「誰知道我們消失以後，會進化出什麼更有智慧的物種？」多年來，他們一直面對各種挫折與身心交瘁，有些人後來向我致謝，告訴我這個練習賦予他們全新的力量。

開始練習探究功課之後，你會發現的其中一件事就是：世界不需要拯救，它已經得救了。這讓人如釋重負！關於佛陀最動人的事就是，他拯救了一個人：他自己。那就是他需要拯救的全部，同時當他拯救了自己，整個世界都得救了。他多年來的諄諄教誨——四十年來示現的慈悲——僅僅來自那一刻頓悟推動前進的力道。

☆世界不需要拯救，它已經得救了。

32 愛上這個夢

佛說：「須菩提，如果有人將如虛空般無窮無盡的財富填滿無量的世界，然後將它全數捐出、支持慈善事業，而另外有善良的男子或女子在領悟這部經典的教導之後，全心全意體現它、在生活中實踐並且為他人解說，那麼第二個人的福德將遠遠超過第一個人。而那人領悟到的最核心真理是什麼呢？簡而言之：世界並不是我們所稱呼它或認為的模樣，同時也沒有自我、他人這樣的東西。現在，聆聽這段偈：

這轉瞬即逝的世界中每一樣物體，猶如
一道閃電，溪流中的一個泡沫，
一縷輕煙，一朵雲彩，一滴露珠，
黎明時即將消逝的一顆晨星，一口氣息，一個幻夢。」

佛說完之後，僧人須菩提和在場聆聽的其他僧眾、比丘尼、男女居士，都充滿了信心和喜悅，誓言將此教誨謹記在心，並身體力行。

名相創造事物，它便是永恆如何把自體分割出來而成為幻相，宛若它個別部分可以單獨存在，而不是作為一個整體存在。一直到命名的名稱為人所相信之前，命名的本質如同永恆。在名稱被相信的瞬間，桌子、椅子、樹、天空，在命名的人心裡會升起一種憂傷，不論多麼細微。但是，當你明白，即使現在都已成過去，就比較容易不會執著於任何的名相以及它所代表的表象事物。如同佛陀此處所說的，它們都只是一個夢。

我熱愛我的夢，我怎麼可能不愛呢？因為我熱愛我想的每一件事。但是，如果你正經歷噩夢，即使是很微小的夢，片刻的焦慮或煩躁，你都可以透過探究功課喚醒自己。

這些事物其實稍縱即逝，因為它們原本就不存在，當心智明白它們是如何被創造出來的，這些純粹無辜的想像就再也沒有力量讓你受苦。心智了解的越多，它自認為知道的越少。

未知的心靈有如一個永遠飽滿的容器，萬事萬物流向它，它完全沒有需要為自己去保留任何的一丁點。它只是天真無辜地看著整個世界來到它面前，各種事物以它們最棒的和最糟糕的行為，最羞恥的，最光榮的，最富有的，最貧窮的狀態進來。一切都被允許，它永遠足夠廣大來容納所有流進它的一切。在它之內每一個都得到它們來此的目的：一個眼神、一個瞥見，那是愛的禮物。

未知的心靈是恆常的，它是地板，它是有人走過房間的聲音，指中輕輕敲打，白牆上一片陽光，火爐旁的工具，還有烹調的香味，手的輕輕觸摸，所有的一切都彌足珍貴，而沒有一個是真的。

當你熱愛你的夢，你還需要從當中醒來嗎？

不需要。完全沒有必要。領悟到它是一場夢的同時，你可以輕鬆地靠在椅背上，好好享受它——享受它的每分每秒。

☆

心智了解得越多，它知道得越少。

附錄：如何做探究功課

我經常聽到有關功課的一個批評是它太簡單了。人們說：「自由不可能那麼簡單！」我的回答是：「你能真的知道那是真的嗎？」

批評你的鄰人，寫下來，問四個提問，反轉過來。誰說自由必須是複雜的？

把想法寫在紙上

功課的第一個步驟，就是找出造成你壓力的念頭，然後把它們寫下來。這些念頭可以是關於你生活裡的任何情況，不論是過去、現在或未來——關於某位你討厭或擔憂的人，或使你生氣、害怕、傷心的人，或是讓你感到矛盾或困惑的人。寫下你對他們的批評，你對他們的看法。使用簡短的句子。（可以寫在一張空白紙上，或前往 thework.com 下載並列印「批評鄰人作業單」。）

如果你發覺填寫這張作業單並不容易，不要感到驚訝。數千年來，我們一直被教導不要批評別人——但是讓我們面對現實吧，我們還是經常在批評。真相是：我們腦海裡的批評聲浪仍如萬馬奔騰。經由「功課」，我們終於有機會允許那些聲音在紙上宣洩出來，甚至縱情吶喊。我們會發現，即使是最令人不愉快的想法，我們也能用無條件的愛去理解它們。

批評鄰人作業單

我鼓勵你寫出關於你至今仍無法全然寬恕的那個人的評判，一個仍然令你感到憤恨的人，這是最有力量的起點。即使你已經百分之九十九地原諒了那個人，但除非你能完完全全地寬恕，否則你不會真正自由。那尚未寬恕的百分之一，就是你在其他所有的關係中困住的地方（包括你與自己的關係）。

如果你剛剛接觸功課，我強烈建議你一剛開始不要寫有關自己的批判。當你從批判自己開始，你的答案難免帶有動機，得到的仍然是尚未奏效的那些解決方案。批評他人，然後質疑並且將它反轉，才是通往理解的捷徑。當你練習「功課」一段時日後，能夠開始信任真相的力量，你就可以來批評自己了。

如果你把指責的矛頭先朝外，那麼焦點就不在自己身上，你便能放鬆、並且沒有顧忌。我們經常十分確信別人該做什麼、該怎樣生活、該和誰在一起。我們對別人有百分之百的完美視力，卻完全看不清楚自己。

當你做「功課」時，你藉由自己認為別人是怎樣的人，看到自己原來正是那樣的人。最終你會明白，你所看到外在的一切，全是你自己想法的反射：你是說故事的人，也是投射所有故事的投影機，而世界就是你想法投射出的影像。

自古以來，人們一直設法改變外在世界來讓自己快樂，卻從來沒有成功過，因為我們處理問題的方式本末倒置。「功課」提供了一套方法，讓我們改變投影機——我們的心智，而不是去改變投射出來的影像。好比投影機的鏡頭沾上一根線頭時，我們以為是螢幕上人們的瑕疵，因而設法改變這個人、那個人或下一個看上去有瑕疵的人。但是試圖改變投射出來的影像是枉然的。一旦我們意識到線頭所在，我們便可以直接清理鏡頭。這是痛苦的終止，天堂裡小小喜悅的開始。

如何填寫作業單

請避免「不想寫下你的批判就繼續做功課」的誘惑。如果你試圖在頭腦中做「功課」，而不把你的念頭寫在紙上，你會被頭腦耍得團團轉。在你還未意識到之前，它就離題，跑到另一個故事裡去證明自己是對的。雖然頭腦合理化自己的速度比光速還快，卻能透過書寫動作讓它停下來。一旦心念停在紙上，念頭保持穩定，探究功課就很容易進行。

我邀請你花點時間沉思冥想，一個你對某人感到憤怒、受傷、傷心或失望的情況。請讓自己回到像當時情況下那樣的激烈批評、孩子氣和苛刻。不要試圖比那時候的你更明智或仁慈。這是將你在那個情況下，為什麼覺得受傷，以及你在那時的感受全然誠實、毫不設防地表達出來的時刻。容許你的感受在它們出現時自然流露，而不用害怕任何後果或懲罰的威脅。

寫下你腦海中出現的種種念頭和故事，那些造成你痛苦（憤怒、怨恨、悲傷）的想法和故事。請先將譴責的矛頭朝向傷害你的人、你最親近的人、你妒忌的人、你無法忍受的人，或是令你失望的人。「丈夫離開了我。」「我的伴侶把愛滋病傳染給我。」「媽媽不愛我。」「孩子不尊重我。」

「朋友背叛我。」「我痛恨老闆。」「我恨我的鄰居，他們毀了我的生活。」寫下你今早在報紙讀到的新聞，那些因饑荒或戰爭而遭到殺害或失去家園的人。寫下雜貨店裡那個慢吞吞的收銀員，或在高速公路上超你車的司機。每個故事都是同一主題的變奏曲：**這不應該發生，我不該經歷這種事，上帝不公正，人生不公平。**

剛接觸「功課」的人有時會想：「我不知道要寫什麼。我幹嘛要做功課？我沒有生任何人的氣，沒有什麼事情真的困擾我。」如果你不知道要寫什麼，請稍等一下，生活自會提供主題。或許有個朋友說好要回你電話卻沒有回，讓你感到失望。或許在你五歲時母親懲罰了你，而你並沒有做她認為你做的事。或許當你讀報紙或想到世界上的苦難時，你感到難過或害怕。

把你頭腦中述說這些事的那部分寫在紙上。不管你怎麼努力，你都無法讓腦海裡的故事停下來，那是不可能的。但當你把故事寫在紙上，完全按照頭腦的述說一一寫下來，包括你所有的痛苦、挫折、憤怒和悲傷，然後你就可以好好檢視在你內心盤旋的都是些什麼念頭，你可以看到它被帶來這個物質世界所呈現的物理形相。最後，通過「功課」，你可以開始理解它。

當孩子迷路時，他或她可能會感到極度恐懼。當你迷失在頭腦的混亂裡時，可能會一樣害怕。不過，一旦你走進「功課」，便有可能找回秩序，學會怎麼回家。無論你走在哪條街上，總有一些熟悉的東西，你知道你在哪裡。有人可能會綁架你，把你藏起來一個月，然後蒙起你的眼睛把你丟下車，但當你摘下眼罩，看見四周的建築物和街道，你開始認出某個餐館或雜貨店，一切都變得熟悉起來。你知道該怎麼做才能找到回家的路。這就是功課作用的方式。一旦頭腦得到了理解，它總能找到回家的路。沒有任何地方可以讓你一直處在迷失或困惑的狀態。

批評鄰人作業單

一九八六年我的人生發生重大轉變之後，我花了很多時間呆在我家附近的沙漠裡，專注聆聽內在的聲音。當時，我內心浮現的故事，也是自古以來一直困擾所有人類的故事，我目睹了每一個概念呈現的樣子，發現即使我獨自一人在沙漠中，整個世界都與我在一起。它們聽起來像這樣：「我要」、「我需要」、「他們應該」、「他們不應該」、「我很生氣，因為……」、「我很傷心」、「我再也不要」、「我不要」。這些話在我腦海中一遍又一遍地重複，成了「批評鄰人作業單」的基礎。這個作業單的目的是幫助你，以書面形式把自己痛苦的故事和評判表達出來，它的設計意在挖掘那些一般情況下難以發現的批判。

你在「批評鄰人作業單」上寫的評判，將成為你做「功課」的素材。你可以把寫下的每一個句子，一句一句用四個提問來探究，讓每一個陳述句帶領你發現真相。

以下是一個完整的「批評鄰人作業單」的案例。在這個案例，我寫的是有關我第二任丈夫保羅（經他允許在這裡分享），這些是在「功課」找到我之前，我曾經相信有關他的某些看法。讀的時候，我邀請你把保羅的名字換成你生命中合適的人選。

1.在這個場景下，誰讓你感到憤怒、困惑、傷心或失望，為什麼？

我對保羅感到很生氣，因為他不聽我的話。

2.在這個場景下，你要他們做怎樣的改變？你要他們做些什麼？

我要保羅看到他錯了。我要他停止欺騙我。我要他知道他這麼做簡直就是在自殺。

3.在這個場景下，你想給他們什麼樣的建議？

保羅應該做個深呼吸。他應該冷靜下來。他應該看到他的行為嚇到我了。他應該知道他不值得為了堅持自己是對的而造成心臟病復發。

4.在這個場景下，為了讓你高興，你需要他們怎麼想、說、感覺或做？

我需要保羅在我和他說話的時候聆聽我。我需要他照顧好他自己。我需要他承認我是對的。

5.在這個場景下，你對他們有什麼看法？請列出來。（記住：盡量瑣碎和苛刻。）

保羅不公平、傲慢自大、說話很大聲、不誠實、很離譜，而且毫無自覺。

6.在這個場景下，你再也不要經驗什麼？

我再也不要保羅對我撒謊。我再也不要看到他毀掉自己的健康。

■填寫作業單的小提示

第一道題：確切找出在那個情況裡，你所寫的那個人，最讓你懊惱的事是什麼。在你填寫第二道題到第六道題時，想像自己正處於你在第一道題所描述的情境裡。

第二道題：列出來你想要他或她在這個情況下做些什麼，不管你要他們做的事，顯得多麼可笑或孩子氣。

第三道題：你的建議務必要具體、實際而且明列細節。把要他或她如何實踐你的建議，很清楚地一步一步表達出來。很準確地告訴對方，你認為他們應該怎麼做。如果對方接受你的建議，它真的能夠解決你在第一道題的問題嗎？你要確定你的建議和這個情況相關，並且對這個人來說是可行的（根據你在第五道題裡所描述的他或她）。

第四道題：你有持續待在第一道題所描述的情境裡嗎？如果你的需要被滿足了，能夠讓你整個人「開心」起來嗎？還是只是讓你不再感到痛苦？務必確認你所表達的需要是很具體、實際而且詳盡。

■探究程序：四個提問和反轉

1. 那是真的嗎？（是或不是。如果回答不是，直接到第三個提問。）
2. 你能完全知道那是真的嗎？（是或不是。）

3.當你相信那個念頭時，你是怎樣反應的，發生了些什麼？

4.沒有那個念頭，你會是怎樣呢？

然後，把那個念頭反轉過來，並且找出至少三個具體而真實的例子，看看在這個情況裡，對你而言，每個反轉如何也可能是真實的。

現在讓我們用這四個提問，來探究「作業單」上第一道題的一部分，引起你反應的原因：保羅不聽我的話。當你往下讀時，想一個你還沒有完全原諒的人，一個就是不聽你的話的人。

提問1：那是真的嗎？

當你再度考慮當時的情況，問問自己：「保羅不聽我的話——那是真的嗎？」讓自己的心完全沉靜下來，如果你真心想知道真相，在你的腦海裡觀想當時情境時，內心深處的一個真誠的「是」或「不是」會自然升起與問題相遇——讓頭腦問問題，靜靜等待答案從內心浮現。（頭兩個問題的答案只有「是」或「不是」兩種。在你回答時，留意自己是否想要辯解。如果你的回答包括「因為……」或「可是……」，這就不是你在尋找的答案，你也不是在做探究的功課了，你是在自身之外尋覓自由。我邀請你採用一個新的模式。）

對我而言，現實就是真相。真相就是在你眼前的現況，真實正在發生的一切。不管你喜不喜歡，此刻正在下雨。「不應該下雨」只是個想法。在現實裡不存在「應該」或「不應該」，這些只是我們強加在現實上面的看法。沒有「應該」或「不應該」，我們可以如實地看待現實，這讓我們能夠自由自在地去行動，而且有效率、清晰和明智。

在回答第一個提問時，慢慢來，答案只有「是」或「不是」兩種。（如果你的回答是「不是」，直接跳到第三題。）功課意在發掘你內心最深處的真相。此刻，你正在傾聽的是**你自己內心的答案**，不是別人的答案，也不是你一向被教導的任何東西。剛開始的時候，這個過程可能令你忐忑不安，因為你正在進入未知的領域。當你繼續深入內在，允許你內在的真相浮現而和你的問題相遇。探究的過程中，請溫柔對待自己，讓自己完全沉浸在這經驗裡。

提問2：你能完全知道那是真的嗎？

考慮一下這些問題：「在那個情境裡，我能完全知道保羅不在聽我說話是真的嗎？我真的能夠知道別人是否在聽嗎？我自己是否有時候明明在聽，但表面上看起來卻好像沒在聽呢？」

如果你對第一道題的回答是肯定的，請追問自己：「我能完全知道那是真的嗎？」在很多情況下，探究的句子看起來好像是真的——當然如此（想當然耳），你的概念全都奠基在你一生中從未審查過的信念上。

一九八六年我了悟事實真相後，多次注意到，無論是在人們的交談、媒體或書籍中，經常有諸如此類的說法：「這個世界缺乏理解」、「有太多暴力」、「我們應該更加彼此相愛」，這些也都是我過去深信不疑的故事，它們似乎貼心、仁慈和充滿關懷，但每當我聽到這些說法，我留意到相信它們帶來壓力，在我內在這些想法不能讓我感到平靜。

例如：當我聽到有人說「人們應該更有愛心」時，疑問會在我心裡升起：「我能完全知道那是真的嗎？在內心裡，為了我自己的真相，我真的能知道人們應該更有愛心嗎？即使是世上所有的人都如此告訴我，它就成真了嗎？」讓我驚訝的是，當我聆聽自己的心聲，我看到世界此刻正是它該有的樣子，人們的愛心不可能比他們此刻擁有的更多。對事實真相而言，沒有所謂的「應該是什麼」這回事。只有它此刻是什麼就是什麼的事實，一切就該是它此時此刻所呈現的面貌。真相存在於所有故事之前，而每一個故事在未經質疑之前，都妨礙我們看見事實的真相。

現在我終於可以質疑任何讓我不舒服的故事：「我能完全知道那是真的嗎？」，而答案「不能」，正如這句問話一樣，都屬於一種經驗。我穩穩紮根在這個答案裡——獨自、平靜、自由。

「不」怎麼會是正確的答案呢？我認識的人和所有的書都說，「人們應該更有愛心」這個答案應該是「是」才對。然而，我體驗到真相就是真相，它不受任何人使喚。在內在的這個「不」面前，我看到世界永遠是它此刻該有的樣貌，不論我反對或贊同。於是我學會全心全意擁抱現實，而且不帶任何條件地愛這個世界。

如果你的回答仍然是「是」，很好。如果你認為你能完全知道那是真的，那就該是如此，你可以繼續往下做第三句提問。

提問3：當你相信那個念頭時，你是怎樣反應的，發生了些什麼？

因著這個提問，我們開始注意到內在的因果關係。你可以看到，當你相信這個念頭時，便會不由自主地湧現一股不安的感覺，那種困擾可以從輕微的不舒服，一直到強烈的恐懼，甚至於驚慌失措。

當你相信保羅不聽你的話時，你是怎樣反應？你如何對待他？讓自己完全沉靜下來，去覺察。例如：「我感到很挫敗，整個胃在翻攪。我給他臉色看，我打斷他的話，我懲罰他，我故意不理他，我發脾氣，我越說越快越大聲，我試圖強迫他聽我說話。」讓自己觀想當時的情境，腦海裡出現的景象會顯現給你看：自己因為相信這個念頭，在當時出現的種種反應，繼續把它們列出來。

這個念頭帶給你生活中是平靜？還是壓力？在你的腦海裡，出現了任何關於過去或未來的什麼畫面嗎？而當你看著這些畫面時，身體有什麼樣的感受？允許自己在此刻完全沉浸在那個經驗裡。當你相信這個念頭時，你注意到自己出現什麼樣的癮頭或特別想做的事？（你是否會透過任何以下的方式表現出來：酒精、毒品、刷信用卡、食物、性、電視或電腦？）另外，仔細觀看在那個情況下，你是如何對待自己的，而那是怎麼樣的感覺？「我將自己封閉起來，我不願和人交往，我覺得病懨懨的，我感到很生氣，我不停地吃。而且我坐在電視機前面好幾天，卻沒有真的在看。我感到沮喪，和別人疏離，充滿憤恨，而且感到孤獨。」留意到自己因為相信「保羅不聽我的話」這個念頭，所產生的種種效應。

四個提問進入我生命後，我會注意到「人們應該更有愛心」之類的想法，並且我看到像這樣的想法經常會勾起我的不安。我也留意到，在這個念頭出現之前，只有平靜，我內心寧靜和安詳，這是沒有故事之時的我。然後，在覺知清明的沉靜中，我開始清楚地覺察到，相信或執著那個念頭帶來的各種感受。而且在在那樣的安靜裡，我看到如果我去相信這樣的念頭，結果就是不安和悲傷的感受。當我自問：「當我相信人們應該更有愛心時，我會如何反應？」我看到我不僅會有不舒服的感覺（這是很明顯的），腦海還會浮現種種畫面，來證明這個想法真實不虛。頓時，我飛入一個並不存在的世界裡。我的反應還包括活在一個充滿焦慮的身體中，透過恐懼的眼光，看著周遭的一切，有如一個夢遊者，一個陷入無止境的噩夢中的人，而對治的方法就只是去探查真相。

我喜愛第三句提問，只要你坦誠地為自己而回答，只要你看到相信一個念頭所造成的因果，你所有的痛苦就會開始鬆解。

提問4：沒有那個念頭，你會是誰呢？

這是一句深具震撼力的問話。想像你站在你所評論的人面前，而他正在做你認為他不該做的事。細想一下，比如說：你沒有「保羅不聽我的話」這個念頭時，你會是什麼樣的人呢？在同樣的情境裡，如果你不相信這個念頭，你會是什麼樣的人呢？閉上眼睛，觀想保羅不聽你的話。想像沒有保羅不聽你的話（或甚至他應該聽你的話）這個念頭，你會是什麼樣子。慢慢來，留意到呈現給你的是什麼。你現在看到了什麼？感覺如何呢？

對大部分的人來說，沒有他們故事的生活幾乎是無法想像，他們完全沒有可以參考的座標。所以，面對這句提問，「我不知道」是最常見的回答。有些人則回答說：「我感到自由」、「我感到平靜」、「我會是一個更有愛心的人」。你也可能說：「我會很清晰地了解整個情況，並且採取適當和明智的行動。」沒有我們的故事，我們不僅能清晰且無懼的行動，還會成為善解人意的朋友和傾聽者。我們成為快樂生活的人，如呼吸一樣的自然，成為感謝與感恩的本身。快樂是明瞭世上沒有什麼是需要知道的，以及此時此地我們已經擁有所需要的一切的自然狀態。

把念頭反轉過來

做反轉時，找出作業單上原來句子的所有相反句子。通常一個句子可以轉向自己、他人和完全相反。首先轉向自己，把句子變成好像在寫你自己，任何你寫他人的地方，都換成自己。用「我」取代「他」或「她」。例如：「保羅不聽我的話」反轉成「我不聽我自己的話」。然後找出至少三個具體且真實的例子，來看看這個反轉如何和原來的句子一樣真實，或更真實。

接著轉向他人，「保羅不聽我的話」反轉成「我不聽保羅的話」。

第三種是一百八十度完全相反的反轉：「保羅不聽我的話」變成「保羅的確聽我的話」。

不要忘記，針對每個反轉，找出三個在當時情況裡對你而言真實與具體的事例，來看看每個反轉如何也是真實的。這並非要你自責或感到內疚，而是去發掘能夠帶給你內心平安的其他的可能性。

不是每一個句子都可以找到三個這麼多的反轉，而有的句子可以找到甚至比三個還多。有些反轉可能對你來說沒有什麼道理，若是這樣，不用強迫在這個反轉找到例子。

在做每一個反轉之前，回到原來的句子，從那裡開始。比如說：「他不應該浪費他的時間」可以反轉成「我不應該浪費我的時間」、「我不應該浪費他的時間」以及「他應該浪費他的時間」。請注意，「我應該浪費我的時間」和「我應該浪費他的時間」並不是有效的反轉，它們是反轉後的反轉，而不是原句的反轉。

反轉是功課非常強而有力的部分。只要你認為問題的肇因是「在外面」——只要你認為是其他人或任何其他事物該為你受的苦負責——那麼情況就毫無希望。這表示你永遠困在受害者的角色裡，而且是在天堂裡受苦。所以把真相帶回給自己，並開始讓自己自由吧。探究過程結合反轉是自我了悟的捷徑。

第六道題的反轉

批評鄰人作業單上第六道題的反轉，和其它的略有不同。「我再也不想要……」反轉成「我願意……」和「我期待……」。例如：「我再也不要保羅對我撒謊」反轉成「我願意保羅再次對我撒謊」和「我期待保羅再次對我撒謊」。你為什麼要期待呢？這些反轉是關於擁抱生活中的一切，以它此刻呈現的樣貌，把它說出來——並且是發自真心——「我願意……」會讓心胸敞開，帶來創意及彈性。軟化你內心任何的抗拒，讓你能以開放的態度，面對你人生的處境，而不是繼續毫無指望地，用意志力想把逆境徹底根絕，或把它推開。真心說出：「我期待……」，會讓你主動敞開胸懷，接受生命的自然開展。我們當中有些人因此學會接受現實的一切如是，我邀請你更進一步，真正地去熱愛一切如是。這是我們自然的狀態，自由是我們與生俱來的權利。

只要你對一個想法還有抗拒，你的功課就尚未完成。當你能誠實地期待自己再次去經歷那原來讓你不舒服的經驗，生命中就再也沒有可以害怕的事，你就能把每件事都看作是能帶給你自我了悟的禮物。

承認同樣的感覺或情況可能會再發生是件好事，即使它只在你的想法裡重演。當你了解痛苦和不舒服的感受，只是來喚醒我們去做功課探究，以及那隨之而來的自由，你可能真的開始期待那些不舒服的感覺，甚至感受它們如同友人一般，來引導你看見尚未徹底審查的地方。我們不再需要等待別人或情況改變，就可以經驗到平安與和諧。功課正是譜出自己幸福樂章的直接途徑。

在靜心完成反轉之後，繼續用四個提問和反轉來探究寫在「批評鄰人作業單」裡的下一個句子——在這個例子裡，我要保羅看到他錯了——然後依此探究作業單上的每一個句子。如需進一步說明，請參考《一念之轉》或到 thework.com 官方網站查詢。

▪ **輪到你寫作業單**

現在你對功課有足夠的基本認識，可以來試試看。首先請放輕鬆，讓自己完全沉靜下來，閉上眼睛，靜靜等待腦海裡出現一個讓你感到有壓力的情境。然後把你在這情況裡，出現的想法和經驗到的情緒，填寫一張「批評鄰人作業單」。用簡短的句子，記住**把指責或批評的矛頭向外**。你可以從你五歲時或你生命裡任何年齡時的角度來寫。請先不要針對自己。

1. 在這個場景下，誰讓你感到憤怒、困惑、傷心或失望，為什麼？
2. 在這個場景下，你要他們做怎樣的改變？你要他們做些什麼？
3. 在這個場景下，你想給他們什麼樣的建議？
4. 在這個場景下，為了讓你高興，你需要他們怎麼想、說、感覺或做？
5. 在這個場景下，你對他們有什麼看法？請列出來。（記住：盡量瑣碎和苛刻）
6. 在這個場景下，你再也不要經驗什麼？

拜倫凱蒂功課官網

輪到你探究

把寫在批評鄰人作業單上的每一個陳述句，逐句的用四個提問來質疑。接著再把你質疑的那句話反轉過來，並且針對每個反轉，請找出至少三個具體而真實的例子，來看看這個反轉如何和原來的句子一樣真實，或更真實。（參考前面「探究程序：四個提問和反轉」，你也可以到 the-work.com 找到更多的資料，或下載功課的手機 App，其中有拜倫凱蒂的指導說明。）在整個過程中，以開放的心態，來探索你未曾意識到的各種可能性。沒什麼比發現未知的心靈更讓人興奮的事。

功課是一種靜心冥想。它就像往你內在潛水，靜靜沉思每個提問，沉入自己內心深處，傾聽並且等待，答案會來找到問題。無論你認為自己有多封閉或者毫無希望，心智較溫和的那一端（我稱它為心）將會和困惑的另一端相遇，因為它有待啟發去真正認識自己。你可能會開始體驗到關於自己和你的世界種種意想不到的發現，這些出乎意料的真相，會從此徹底轉化你的人生。

問題與回答

問題：我覺得寫別人很難，我能寫自己嗎？

回答：如果你想了解自己，我建議你先寫別人。如果在開始時，把功課矛頭向外，你將會領悟到，你在身外看到的一切事物都是自己想法的直接反射，全部跟你有關。大部分人多年來一直把批評和譴責的矛頭指向自己，但什麼問題也沒解決。批評他人，質疑這些評判，再把它們反轉過來，是通往理解及自我了悟的捷徑。

問題：我一定要寫下來嗎？當我遇到問題時，我不能只是在頭腦裡提問，然後反轉嗎？

回答：頭腦的工作就是維持自己的正確性，它合理化自己的速度比光速還要快。將引起你恐懼、憤怒、悲傷或怨恨的那部分想法通過寫在紙上而讓它停下來。一旦心念被停息在紙上，要探究它就容易多了。最終，即使你沒有寫下來，功課也會開始自動地化解「你」。

問題：如果我對別人都沒有任何的問題，我能否寫有關事物的批評，比如說我的身體？

回答：可以。你可以針對任何給你帶來壓力的對象做功課。當你熟悉了四個提問和反轉後，你可以選擇像身體、疾病、職業、或甚至上帝這樣的主題來做功課；然後做反轉時，試著用「我的想法」來替代你所寫的對象。例句：「我的身體應該要強壯、靈活和健康」變成「我的想法應該要強壯、靈活和健康」。一個平衡、健康的心智——這不正是你真正想要的嗎？生病的身體是問題嗎？還是你對身體的想法才是問題的肇因？審查一下。讓醫生管理你的身體，而由你來照顧自己的想法吧。我有一位朋友身體動彈不得，但他仍然熱愛生命，因為他愛自己的所思所想。自由不需要一個健康的身體作為先決條件。讓心靈自由，然後身體自然跟隨。

問題：我聽你說過，你是個熱愛現實的人，那些戰爭、強暴、貧窮、暴力和虐待兒童的事，你難道可以容忍它們？

回答：我怎麼可能容忍這樣的事情呢？我並不瘋狂。我僅僅是注意到，當這些事情已然存在時，而我如果堅信它們不該存在，只會讓自己痛苦。我能不能至少結束自己內心的交戰？我能否不再用粗暴的念頭來糟蹋自己和別人？如果不能，我其實在心裡持續進行著我要世界停止的那些事。神智清明從來不會受苦。你能消除地球上各地的戰爭嗎？通過探究功課，你可以開始為一個人免除戰爭之苦——那就是你。這是結束世界上所有戰爭的起點。如果生活讓你苦惱，很好！在紙上批評那些製造戰爭的人，質疑它，然後把它反轉過來。你真的想知道真相嗎？所有的痛苦從你開始，也由你結束。

問題：所以你是說，我應該接受現實的現狀，不跟事實爭辯。是這樣嗎？

回答：每個人應該或不應該做什麼，並不取決於我。我只是簡單地提出問題：「跟事實爭辯的後果是什麼呢？感覺如何呢？」功課探索執著痛苦想法的起因和結果，然後從探究的過程中找回自由。僅僅只是說我們不應該跟事實爭辯，無非只是添加了另一個故事、另一個靈性概念而已，那是從來沒有什麼幫助的。

問題：熱愛一切如是，聽起來好像從此一無所求了。還有想要的事物，不是更有趣嗎？

回答：我的經驗是我確實一直有想要的東西。我要的就是眼前所顯現的一切。那不僅有趣，而且令人欣喜若狂！當我要的就是我已經擁有的，想法和行動就不會分裂，它們如同一體、同步前進，沒有任何衝突。如果你感到匱乏，把那些想法寫下來，一一探究。我發現生命從來沒有短缺我們什麼，而且不需要一個未來。它永遠提供我每刻所需要的一切，而我什麼都不用替它做。沒有比熱愛一切如是更令人興奮的事了。

問題：探究是一個思考的過程嗎？若不是，那它是什麼呢？

回答：探究功課看起來像是一連串思考的過程，但事實上它是瓦解思考的一個途徑。只要我們體會到，念頭純粹只是在腦海裡自行浮現，它們即喪失操控我們的力量。它們完全不針對任何個人。透過探究功課，我們不用再逃避或壓抑自己的想法，而是學習以無條件的愛和理解來面對它們。

問題：我不相信上帝，我仍然能從功課受益嗎？

回答：是的。無神論者，持不可知論者，基督徒，猶太教徒，伊斯蘭教徒，佛教徒，印度教信徒，異教徒——我們都有一個共同點：我們都渴望快樂和平安。如果你對受苦感到厭煩，我邀請你一起來做功課。

問題：我從知識層面上可以理解探究的過程，但是當我去做時，我並沒有感覺到任何變化。我有遺漏些什麼嗎？

回答：如果你只是用思惟的頭腦，很表面地回答這些問題，那麼這個過程不會讓你覺得和自己有任何的連結。嘗試提問時去深入內在探討。您可能需要多提問幾次才能保持專注，但當你持續地練習，答案會慢慢浮現。當答案是來自你內心時，領悟和轉變會自然而然地發生。

問題：一直以來每當我批判別人，我便將它反轉，不知何故，除了讓我感到沮喪和困惑之外，沒有什麼效果。這是怎麼回事？

回答：僅僅只是反轉念頭，會讓整個過程成為知識性的活動，並沒有什麼價值。這個邀請是去超越智力的活動。這些提問就像潛入心靈的探測器，將更深層次的認知帶到表層。先提問，然後等待。一旦答案出現，表層的心智和更深層次的心智相遇，那時反轉的感覺就會像真正的發現。

聯繫資訊

想了解更多關於拜倫凱蒂功課，請造訪官網 thework.com。

當你訪問網站時，你可以找到：做功課詳盡的操作指南，觀看凱蒂引導人們，做各種議題功課的錄影短片，流覽凱蒂的活動月曆，下載免費資料；註冊九天的功課學校、無我密集工作坊、週末講習班或反轉之家；尋找協導者，學習如何打免費的做功課服務專線，了解有關 Institute for The Work（拜倫凱蒂功課學院）以及認證協導師的資訊；下載「批評鄰人作業單」，聽存檔的訪談錄音，下載 iPhone、iPad 或 Android 的應用程式，訂閱 BKI 免費通訊（英文），在網上商店購物。我們也邀請你加入凱蒂的 Facebook、Twitter、Google+ 和 Pinterest 頁面。關於錄影短片，請登錄 The Work of BK YouTube 頻道；現場直播的活動，請到網站觀看。

我們邀請你，幫助我們將拜倫凱蒂功課傳播到世界各地。你可以贊助功課學校的獎學金，和 The Work Foundation（功課基金會）的其他活動。The Work Foundation 是符合美國國稅局 501(c)(3) 規定的慈善機構。我們深深感激你的樂捐，你可以直接到網站上捐款，打電話到拜倫凱蒂國際公司 1-805-444-5799，或將支票寄給基金會 The Work Foundation, P.O. Box 638, Ojai, CA 93024, USA。

拜倫凱蒂國際有限公司
Byron Katie International, Inc.
P.O. Box 1206, Ojai, CA 93024, USA
International: (001) 805-444-5799
E-mail: info@thework.com

官網

YouTube

現場直播

捐款網站

國家圖書館出版品預行編目(CIP)資料

心安在家：拜倫凱蒂與 << 金剛經 >> 的相遇 / 拜倫凱蒂 (Byron Katie), 史蒂夫 . 米切爾 (Stephen Mitchell) 著 ; 張嘉蘭譯 . -- 初版 . -- 臺北市：商周出版：英屬蓋曼群島商家庭傳媒股份有限公司城邦分公司發行 , 2023.05
面；　公分
譯自：A mind at home with itself : how asking four questions can free your mind, open your heart, and turn your world around
ISBN 978-626-318-662-0(平裝)

1.CST: 靈修 2.CST: 自我實現

192.1　　112005288

心安在家：拜倫凱蒂與《金剛經》的相遇

A MIND AT HOME WITH ITSELF: How asking four questions can free your mind, open your heart, and turn your world around

作　　者　拜倫凱蒂（Byron Katie）、史蒂夫・米切爾（Stephen Mitchell）
責任編輯　張沛然

版　　權　吳亭儀、江欣瑜
行銷業務　黃崇華、賴正祐、郭盈均、華華
總 編 輯　徐藍萍
總 經 理　彭之琬
事業群總經理　黃淑貞
發 行 人　何飛鵬
法律顧問　元禾法律事務所王子文律師
出　　版　商周出版　台北市 104 民生東路二段 141 號 9 樓
電話：(02) 25007008　傳真：(02)25007759
E-mail：ct-bwp@cite.com.tw　Blog：http://bwp25007008.pixnet.net/blog
發　　行　英屬蓋曼群島商家庭傳媒股份有限公司城邦分公司
台北市中山區民生東路二段 141 號 2 樓
書虫客服服務專線：02-25007718　02-25007719
24 小時傳真服務：02-25001990　02-25001991
服務時間：週一至週五 9:30-12:00　13:30-17:00
劃撥帳號：19863813　戶名：書虫股份有限公司
讀者服務信箱 E-mail：service@readingclub.com.tw
香港發行所　城邦（香港）出版集團有限公司　香港灣仔駱克道 193 號東超商業中心 1 樓
E-mail: hkcite@biznetvigator.com　電話：(852)25086231　傳真：(852)25789337
馬新發行所　城邦（馬新）出版集團 Cite (M) Sdn Bhd
41, Jalan Radin Anum, Bandar Baru Sri Petaling, 57000 Kuala Lumpur, Malaysia.
Tel：(603)90563833　Fax：(603)90576622　Email：services@cite.my

封面設計　李東記
印　　刷　卡樂彩色製版印刷有限公司
總 經 銷　聯合發行股份有限公司　新北市 231 新店區寶橋路 235 巷 6 弄 6 號 2 樓
電話：(02) 2917-8022　傳真：(02) 2911-0053

■2023年5月4日初版
定價480元

城邦讀書花園
www.cite.com.tw

線上版回函卡

Printed in Taiwan

ISBN 978-626-318-662-0